参考消息 · 强国策丛书

百年大变局

严文斌◎主编

红旗出版社

红旗出版社
HONGQI PRESS
推动进步的力量

图书在版编目（CIP）数据

百年大变局 / 严文斌主编 .—北京：红旗出版社，2019.6
ISBN 978-7-5051-4884-0
Ⅰ．①百… Ⅱ．①严… Ⅲ．①国家战略—研究—中国 Ⅳ．① D60
中国版本图书馆 CIP 数据核字（2019）第 123998 号

书　　名　百年大变局
主　　编　严文斌

出 品 人	唐中祥		
总 监 制	褚定华	责任编辑	张佳彬
选题策划	徐　澜	封面设计	李　妍
出版发行	红旗出版社	地　　址	北京市沙滩北街 2 号
邮政编码	100727	编 辑 部	010-57270347
E－mail	hongqi1608@126.com	发 行 部	010-57270296
印　　刷	北京卓诚恒信彩色印刷有限公司		
开　　本	710 毫米 ×1000 毫米	1/16	
字　　数	430 千字	印　　张	24.5
版　　次	2019 年 8 月北京第 1 版	印　　次	2019 年12月北京第 5 次印刷
ISBN 978-7-5051-4884-0		定　　价	78.00 元

欢迎品牌畅销图书项目合作　　联系电话：010-57270347
凡购本书，如有缺页、倒页、脱页，本社发行部负责调换

序言

习近平主席指出，当前中国处于近代以来最好的发展时期，世界处于百年未有之大变局，两者同步交织、相互激荡。这是在正确认识当今时代潮流和国际大势的基础上作出的科学论断。深刻认识“百年未有之大变局”的实质内涵和发展趋势，对于把握国际形势演变规律与外部环境基本特征，具有重要而深远的理论和现实意义。

100年来，国际体系发生了前所未有的变化。作为第一次世界大战结果的凡尔赛—华盛顿体系非但没有解决世界和平问题，反而为下一次世界大战的爆发埋下了隐患。第二次世界大战后，大国主导创建了雅尔塔体系，国际社会迎来了民族解放运动浪潮、第三次科技革命浪潮以及全球化浪潮。人类从来没有在如此短的时间内释放出如此巨大的创造力，将整个世界紧密地联结在一起。尽管全球化进程前所未有地改变了人类的生活，但是霸权主义、强权政治、地缘冲突仍然占据着国际关系舞台的中央。面对新兴经济力量的迅速崛起，老大帝国的对外战略向传统的霸权思维进一步回归。曾经最热衷于推广全球化和开放市场体系的国家如今却越来越倾向于划圈筑墙、故步自封。

然而，试图割裂全球化进程的努力注定是徒劳的。新兴力量的崛起是百年来国际大势演进过程中真正前所未有的变化。不论是200年前的维也纳体系，还是100年前的凡尔赛—华盛顿体系，甚至是雅尔塔体系创立之初，都没有人能预见到21世纪人类将迎来一个前所未有的力量重新布局、权力重新分配的时代。一批新兴力量的崛起，从根本上改变了数百年来大国如狼似虎、小国如蝼似蚁的强权政治逻辑。涉及人类根本命运的事务，早已不是一两个强国基于国家私利凭借自己力量就能翻云覆雨的了。自欧洲资产阶级革命以来，非西方世界第一次拥有了决定国际格局基本走向的物质和精神力量。而这其中，强起来的中国当仁不让地成为全球最为关键的稳定性力量之一。

当清末重臣李鸿章发出面临“三千余年未有之大变局”的呐喊后，中国进入了救亡图存、发奋自强的求索时代。然而，直至今日，前所未有地接近世界舞台中央的中国才真正登临本应属于自己的位置。中国不再是一个孱弱的以天朝上邦而自命的古老国家，今日之中国执技术之牛耳、敞开放之胸怀、秉共享之鸿志，已然成为世界和平的建设者、全球发展的贡献者以及国际秩序的维护者。如果说100年前，中国的仁人志士们最锥心刺骨的问题是如何适应世界的变化，让自己古老的国家生存下去，那么100年后的今天，中国人则需要思考的问题是如何通过自己的努力和引领，让世界变得更加美好。

考世界变，为中国策，是中国当代媒体人应有的责任和担当。自2017年至2019年，《参考消息》紧紧围绕党和国家工作大局，精心策划，连续推出三大专题报道：“世界之问的中国答案”“世界之变与强国之道”以及“世界百年大变局纵横谈”。这三大专题报道一以贯之、互相呼应、相辅相成，解析变局、破解旧局、立意新局，具有高度延续性和逻辑关联度，构成三位一体的有机整体，引发读者广泛关注。

2017年十九大前夕推出的“世界之问的中国答案”专题报道，坚持问题导向，精准设计“世界之问”议题，以辩证思维解析百年大变局，总结中国探索经验，为发展中国家的现代化路径提供启示。该专题就“中等收入陷阱”“贫困陷阱”“历史终结论”“历史周期率”“塔西佗陷阱”“金德尔伯格陷阱”“修昔底德陷阱”“文明冲突论”“李约瑟之问”等“世界之问”，组织海内外知名专家进行系统总结与权威解读，用中国实践和中国方案做出正面回应。

2018年两会期间推出的“世界之变与强国之道”专题报道，以应对新版“中国威胁论”、破解“金德尔伯格陷阱”与构建人类命运共同体为主题，全面揭示西方集体焦虑症，以战略思维破解西方围局，为推动人类命运共同体建设提供东方智慧。该专题揭示所谓“锐实力”论实质为新版“中国威胁论”，折射出西方对中国成功模式及全球权力变迁的集体焦虑。专题文章鲜明地指出，“新版中国威胁论”比以往来得更凶猛和广泛，反映了西方三个新冷战思维：对中国的政治、经济制度抱冷战思维以及对所谓中国“新帝国主义”的冷战思维。专题文章有破有立，进而主动建言要以理念创新回击西方舆论战，抓住“锐实力”之争的契机总结和反思中国对外传播和公共外交短板，进一步讲好中国故事；要打破西方大国固守的冷战思维，大力倡导建立公平正义合作共赢的新型国际关系，积极宣介中国构建人类命运共同体的科学内涵和重大意义。

2019年两会之后推出的“世界百年大变局纵横谈”专题报道，紧扣时代命题，阐释“大变局”的历史逻辑和内涵本质，以创新思维谋篇布局，多元立论具建设性，为中国充分利用重要战略机遇期建言献策。该专题约请数十位中外知名专家学者、政界人士，阐述“世界百年未有之大变局”这一重大命题。来自俄罗斯、美国、法国、英国、日本、澳大利亚、巴西、韩国、哈萨克斯坦等多个国家的一流学者和政界知名人士撰文或接受访谈，其中包括联合国前秘书长潘基文、法国前总理拉法兰、日本前首相鸠山由纪夫、澳大利亚前外长鲍勃·卡尔、美国前财政部长劳伦斯·萨默斯、美国前驻华大使芮效俭、美国芝加哥大学政治学教授米尔斯海默、美国卡内基国际和平研究院杰出学者包道格、英国社会科学院院士马丁·阿尔布劳、日本《朝日新闻》前主笔船桥洋一等等，使得专题文章内容丰富、视角多样、观点多元。系列文章注重从历史、当下、未来等多个维度，从全球到区域多个层次，从国际格局、发展范式到社会形态、科技革命等多个领域，全方位论述“大变局”的发展变迁、内涵本质及深远影响，为推动构建新型国际关系、构建人类命运共同体与完善全球伙伴关系提供借鉴与启示。

纵观上述三大专题报道，“世界大变局”实为一脉相承的内在主线。海内外专家均高度认同“世界大变局”这一对世界局势的宏观认知，认为这一判断概括准确，是当前时代需要的见解和主张。

《参考消息》编辑部联手红旗出版社，将这三大专题报道文章结集成书，堪称集众家之长的一份沉思录、小叩引大鸣的一册管锥编，对认清“世界大变局”具有较强的参考价值。世界面临百年未有之大变局，变局中危和机同生并在，这给中华民族伟大复兴带来重大机遇。我们要善于化危为机、转危为安，变压力为动力，奋力走好新时代的长征路。

《参考消息》编辑部

2019年6月

目录

上篇 世界百年未有之大变局

第三章　中国专家建言献策

中篇　世界之问的中国答案

第一章　经济科技之问

第二章　国家治理之问

第三章　全球化之问

下篇　世界之变与强国之道

第一章　应对新版“中国威胁论”

第二章　跨越“金德尔伯格陷阱”

第三章　构建人类命运共同体

上　篇

世界百年
未有之大变局

当今世界正面临百年未有之大变局，变局中危和机同生并存，这给中华民族伟大复兴带来重大机遇。一方面，非西方大国崛起，世界经济重心转向，全球政治经济格局深刻重组；另一方面，战后西方主导的所谓“自由主义国际秩序”正在动摇，资本主义全球领导力下降，保守主义和民粹势力抬头带来动荡与不安。同时，科技创新深刻影响世界发展，社会面貌、经济形态日新月异……如何认识世界大势，顺应时代潮流，是亟待思考的重大课题。

本篇“世界百年未有之大变局”专题，围绕世界面临百年未有之大变局、中国仍处于重要战略机遇期的重大判断，深入剖析“百年大变局”历史变迁、内涵本质及深刻影响，为构建人类命运共同体、建设新型国际关系与完善全球伙伴关系提供借鉴与启示。

第一章

国际政要纵论变局

“中国应发挥变局引领者作用”

——专访联合国前秘书长潘基文

◆ 本报驻首尔记者　田　明　耿学鹏※

当今世界正面临百年未有之大变局，潘基文完全赞同这一对世界局势的宏观认知。今天中国已经不再局限于仅仅对本国的繁荣和稳定负责，对于很多国际事务也都肩负着政治或道义上的责任。“一带一路”倡议、为应对气候变化而在能源方面采取的各种积极应对策略抑或是经济结构调整等举措，都将成为中国获得世界尊敬、发挥“引领者”作用的良好契机。

韩国政治家潘基文2007年初至2016年底担任联合国秘书长，于2018年4月当选博鳌亚洲论坛理事长，是世界舞台上的风云人物。潘基文近日接受本报记者专访，就世界大变局、东北亚“半岛变局”、中国在变局中的作用等问题发表了自己的看法。他认为，中国未来将发挥越来越大的作用，推动“一带一路”倡议等作为，将成为中国获得世界尊敬、发挥“引领者”作用的良好契机。

本文刊载于2019年3月20日《参考消息》。

※本书中的“本报”，皆指《参考消息》。

携手打造“命运共同体”

《参考消息》：您如何看待中国提出的“当今世界正面临百年未有之大变局”这一见解？

潘基文： 作为一名长期从事外交工作的人员，尤其是作为联合国前秘书长，我对目前全球范围内正在出现的变化深感忧虑。中国国家主席习近平对此曾评价称，“当今世界正面临百年未有之大变局”，并主张各国共同应对。我完全赞同这一对世界局势的宏观认知和中方领导人的视角，这也正是当前时代需要的见解和主张。

对于目前在世界范围内正在扩散的贸易保护主义、单边主义，以及在世界各国民众之间制造隔阂的政策等等，我作为联合国前任秘书长，深感忧虑。从20世纪末到21世纪初，随着信息化以及交通、通信等领域的发展，国际社会的合作变得愈发紧密。而就在这样一个当口，却出现上述一系列大的变化。对此，我认为各方应当遵循联合国当年创设时大家作出的坚定承诺，以过往经历为教训和借鉴，一起面向未来，建设一个能够实现人们共同生存和繁荣的社会。

在这一进程当中，我作为博鳌亚洲论坛理事长，同时也作为联合国前秘书长，将尽我微薄之力，同中国以及世界各国的领导人一道努力（克服变局带来的挑战）。

《参考消息》：对于如何应对变局您有什么建议吗？

潘基文： 中国在过去三四十年间，实现了经济的快速发展，令世界为之惊讶。现在，中国已经成长为全球第二大经济体。2015年9月，习近平主席曾在出席第70届联合国大会一般性辩论时提出，构建以合作共赢为核心的新型国际关系，打造人类命运共同体。我对此完全支持，并且认为这是非常恰当的说法。这难道不正是我们应当致力于建设的世界吗？

为实现人类命运共同体这一目标，我们应当建设一个互相尊重，共同迈向繁荣的社会。国与国之间无论出现怎样的纷争，比起反目成仇，更应当通过对话的方式和平解决问题。

反观当今世界，一些国家在与邻国的边境线上修筑边境墙，一些国家对待难民，或者是对那些来寻求更多经济或者其他机会的移民采取迫害、歧视的政策，这样的事情比比皆是。更糟糕的是，这些事情都是在一些经济相对富裕的国家里发生的，令人忧虑。

不仅对于难民，对于那些在经济上困顿的群体，我们都有必要施以援手。从这个角度来看，中国已经成长为全球第二大经济体，可以发挥的作用相当之大。例如，中国提出的“一带一路”倡议，便可通过强化地区合作，实现沿线各个国家和地区的共同发展和繁荣，我认为这是一个很好的倡议。另外，中国通过中非合作论坛等机制，正在向非洲各国提供很多经济上的帮助，国际社会也对此一直深表感谢。

中国大国作用和责任重大

《参考消息》：您如何看待东北亚地区，尤其是朝鲜半岛地区正在发生的变局？

潘基文：世界很多地区都在发生着巨大变化。不过像东北亚，特别是朝鲜半岛这样正在经历历史大变局的地区却十分少有。朝鲜半岛南北分裂已达70年左右，而双方此时的关系正在发生的变化比起以往之变都要来得更大。半岛南北正在朝着半岛无核化的目标，朝着人民安居、南北互信、共同发展的方向，不断取得历史性进展。我期待在这一进程中，通过美国、中国等国的积极合作和参与，朝鲜半岛能够出现更多积极变化。我想这不仅是我的新年愿望，也是世界多国民众的心愿。

仅2018年一年，中国国家主席习近平就同朝鲜最高领导人金正恩实现三次会晤。2019年1月，双方领导人又实现第四次会见。我认为这对于维持东北亚的和平与安定起到了很大作用。

“半岛变局”当中，尚存诸多不利因素。朝美之间缺乏互信，双方对于朝方弃核方式存在较大分歧等都将制约半岛最终达成无核化和永久和平的目标。对此，各方需要付出更大努力和智慧，协调推动半岛局势向好的方向发展。

对于半岛的无核化进程，中国的作用相当重要。事实上，对于整个朝鲜半岛而言，站在地缘和历史的角度审视，发展同中国的关系自古以来都是十分重要的。中国承担的作用和肩负的责任十分重大。中国是联合国安理会常任理事国，仅凭这一点，中国就同美国等其他常任理事国一道，对包括东北亚和平在内的世界和平和稳定担负重要责任。

在达沃斯“推广”中方主张

《参考消息》：如何看待中国在大变局中发挥的作用？您对中国作用有何期待？

潘基文： 今天的中国作为世界第二大经济体，已经成长为对世界范围内的事务都肩负责任的国家之一。中国已经不再局限于仅仅对本国的繁荣和稳定负责，对于很多国际事务也都肩负着政治或道义上的责任。从这方面来看，中国已经作出了很多贡献。比如中国给予包括非洲多国在内的发展中国家的帮助；再比如中国在推动联合国可持续发展议程、巴黎气候协定履行上发挥出的引领作用。我期待中国未来在这些议题上发挥出更大作用。

尤其令我印象深刻的是，2018年4月中国领导人在博鳌亚洲论坛2018年年会开幕式上表示，中国将继续积极同国际社会深化经济等领域合作。这一表述随即引起国际社会的强烈反响。对于中国政府的这一立场，我本人经常借各种机会向周围的人们提及。在最近一次参加达沃斯论坛时，我还在会上向与会人士积极“推广”了中方的主张。

我认为中国未来将发挥越来越大的作用。其中，无论是“一带一路”倡议，还是为应对气候变化而在能源方面采取的各种积极应对策略，抑或是经济结构调整举措等，都将成为中国获得世界尊敬，发挥“引领者”作用的良好契机。

“一带一路”倡议 全球合作良机

——专访法国前总理拉法兰

◆ 本报记者　王朝文　张奇志　芦龙军

拉法兰认为，欧洲首先应该明确的是中国不是欧洲的对手。绝对有必要让多边主义更为强大。中国和法国都是文明古国，有着很感性的相似气质。未来就是大家共同思考一些事情、联手做一些事情。

“总有人问我，要想在中国获得成功应该怎么办？我说，这是一个伟大的国家，有很多不一样的东西。在中国要想成功的唯一秘籍，是要爱中国人。”2019年4月初，与中国结缘近50年的法国前总理让－皮埃尔·拉法兰，在西子湖畔接受本报记者独家专访时说。

这位中国人民的“老朋友”表示，中国发展趋势的可预见性在当今世界是一个难能可贵的品质。

即将召开的第二届“一带一路”国际合作高峰论坛自然也是拉法兰关注的焦点。拉法兰认为，“一带一路”倡议在全球范围内所取得的成果表明，这是一个卓有成效的合作倡议。目前全球局势不容乐观，有的大国不断质

本文刊载于2019年4月22日《参考消息》。

疑多边主义进程。为了维护多边主义，各国应该寻求新的合作机会，而“一带一路”倡议正是全球合作的一大良机。

“认清中国不是欧洲对手”

拉法兰指出，“一带一路”倡议之所以非常重要，是因为国际合作的版图就是和平的版图。欧洲应该支持“一带一路”倡议，提出一些具体的合作项目，并通过这些项目推动“一带一路”框架内的合作。

拉法兰对第二届“一带一路”国际合作高峰论坛提出了自己的期待。他希望法国外长和中国外长能够达成共识，共同决策，共同构想，从而促成一些既符合法国利益又有利于中国的具体项目。

目前欧洲经济圈内对“一带一路”倡议也有怀疑的声音。对此，早在2017年就曾投书法国《费加罗报》呼吁欧洲重视“一带一路”倡议的拉法兰建议，中欧应该提出一些能够实现共赢的合作项目，以此让双方都放心。他认为，现在“一带一路”在欧洲的接受度日益提高，中欧合作也已进入具体阶段，让争论平息的方式就是要有一些切实的项目，例如在交通运输和物流方面加强合作。习近平主席最近访问巴黎时，中欧已经建立了信任关系，双方的信任随着项目的推进必将更进一步。

拉法兰认为，欧洲首先应该明确的是中国不是欧洲的对手。2010年欧洲爆发债务危机时，是中国购买大量欧债并保护了欧元。如今在奉行“野蛮外交”的美国，有些声音对欧洲很不利，甚至希望欧盟解散；与此同时，有证据表明中国一直在支持欧洲的一些倡议。

“有人说（欧盟）某些国家和中国‘一带一路’走得太近了，这不是中国的责任，毕竟欧洲在集体回应这一倡议上耗费了太多的时间，球在欧盟一边。”拉法兰说。随着习近平主席和李克强总理访问欧洲，中欧关系已经取得很大进展，欧洲目前在参与“一带一路”的问题上已经走在团结的道路上。

“应让多边主义更加强大”

对于习近平主席提出的“人类命运共同体”理念，拉法兰指出，中国已在一流大国行列中找到了自己的位置，中国思考了自己的责任，也在勇于担当自己的责任。“人类命运共同体”是中国担当起世界责任的一个信号，表明全世界应该团结在一起。在保护地球的巴黎气候协议问题上，中国很好地承担了责任，也正因如此才促成了这份至关重要的协议。

拉法兰认为，在“人类命运共同体”背后还有一个最为重要的理念，即习近平主席2018年在博鳌论坛上提出的“妄自尊大或独善其身只能四处碰壁”。他说：“给别人制造困难的话自己也不一定能获得成功，因为这样的困难总有一天会落到自己的头上。”

针对国际舆论关注的美国发动贸易战，拉法兰说：“中国人民和法国人民都不喜欢贸易战，战争是不得人心的。”战争可能在短期内有赢家，但是从长期来讲不会有人胜利，不管是贸易战还是其他性质的战争。削弱美国或中国的经济，不管怎样都是在削弱全球的经济。他认为，没有任何理由去遏制作为全球经济增长引擎的中国经济，这是一种玩弄辞藻的不理智状态，对所有人的利益都没有好处。

拉法兰支持法国总统马克龙的坚定立场，即如果美国不遵守气候协议就不可能有自由贸易协议。“如果签了协议又退出，还指望你签订其他协议吗？不！因此，应该做的是让人们重新坐到谈判桌前。粗暴不是解决办法。”他认为，中国人的智慧在于始终在主张和谐与平衡，每个人都需要其他人，“妄自尊大或独善其身只能四处碰壁”。

他说，法国和中国在这方面立场相同，当今世界外交政策的首要目的就是维护和平。人们不应只考虑自己的利益，也应考虑别人的利益。共同寻求和平有两大手段。首先要创造合作机会，“一带一路”倡议、中国国际进口博览会都是在给一些国家提供机会，也让这些国家更多地合作而不是吵架。其次是对话，无论是何种情况都应优先选择对话，维护多边主义，因为多边主义就是所有各方之间进行对话。他说：“现在可以看到有‘推特外交’的倾向，可能会演变成单边主义，让排外、制裁等一些非合作举动占据上风，因此绝对有必要让多边主义更为强大。”

不过，拉法兰也承认，多边机构似乎一直没有人们预想的那么有效率。联合国、世界贸易组织确实应该改革。因为这类国际机构都是在第二次世界大战后成立的，当时亚洲和非洲根本不是今天的样子，应该根据当今状况改革国际组织。他说：“多边主义不应当被扔到垃圾桶里。从这方面来讲，中法领导人均给出了新多边主义的方向。”

“中法两国有着相似气质”

对于中法关系，拉法兰建议，合作可以在三个层面展开。首先，在社会层面。虽然中国和法国之间存在分歧，很多人认为中国会像西方国家一样演进，可能从某一天起其治理模式就会和所有西方国家一样。但对于一个国家来说，走自己的道路至关重要。

其次，在全球层面。多极世界实际上就是一个把合作当成最优战略的世界。在应对气候变化等问题上，中国和法国有着很大的共识，希望中法能够一起努力促进多边机制的改革。

第三，在市场层面。一些法国企业说，中国是一个强制性市场，但有很多法国企业如今对其在中国的发展很满意。拉法兰就此解释说，欧莱雅成为中国国际进口博览会的主要合作伙伴之一，他对这家法国企业在中国取得的成功深感欣慰。类似的例子还有很多，达能、米其林、施耐德电气、赛诺菲安万特等等，同时也有类似威立雅和苏伊士公司等不少企业在环保领域与中国合作。在合作中，各方都可以维护自己的利益，然后利用互利逻辑实现共赢。

自20世纪70年代以来，拉法兰曾多次到访中国，而过去50年间中国的城市化进程给他留下了最为深刻的印象。他说，自己不会说汉语，也不完全了解中国文化，但他懂得很多中国的事物，读过很多与中国有关的文章，亲眼目睹了中国的很多变化。

拉法兰告诉记者，1976年他从北京坐火车去哈尔滨，最近又坐高铁从北京去武汉，两次火车之旅的感受天差地别。他看到了一个自20世纪70年代开始发生巨变的中国，而从小渔村变成大都市的深圳就是中国人勇于改革的写照。“中国人如今用手机支付，也比法国人先走了一步。”

中国人和法国人之间的亲近也让拉法兰感到惊讶，而且这种亲近程度比普通人预想的要更高。他说，中国和法国都是文明古国，有着很感性的相似气质。“我一直对法国朋友说，去中国吧，你会碰到比你想象中更为亲和的中国人。有时，你会觉得和一个中国人交往会比和一个欧洲人交往更容易变得亲密，因为中国人感情更外露，他们即便不通过语言也能与你很好地沟通，他们可以用手势、眼神来表达。”他说。

他强调，在中国，他始终感到很愉悦，他有很多中国朋友，他和中国人维持着很好的关系，因为这是一种情感上的联系。中国人有着很深的人文情怀，他们热爱家庭、注重情感。总之，中法两国都是注重情怀的国家，有一个中国朋友就意味着友情长久稳固。

“未来需要携手共同创造”

此次率领一众法国年轻设计师来到杭州，是拉法兰对加强中法年轻人之间的交流所作的又一次努力。他表示，从经济角度讲，人们都需要提升经济增长的质量，这通常需要通过一些新思路和一些有能力的新锐人才。年轻设计师极富创造力，他们既是制造业的专家，也是贸易和文化领域的行家里手，这些人可以帮助企业提升质量。法国设计师们能够帮助中国企业，中国设计师也可以帮助法国企业，能够给两国的经济注入更多的智慧。

拉法兰表示，他有一个事关未来的想法。过去大家想的都是要卖掉自己的产品，要把中国产品卖到欧洲或把欧洲产品卖到中国；但在未来，不能只想着卖产品，应该更多地共同去设计未来的产品。

拉法兰近日还拜访了阿里巴巴公司，和他们的管理人员有很多探讨。他很清楚地看到，如今最为重要的是一起思考未来要走的路。他很自豪见证了中法联手在英国建造核电站，也见证了空客公司在天津建立飞机组装厂。

拉法兰说，这就是未来，未来就是大家共同思考一些事情、联手做一些事情。中国是一个特别大的市场，也是一个非常有实力的大国。法国也有一些自己的优势，尤其是在人才培养方面。他强调，中法可以共同创造和设计一些未来产品，希望大家的智慧能形成合力，大家一起做出中法制造的产品并且走向全世界。

在逆全球化潮流中增强中日合作

——专访日本前首相鸠山由纪夫

◆ 本报驻东京记者　杨　汀

全球化和逆全球化都存在问题，这是当前世界面临的最大挑战。日中在第三国、第三方市场开展各种合作，日本提供一些经验和技术，应该能对“一带一路”倡议形成非常大的推动。日本应在美中之间保持等距、取得平衡，善于听取和理解两者的意见。

“不仅是中国，亚洲和世界也面临百年未有之大变局。”日本前首相鸠山由纪夫日前在东京接受本报记者专访时如是说。

鸠山由纪夫2009年至2010年任日本首相，目前担任东亚共同体研究所理事长。在该研究所位于东京永田町的事务所，他谈及逆全球化趋势增强之下的地区合作与国际合作，以及日本在中美之间扮演的角色等。

本文刊载于2019年3月22日《参考消息》。

逆全球化非解决问题之道

鸠山表示，他对于当前贸易保护主义和单边主义频现的势头感到非常担忧。“全球化和逆全球化都存在问题，这是当前世界面临的最大挑战。全球化的资本主义，尤其是金融资本主义，确实有加剧世界贫富差距的方面，也可能导致世界陷入危机。全世界都在摸索资本主义的新形式。但逆全球化并非解决之道。”他认为，类似美国特朗普政府那样“美国第一，只要对自己的国家好就行”的做法，只会加剧摩擦。

“不妨在这两者之间寻找新途径，让各国顺利解决问题、友好相处。比起全面全球化，也许地区内的互通和共建，使得周边地区的人们能够更友好、更富足地生活的模式，更符合现实。这也许可以用地区主义的说法来定义。”鸠山说，他出任日本首相期间提倡建立东亚共同体以及在6年前设立东亚共同体研究所，也是出于这一思路。

“我提出建立东亚共同体，最初是基于日本曾经因为发动战争，对周边国家造成了伤害。因此，对于日本而言最重要的是与周边各国建立信赖关系。我希望各国国民之间能够通过友爱精神建立这种信赖关系。现实中欧洲结成了欧盟共同体，欧洲能够实现的事，没有理由在东亚做不到。尤其是日本、中国、韩国应该成为核心，与东盟国家一同致力于建立命运共同体，本地区就肯定不会再发生战争。我认为，比起经济发展，建立不会再发生战争的、拥有互信的地区关系，更有意义。在当前逆全球化、民族主义势头加强的情况下，建立命运共同体的必要性更加明显。”

“一带一路”改变国际合作格局

鸠山认为，“一带一路”倡议也是通过地区共建来实现地区和平的典型尝试，并改变了国际合作的格局。

2019年是“一带一路”倡议提出第六年。鸠山认为，可以说“一带一路”倡议的逐步实施正在改变国际合作格局。他说：“‘一带一路’倡议可以说是古代丝绸之路的现代版。历史上，丝绸之路对日本也产生了很大影响，现代丝绸之路也应该与日本有关，因此，我非常关注。”他非常赞成通过促进地区繁荣来巩固地区和平的这一尝试，他积极评价“一带一路”倡议提出以来在与相关国家政策沟通、设施联通方面的成绩。同时还对日本追随美国，至今对“一带一路”倡议吹毛求疵、参与态度不够积极提出批评。

2019年也是中国倡议设立的亚洲区域新多边开发机构——亚洲基础设施投资银行成立第5年。鸠山从2016年开始受邀担任亚投行国际咨询委员会委员。他高度评价亚投行的作用，认为亚投行从金融、资金方面支持“一带一路”倡议，使得这一倡议由布局谋篇走向切实实施，一步一步致力于为地区创造繁荣。

对于国际社会尚存在对“一带一路”倡议的某些疑问，鸠山认为这是“过渡期”所无法避免的。“比如日本对于中国的持续发展抱有警惕、戒备之心，因此对该倡议有一些批判。类似中国因为钢铁生产过剩，要扩大销路而提出‘一带一路’等等说法，都非常讽刺。我认为，当‘一带一路’倡议一步一步为发展中国家整备公路、港湾、机场等基础设施，受到发展中国家欢迎，并由此促进地区和平的时候，批评就会转变为赞扬。我认为现在正处于这样的过渡期。”

关于对“一带一路”倡议是否导致“债务陷阱”的质疑，鸠山认为：“包括亚投行在内，都会致力于使债务不成为发展中国家的过重负担，并帮助发展中国家具备逐步偿债的能力。需要有耐心，等待很重要。如果急于让对方偿还，那么基础设施的准备也会不充分。”

谈到对“一带一路”倡议未来的展望以及日中开展相关合作的可能性，鸠山表示，日中在第三国、第三方市场开展各种合作，日本提供一些经验和技术，应该能对“一带一路”倡议形成非常大的推动，他认为日本应该承担这样的角色。

G20机制比G7作用更大

在赞同通过地区共建在全球化与逆全球化之间寻找平衡的同时，鸠山也表示，这并不意味着不再需要全球框架下的讨论与合作。“相反，世界也需要广泛的国际协调框架，正如G20正取代G7成为最重要的国际协调框架。”

他说：“2019年日本将首次举办二十国集团峰会，日本既是G20又是G7的成员，现在G7的作用相对下降，G20的作用相对上升，这是历史趋势。所谓发达国家，G7的国内生产总值已经被新兴国家、发展中国家，包括中国、印度、南非等国的GDP总和赶超。仅从这一点看，也已经不是G7可以领导一切的时代了。因此，G20机制比G7机制更有帮助，更能解决问题。我认为，运用包括发达国家和发展中国家在内的多边框架来讨论和解决问题是必然的方向。”

作为2019年G20峰会东道主国的前首相，鸠山认为日本对这一新局面的认识尚不充分。“日本不一定充分意识到了G20框架下讨论的重要性，日本应改变迄今视G7讨论重于G20讨论的态度。在某种意义上，这也是日本主办G20的意义。”关于本次G20峰会的议题与主导，鸠山说：“美国、中国和日本都是大国。迄今在G20框架中美国发挥了最大的力量，但仅靠美国解决不了问题。日本应在美中之间保持等距、取得平衡，善于听取和理解两者的意见和讨论，尤其是在美中贸易战可能愈演愈烈的时候，平衡美中，也是日本应该扮演的角色。”

“迄今日本的态度是动不动就说自己是西方世界的一员，对美国的意见言听计从。而今后我认为日本会意识到，比如在美中贸易战中，可以通过与中国合作建立共赢关系。因此缩短与中国的距离很重要。”鸠山说。

美国应正确认识中国快速发展

——专访澳大利亚前外长鲍勃·卡尔

◆ 本报驻悉尼记者　郝亚琳

几年前还有美国政客跟我说，中国根本不会创新，但就是这么几年，中国的创新成就让美国人感到震惊。澳大利亚应当劝说美国正确认识中国的发展，学会接受这个既定事实。中国应向世界展示出“唐朝精神”——中国向世界敞开怀抱，世界也应当拥抱中国。

“要讨论现在的世界是更安全还是更危险，是讨论不出结果的，但是国际秩序确实常常经历调整。有一系列因素可以帮助我们定义现行的国际秩序，中国的发展正是其中之一。”在位于悉尼科技大学的澳中关系研究院，澳大利亚前外长鲍勃·卡尔日前接受了本报记者专访。

现年71岁的鲍勃·卡尔是澳大利亚资深政治家，曾担任新南威尔士州州长达10年之久。2012年3月至2013年9月，鲍勃·卡尔出任澳大利亚外长，并于2012年5月访华。从政界淡出后，鲍勃·卡尔于2014年开始担任澳中关系研究院院长。

本文刊载于2019年3月27日《参考消息》。

美需正视中国发展事实

在鲍勃·卡尔看来，美国在苏联解体后“一家独大”，但陷入伊拉克战争对美国的权威造成极大冲击。与此同时，中国的迅速发展对美国看似无可匹敌的统治地位带来了更为根本性的挑战。

他认为，中国自身实力和国际影响力的不断提升，引起了美国的焦虑。“几年前，还有美国政客跟我说，中国根本不会创新，但就是这么几年，很显然，在人工智能、新能源汽车以及其他一些领域，中国正在不断推进创新。这对于美国来说，确实是一个震动。”

鲍勃·卡尔说，美国的目的就是遏制中国发展，让中国继续维持在发展中国家的水平，或是将中国的发展限制在一定程度内。尤其在高科技领域，美国要保证自己的绝对领先地位。“美国之所以会感到焦虑、嫉妒，有时变幻无常，就是因为它作为一个超级强国，感受到了强烈的衰退的暗示。”

不过，他并不认为中美两国无法避免所谓的“修昔底德陷阱”，一个重要原因就是两国在诸多领域的相互依存。两国之间有矛盾分歧对其他国家而言也不是一件好事，比如，澳大利亚就对中美之间的贸易争端感到担忧。

鲍勃·卡尔表示，对于澳大利亚——一个安全上依靠美国、经济发展又离不开中国的国家而言，最好的办法就是为中美架起沟通的桥梁，通过外交手段，帮助中美两国弥合它们之间的分歧。

他表示，一方面澳大利亚应当鼓励中国继续改革、更加开放，希望中国在现行国际秩序中发挥建设性作用，海外的经济活动更加公开透明；另一方面，澳大利亚应当劝说美国正确认识中国的发展，学会接受这个既定事实，而不是抱有一些偏执的想法。

“在这个世界，任何时候你都能看到冲突或者潜在的冲突诱因，因此，我们要尽可能地找到可以携手合作的领域，以平衡那些可能导致冲突或紧张的领域。”鲍勃·卡尔说。

警惕亚太地缘政治风险

澳大利亚和中国同属亚太地区，这既是全球最具增长活力和发展潜力的经济板块，是世界经济增长的重要引擎，但同时也面临着错综复杂的地缘政治风险。

鲍勃·卡尔认为，对于亚太地区局势，四方面的挑战需要引起注意：一是政府的治理能力，包括对于腐败的遏制；二是不同宗教信仰所引发的冲突；三是一些国家之间的分歧和冲突可能带来的区域紧张局势，比如印巴两国间的矛盾冲突、朝鲜半岛问题等；四是“中等收入陷阱”问题。

他对中国在亚太地区所扮演的角色予以正面评价，同时也提出了一些建议。

鲍勃·卡尔说，在中亚地区，中国和上海合作组织为这一地区的和平稳定发挥了积极作用；在周边，中国近来与日本、印度等邻国之间的外交互动，改善了关系，降低了冲突风险，促进了合作；中国为解决朝鲜半岛问题，推动半岛无核化发挥了重要作用；在南海问题上，中国保持克制，承诺与有关国家通过协商对话解决问题；中国还提出了“一带一路”等倡议，力求加强与地区国家的经济合作。

“中国如果能在推进‘一带一路’建设的过程中，坚持开放透明和多边主义的原则，那这一倡议将成为连通欧亚大陆，推进沿线国家合作的一种积极构想。”鲍勃·卡尔说。

对于中国未来在亚太区域和国际社会中可以发挥的作用，他表示，希望中国继续坚定维护以联合国为核心的国际体系和以国际法为基础的国际秩序，在改革开放的道路上更大胆一些，同时，像亚洲基础设施投资银行一样，以透明、多极化的原则去推进“一带一路”建设，此外也要理解美方对中国发展的焦虑不安，与美国合作共处。

“中国应当向世界展示出‘唐朝精神’——中国向世界敞开怀抱，世界也应当拥抱中国。”鲍勃·卡尔说。

美中均需学习共存之道

◆ 劳伦斯·萨默斯

在过去两年半的时间里，美国对中国的看法发生了巨大改变。美国若真的打算与中国“脱钩”，拒绝进入中国市场和拒绝承认中国的技术进步，这对美国经济大大不利。中国在国际体系中应当有与自身地位相匹配的位置，且对国际体系有建构权和塑造权。

当下，全球政治经济危机重重，美中之间的对话交流对各国合作以共同应对全球挑战具有深远意义。在此，我想简要地谈一谈我对中美关系的四点观察。

美一直想要压制中国

观察一：对于21世纪上半叶的历史书卷而言，中国无疑是最浓墨重彩的篇章之一。

中国拥有世界近五分之一的人口，并贡献了近三分之一的世界经济增

本文刊载于2019年3月29日《参考消息》。

长。在不到两代人的时间内，中国从一个贫穷国家变成世界上首屈一指的引领型国家，从一个封闭国家到如今拥有海量互联网用户，等等，这些巨变如此天翻地覆，足以和工业革命的影响相媲美。

中国正在发生的变化对世界历史来说极其重要。如果中国的崛起是和平的，那么人类历史将因此受益。反之，则将可能引发悲剧。

观察二：美国压制中国的政策一直存在。

讲出这个观察并不是一件开心的事情，但我认为这就像朋友间坦诚相待，即便是对方不愿意听到的真相也要如实相告。在过去两年半的时间里，美国对中国的看法发生了巨大改变，而且这种趋势仍在蔓延。

据我判断，当2020年的总统候选人谈及外交政策时，他们一定会批评特朗普对中国的态度太温和了。我想强调的是，这一改变并非各国认为的那样仅发生在特朗普当选总统后。可以预计，2020年的美国总统大选中，民主党候选人也许会批评特朗普过于愿意与中国达成和解。这就像比尔·克林顿批评老布什说他的对华态度太温和了；奥巴马在一定程度上也批评小布什的对华态度太温和了。事实上，我认为如果当时希拉里·克林顿竞选总统成功，那么她上任后的对华政策有可能比特朗普的更严厉。

大国外交需审时度势

观察三：从美国方面来看，美国制定对华政策应更加谨慎。

有一种说法是，如果中国向美国的每一项贸易要求让步，美国的国内生产总值可以增长至少一个百分点。我想提醒美国的政治家们，这种说法根本站不住脚。美国的经济问题根源在于其自身的经济政策，中国绝非美国中西部经济受挫的主因。

所谓“中国冲击”的理论也是以偏概全和错误的。“窃取知识产权和合资企业强制转让技术是中国技术进步的主要原因”，这样的指控令人啼笑皆非。事实是，当下的先进技术信息无所不在、广泛传播且容易获得。即便在冷战时期，制造核武器的技术要求高度精细、相关公开出版物根本无法获取的大环境下，技术都很难保证完全保密，美国的核武器发展也仅仅领先了苏联三年就被赶超。

我认为，美国需要仔细思考它现在的政策——美国是否要减少与中国的相互依赖，是否要让中国在信息技术等领域追求完全自主，是否要拒绝以低价获得大量钢铁的机会并进一步拒绝中国资本。如果美国真的打算与中国“脱钩”，拒绝进入中国市场并拒绝承认中国的技术进步，恐怕这对美国经济利益是大大不利的。

如果美国的经济政策是为了服务那些不支持经济改革和政治开放的群体，是为了增强美国国内对中国的抵触，那么美国就可能生活在自己的预言里，继续偏离对话交流的道路。

观察四：从中国方面来看，中国也应当十分认真地考虑究竟想要的是什么。

提供战略性保障是新兴大国应当担负的责任。中国有一些说法是相当合理的，即中国不可能也不应当被限定在某个框架之内。中国在国际体系中，应当有与自身地位相匹配的位置，而且中国有对国际体系的建构权和塑造权，不可能仅仅作为一个普通成员去适应别国制定的国际秩序。

然而，这并不意味着中国能够指望自己可以游离于国际规则之外。在发展初期，中国的一些做法在国际社会上是可以接受的，但是这并不等同于，这些做法现在也可以被接受。

想要塑造国际体系，就必须接受这个体系的规则。中国希望成为世界领先的国家与中国想要代替其他大国的位置是两个不同的概念。

中美要设法合作共存

在过去两年多时间里，中国从某种意义上来说是幸运的。由于特朗普的政策失误，美国与其传统的大西洋和太平洋盟友间产生了分裂，为中国与这些国家合作创造了机会。我认为中国此时应该重新调整其外交政策，这是符合中国利益的。中国不应该低估美国的力量，就像丘吉尔曾说“在用尽其他选项之后，美国总会做出正确的决定”。

我要强调的是，当下，我们处在新的信息时代，信息技术的革命给世界各国带来了契机，因为信息技术将人类从繁重的工作中解脱出来，生物科技的进步又延长了人类的寿命，提供更为丰富舒适的物质条件。美国和中国需要互相尊重，设法合作共存，才能保持友好关系。

（作者为美国前财政部长、哈佛大学前校长。本文是他于2019年3月22日在全球化智库与哈佛大学中国校友公共政策论坛联合举办的研讨会上的发言。本报记者李颖编译整理）

中美有责任让合作盖过竞争

——专访美国前驻华大使芮效俭

◆ 本报驻华盛顿记者　朱东阳　王超　胡友松

美国前驻华大使芮效俭相信，正确的领导方式能够管控中美正在出现的竞争，而不至于把两国关系推到敌对的地步。美国开展对华接触的本意并非要改变中国，而是通过和中国打交道来推进美国的利益。美国因为本国的预算问题已大体撤出了在外国修建道路的业务，"一带一路"倡议是对世界各地切实需求的回应。

面对中国的发展和地缘格局新变化，美国前驻华大使芮效俭近日在华盛顿接受本报记者专访时说，美中两国有责任让双方合作的一面盖过竞争的一面，从而作出大国应尽的贡献。

关注中国和亚洲问题70多年的芮效俭与中国有着深厚的渊源。1935年，芮效俭生于南京。在青少年时代，他"曾站在学校的屋顶亲眼目睹了中国的内战"。在漫长的外交官生涯中，芮效俭见证或参与了美中关系史上一系列具有里程碑意义的事件，比如1979年两国建交前的秘密谈判。1991年至1995年，他担任美国驻华大使。

本文刊载于2019年4月3日《参考消息》。

两国没有理由彼此敌对

《参考消息》：前几天，美国国务院助理国务卿克里斯托弗·福特说，相比衰落的俄罗斯，中国才是美国的长期对手，所以美国需带着长期竞争的心态和中国打交道。您怎么看待特朗普政府上台后美中关系发生的变化？

芮效俭：目前还不好判断（福特的话是否准确）。在美中经济关系方面，此前双方都倾向于将对方视为最大的战略对手，中国认为美国担心和中国的战略竞争，想要遏制中国崛起，美国则认为中国想把自己赶出西太平洋，成为那里的唯一霸权国家。我认为这些看法都是不准确的。和中国打交道这么多年下来，我的感受是，美中没有理由彼此敌对并互视对方为战略对手。这并不是说两国间的问题能轻而易举地解决，而是说这些问题是有可能解决的。

应该说，崛起国家会很自然地想“展示新的肌肉”，让别的国家明白自己不再是以前的弱国了，这是很正常的行为模式。2008年全球金融危机后，可以很明显地看到中国在寻求自身国家利益的时候要比以前强势得多。而从另一个角度说，守成国家不愿放弃自己在军事和经济上的支配地位，这也是很正常的，所以它们难免会想反击，这就产生了“修昔底德陷阱”的问题。历史上很多国家的领导人对这个问题处理得不好，但情况并非都是如此，当年我见过中国的毛泽东主席和美国的尼克松总统就为了共同应对苏联的威胁，而把美中间的敌对关系变成了战略合作关系，所以我相信正确的领导方式能够管控中美正在出现的竞争，而不至于把两国关系推到敌对的地步。

特朗普政府上台后在美中关系上做了两件事，一是在两国元首之间建立了相对良好的工作关系，虽然这并不能克服所有问题，但会让问题解决起来更容易些。二是认为美国需要在双边经济关系上采取行动。我认为现在的一个实际情况是，美中之间的战略竞争事实上是在经济层面而非军事层面，而美国国内对在窃取知识产权等一系列关键问题上对华施加更大压力有着广泛共识。不过，不光是我，很多人都认为美中贸易不平衡并不是问题的根源，因为你不能从双边的角度来判断贸易是否平衡，而且在美中之间搞贸易平衡是不现实的，全球化的规则不是这样的。

美方不应对华搞“新冷战”

《参考消息》：特朗普政府里的很多人认为，中国试图对外输出其治理和发展模式，所以美中竞争也是意识形态之争，您怎么看？

芮效俭：中国说“为解决人类问题贡献中国智慧和中国方案”。但这并不是说中国在咄咄逼人，非要其他国家必须采用中国模式不可。我在中国和新加坡都当过大使，新加坡的模式在很多方面是所有发展中国家都应该追寻的，但当我问新加坡人，其他国家是否应该采用他们的模式时，他们哈哈大笑，说当然不能，因为别人不是新加坡人。他们是对的，新加坡人天生自律、辛勤工作，大多数其他国家没有这样的条件。我认为，中国模式是为中国人设计的，其他国家的人不是中国人，中国模式也没法照搬到其他国家去。

我认为，那些说中国模式可以输出到别国的说法是曲解了实际情况，而且我认为中方的意思是，其他国家可以从中国的发展经验中借鉴对自己有益的内容，但我认为这些国家也可从西方的发展模式中借鉴有利于它们发展的因素，所以在对外输出国家治理模式这个问题上，我认为美中并没有处在系统性对立状态。

《参考消息》：美国国务卿蓬佩奥此前称美苏竞争和美中竞争的区别在于美中之间有着密切的经济往来。您怎么看美苏竞争和美中竞争的区别？

芮效俭：我认为这是很重要的区别。美中之间有深厚广泛的经济合作，这一点是跟当年美苏关系最根本的不同之处。这也就是我为什么认为美国并不应该和中国搞“新冷战”的原因，以及为什么我非常赞同中方关于建立中美新型大国关系的提议的原因。

不是要想着照搬冷战模式或其他模式，而是要试图弄明白美中如何在扩大合作关系的同时，应对双方关系中的竞争性因素。我认为，特朗普政府还没有表现出足够的主动性，去理解美中关系合作性的一面有多么重要，而在他们更加关注这一问题之前，我认为我们与中国的关系不会完全稳定下来。

特朗普外交政策太任性

《参考消息》：美国乔治敦大学教授罗伯特·萨特认为，目前影响中美关系的变量有三：美国民众对中美全面竞争所造成的后果的承受力，美国总统在为两国关系定调方面发挥的无可比拟的作用，以及美国盟友对此的看法。您认同吗？

芮效俭：我同意。本届美国政府和以前的历届政府都不同，通过它的政策来判断它，本身就错了。实际上，这届政府在很多领域没有政策，我们已经清楚地看到，总统随时可改变主意并自行决定事情，他的下属为此震惊不已。比如，美朝领导人第二次会晤无果而终就让人们感到吃惊，所以说这届政府的所有事情，最终决定权都在总统手里，而他到现在还没任命那些关键政策岗位的官员。我干了这么长时间外交，还从来没见过任何一届政府上任两年多了，都还没任命负责东亚和太平洋事务的助理国务卿的情况。这个岗位需要有人在，你才能找他谈政策，没有人就不成其政策，而只不过是总统“奇思妙想”任性发号施令、底下官员乖乖照章办事罢了。在这种情况下，未来的政策方向会很难判断。

《参考消息》：除了上述三个变量外，还有哪些变量可以影响中美关系？

芮效俭：毫无疑问，我们和盟友的关系不像以前那么好了。这是这届政府的一个特色，给我们和盟友们的关系带来了困难。但美国对盟友来说仍是一个很重要的国家，所以即便和它们的关系有些紧张，彼此的同盟关系也不会崩溃。我认为这届美国政府犯的一个错误就是认为多边协议不符合美国利益，签什么协议都要在双边框架下来做。这是不对的。

此外，这届美国政府对于国际关系的看法也是根本错误的。他们认为国际关系的最大特色就是对抗。作为在外交领域干了近50年的人，我认为通常情况下，国际关系里合作的一面要强于竞争的一面。竞争确实存在，但可以通过合作来加以平衡，所以我们才会有这么多的国际协议，为的就是让不同发展阶段的国家能够和平相处。

《参考消息》：有人说，美对华竞争策略的一大障碍就是友华派不愿承认美国对华有竞争需要，中国永远不会变得“像美国”，您对这两个说法怎么看？

芮效俭：我不同意。我强烈不同意那种认为美国对华的目的是改变中国国内体制，而现在这种接触政策已经失败的说法。实际上，这根本就不是美国开展对华接触的本意，美国的本意是通过和中国打交道来推进美国的利益。我到现在仍然这么认为。对华接触政策和在知识产权等经济领域对中国加强施压，这两件事完全不冲突。你可以说，接触政策在美国不会容忍中国继续盗窃知识产权这一点上强调得还不够，但要说我们的政策是想回避这些问题，那就不对了。不同的美国总统对这些问题有不同的解决方式。正如我刚才说过的，特朗普总统在这些问题上加大对华施压力度的做法在美国受到了广泛的支持，我认为这一点需要中国予以考虑，但他用关税来达到目的的做法则更有争议。

中方需要阐明利益红线

《参考消息》：您说特朗普政府没有对华政策，那么中国在这种情况下应如何与美国打交道，以确保两国关系平稳和健康发展？

芮效俭：拿美国来说，在经济领域，我们划出底线，现在又强迫中国遵守这个在我们眼里完全合理的底线，比如盗窃知识产权是不对的，需要制止，所以我们在这个问题上施压。而在某些领域，中国也有自己的根本利益，比如在台湾问题上。我认为总体来说，双方不应该在这些问题上过分敏感，但彼此间确实存在着一些对方不该跨过的红线，中国需要阐明这些红线在哪里，并试着阻止美国跨过它们。

《参考消息》：在台湾问题上，您说过，“一个中国”的框架面临很大挑战。那么台湾问题未来会如何发展，会不会引发中美军事摩擦？

芮效俭：台湾问题有可能引发美中军事摩擦，但如果真的到了这一步，我们就犯了极其严重的政策错误。中国已经阐明，其对台政策的根本目标是实现两岸和平统一。现在两岸有机会进行广泛联系，大陆也对如何改变台湾人对统一的态度有了更好的了解。我之前在讲座中说过，现在还不是在台湾问题上沉不住气的时候，因为还需要把一些客观的现实考虑进去。如果这些客观现实没变，你就无法通过和平方式解决问题。我相信中国不会愿意把四十年的经济发展和民生改善成绩抛开不管，去跟美国打一仗。你觉得这样做讲得通吗？在我看来，讲不通。换句话说，不管是美国还是中国，在政策上都需要管控因台湾问题而可能引发冲突的因素，不要让它继续发展，这一点比其他任何事情都重要。

“一带一路”是很好的想法

《参考消息》：美国应该怎么看待中国的“一带一路”倡议？

芮效俭：我认为我们对这件事的处理方法从一开始就是错误的。不光是我，很多美国人都认为美国不应该对亚洲基础设施投资银行的创立作出这么负面的反应。这个银行和“一带一路”倡议有关，但是它是独立的个体。

这个世界毫无疑问有着巨大的基础设施建设需求，而美国则因为本国的预算问题，已大体撤出了在外国修建道路的业务。“一带一路”倡议则是对世界各地切实需求的回应。

我认为中国正在从实践中学到经验，那就是在推进“一带一路”倡议时需要倍加小心。但总体来说，我认为“一带一路”倡议是个很好的想法，改善了东亚、中亚、南亚和欧洲之间的互联互通状况，而美国不应该抱着消极的态度去看待这个倡议。现在特朗普政府仍然对这个倡议疑虑重重。

第二章

外国专家瞻观天下

大国政治回归将重塑中美关系

——专访美国知名学者约翰·米尔斯海默

◆ 本报驻华盛顿记者　刘　晨　徐剑梅

约翰·米尔斯海默认为我们正处在一个多极世界中。特朗普的种种单边主义做法，在很大程度上损害了美国在全球范围内的软实力，将令美国的潜在对手得益。特朗普政府实际上已经放弃通过接触政策改变中国，“转向完全遏制中国的政策”，目前已形成了从经济和战略两个层面遏制中国的态势。即便未来中美经贸关系有所缓和，这一态势也不会改变。但是美国难以独自遏制中国。

“进攻性现实主义”国际关系理论创立者约翰·米尔斯海默曾在18年前撰写的《大国政治的悲剧》一书中断言，大国冲突在所难免。此后10余年间，米尔斯海默一直坚持透过“进攻性现实主义”棱镜解读世界、描绘未来。2018年他出版新书《大幻灭：自由主义梦想与国际现实》，认为西方“自由主义霸权”在现实主义与民族主义夹击下已经失败。2019年71岁的米尔斯海默现任芝加哥大学“温得尔·哈里森杰出贡献”政治学教授、国际安全政策项目主任。近日，本报记者就国际格局变迁、特朗普外交、中

本文刊载于2019年1月25日《参考消息》。

美关系等话题对他进行了专访。

世界从单极进入多极格局

在米尔斯海默看来，过去半个世纪，大国主导的世界格局经历了“两极—单极—多极”的演变。如今，美国“一家独大”的时代已经终结，随着中国崛起、俄罗斯复兴，“我们正处在一个多极世界中”。

米尔斯海默说，冷战结束后，美国成为全球唯一的超级大国，世界从两极走向单极。同时，中国开始改革开放，俄罗斯也在转型。在这样的“单极”格局中，美国第一次有机会寻求“自由主义霸权”，按照美国的想法“重塑世界”。

按照米尔斯海默的诠释，西方“自由主义霸权”理念有三大目的：一是政治体制和意识形态上，在全球范围内推广民主；二是经济上，将包括中国、俄罗斯在内的所有国家都纳入二战后建立的以美国为首的开放性国际经济体系；三是国际治理上，将世界上所有国家都纳入以美国为主导的各种国际组织之中。

但在冷战结束30年后的今天，米尔斯海默说，尽管美国仍是“唯一的超级大国”，却不得不面对两个强有力的竞争者——中国和俄罗斯。世界已经进入多极格局，自由主义霸权受到现实主义与民族主义的双重夹击，特朗普上台就是多极世界格局中自由主义霸权宣告失败的结果。

他认为，自由主义霸权的推行，需要以美国一家独大作为前提条件。随着世界重回多极格局，这一前提条件已不复存在。特朗普正是打着“反自由主义霸权”的旗号上台，从要求停止输出自由主义，到抨击开放性国际经济；从加征关税与贸易保护，到对多边国际组织和国际条约的“厌恶”，他的竞选主张几乎条条都站在“自由主义霸权”的对立面，他的胜选即是“自由主义霸权”让位于民族主义与现实主义的体现，表明美国人认识到过去的自由主义政策制造了“一个接一个的失败”。

米尔斯海默同时强调，尽管中、俄与美国的相对实力差距在缩小，但美国作为“唯一的超级大国”的地位没有改变，美国无疑依旧是“异常强大的国家”，“是唯一有能力在地球几乎每个角落投放强大军事力量的国家”。

“硬球政治”损害美国软实力

在米尔斯海默看来，特朗普入主白宫对美国而言无疑是一个转折点，但不能过分高估特朗普对国际格局变迁的影响力，因为“并不是特朗普制造了当前的局面，是大国关系的均势正在改变，而特朗普认识到了这一点”。他说：“特朗普当然有影响，但同时要看到，是国际体系正在发生的变化，使特朗普得以‘空中弹射’到白宫。”对如何看待特朗普上台两年来的外交政策，米尔斯海默说道，特朗普的外交政策依然强调美国参与全球事务，在军事及经济上强硬对待中国与俄罗斯。不同在于，不论对盟友或是对手，特朗普致力于在经济上推行保护主义，在政治上施行单边主义。

米尔斯海默认为，关于“美国优先”的讨论其实毫无意义，因为每个美国人、每位美国总统，都会支持“美国优先”。如果2016年美国大选中，特朗普的对手希拉里胜选，她的外交政策会更加“国际主义”、更注重联合盟国，而不像特朗普主打“民族主义”牌，但追究政策实质，“两人的出发点不会有区别”，都是“美国优先”。米尔斯海默说，人们应当关注的是特朗普为了达到其“美国优先”的目的会推出哪些政策。

米尔斯海默表示，过去美国在推行现实主义政治时，一向披着自由主义意识形态的“外衣”，可谓“行现实主义之实、诵自由主义之辞”，特朗普则言行均为现实主义。“他（特朗普）不论在言谈还是行动上，都在玩‘硬球政治’（hard ball politics）。”

在米尔斯海默看来，特朗普的玩法过于“独来独往”，疏远了盟友。许多美国亲密盟友对特朗普的外交政策，特别是倾向于激怒盟友、通过关税惩罚盟友的做法感到沮丧甚至愤怒，这无疑令美国国际地位下滑。他补充说，美国国际地位下滑不等于美国实力衰落。

米尔斯海默认为，美国之所以二战后如此成功，除了凭借硬实力，更得益于软实力，而特朗普的种种单边主义做法，在很大程度上损害了美国在全球范围内的软实力，将令美国的潜在对手得益。他说，美国需要硬实力也需要软实力。特朗普一任的影响已经很大，他若在白宫待满八年，无疑将对美国的全球地位带来深远影响。

美国力图阻止中国变强

依照米尔斯海默的“进攻性现实主义”国际关系理论，中美关系会因大国政治的回归而被重新塑造。他认为，在未来相当长一段时间内，美国将一直是世界上最强大的国家，中国则有潜力成为“非常强大”的国家。但在可预见的未来，美国会始终比中国强大得多。如果中国的经济和军事继续快速增长，中美相对实力差距会缩小，而“美国依然有能力在可预见的未来遏制中国”；如果中国经济出了问题，那么美国的超级大国地位无疑会得到进一步强化。而不论中国发展前景如何，美国都将按照大国竞争规则出牌，视中国为对手，力图阻止中国变强。

具体到特朗普的对华政策，在米尔斯海默看来，“对于特朗普总统，你永远不能预测他下一步会做什么”。他说，特朗普的前任们是多边主义者，愿意和盟友合作，对华推行接触政策，而特朗普是单边主义者，将中国视为对手，不仅认为美国需要按照大国政治的规则行动，而且采取了“独来独往”的做法。

他还认为，特朗普对华态度并不稳定。他说：“在中国问题上，他（特朗普）倾向于两头摇摆。他有些时候会表现得对中国很友好、很有兴趣，愿意发展合作关系；而另一些时候，他则表现出敌意，好像枪口已经瞄准了中国。”

米尔斯海默说：“我的观点是，当前对特朗普而言，（中美关系）关键点在于加征关税对美国国内经济产生的影响。”他认为，加征关税和中美贸易摩擦“当然对中国打击巨大，将迫使中国改变经济行为模式，但无疑也对部分美国经济打击巨大，这会给他（特朗普）带来负面的政治影响。现在的问题是，他（特朗普）有多大意愿继续对华持强硬态度，并承受由此带来的政治苦果”。

米尔斯海默认为，从奥巴马执政期间提出“重返亚洲”和“亚太再平衡”战略，美国就开始采取“小步走”方式转向遏制中国。特朗普上台后，美国政府实际上已经放弃通过接触政策改变中国，“转向完全遏制中国的政策”，目前已形成了从经济和战略两个层面遏制中国的态势。即便未来中美经贸关系有所缓和，这一态势也不会改变。

米尔斯海默同时表示，他不认为美国会在经济上或外交上和中国“脱钩”，只是美国政府不再指望通过接触使中国“和平演变”。他谈到如下几个观点：

一是中美关系对大国间政治均势的重要性。他说：“非常重要的一点是要明白，在任何历史时期，中美关系都在很大程度上具有平衡大国关系的功能。”

二是美国难以独自遏制中国。随着中国崛起，美国和中国的邻国结成均势联盟对抗中国符合美国的深层次利益，但特朗普政府的单边主义方式不利于美国形成能有效遏制中国的联盟。

此外，米尔斯海默承认，在学术界很多人不认同他的观点，认为中美两国经贸紧密相依，能够对冲因大国竞争可能产生的对抗，毕竟，“没人会杀死‘能下蛋的金鹅’”。他说，他内心并不希望大国间发生严重的安全竞争，而宁愿自己提出的“进攻性现实主义”国际关系理论被证明是错误的。“我一直说，最好的国际关系理论大概有四分之三内容正确，其余四分之一错误。”

谈到“进攻性现实主义”理论可能存在的漏洞，米尔斯海默说，他的学说最薄弱的一环，是二战之后出现的大国间“核恐怖平衡”。他说，人们可以反驳我说，大国之间或许会一直“打口水仗”，制造很多“噪音”，但不会进行真正意义上的重大安全竞争。在核武器时代，大国冲突会有“限定”，因为大家都清楚，一旦升级为核战争，谁都可能落个灰飞烟灭的下场。他说：“很大程度上因为核武器的存在，我不认为我们会有第三次世界大战。”

中美避免“修昔底德陷阱”要有战略耐心

——专访耶鲁大学教授保罗·肯尼迪

◆ 本报驻华盛顿记者　徐剑梅　刘　晨　胡友松

保罗·肯尼迪认为，大国的经济基础决定和影响着它的相对地位。美国不会失去大国地位，仍将在国际事务中极具影响力，因为它内在实力和资源规模非常巨大，特别是它能够调动的各方面资源非常丰富。当前，美国朝野“满脑子中国”。中美关系的发展，需要战略耐心。最重要的单一问题是避免严重的中美对抗，那么就能够避免“修昔底德陷阱”。

保罗·肯尼迪，耶鲁大学历史系资深教授，是一位早在31年前就预测美国走向相对衰落的历史学家。在共和党总统里根执政末期、苏联解体和冷战结束之前，肯尼迪教授出版专著《大国的兴衰》，纵论公元1500年以降，近500年间世界大国的兴衰及其因果。该书面世后引发轰动和争议，一时间洛阳纸贵，各国争相翻译出版，美国国会当时举行数场听证会，召他作证陈述。

本文刊载于2018年4月3日《参考消息》。

当时只有42岁的肯尼迪，在《大国的兴衰》一书中阐述的主要观点包括：

——大国的兴衰是相对而言的，取决于当时环境里和其他国家实力升降的比较；

——兴衰的主要和最终决定因素，是国家的经济基础和军事力量；

——不断扩展战略承诺导致军费攀升，最终使国家经济基础负担过重，是一个大国走向长期衰落的开始；

——大国的兴衰不是突变，而是一个渐变的长期过程。

简言之，大国兴衰是与其竞争对手比较而言，而因对外穷兵黩武损害本国经济，是500年来全球舞台上，一个个兴盛一时的大国走马灯般走向衰落的主要历史原因。

3月下旬的一天，在春雪初霁的耶鲁大学，肯尼迪教授接受了本报记者近两个小时的独家专访。

大国兴衰取决于经济实力

第一个问题自然而然围绕肯尼迪至今仍不断再版的这本著作展开。31年间，《大国的兴衰》已被翻译成23种语言印行数百万册，各种毁誉不绝于耳。那么，倘若重写此书，作者的主要观点有无改变？

在雅致的耶鲁大学历史系小楼，如今已华发萧疏的肯尼迪教授告诉本报记者，2017年夏天，他完成了自己关于二战海军和海洋强国历史的最新著作，有出版社约他为《大国的兴衰》写篇新的前言，他因此深思这个问题，“想了很多”。答案仍然是：书中主要观点“不需要改变”。

他说，500年来大国兴衰的历史表明，大国相对的经济实力与地位，与其相对的军事实力或地位相关联；而大国之兴衰，最终、更重要、更具决定性的因素，是相对他国而言的经济实力；“大国的经济基础决定和影响着它的相对地位”。在国际事务中，包括金融和技术实力在内的经济力量更加持久，更加重要，超越文化的理解与误解。

他举例说，中国在过去30多年里经济不断增长。现在，到处听见人们谈论中国的大国地位、中国对世界事务的影响。明智的人们会认识到，中国目前在世界事务中的影响力，其基础是它的经济成功。一旦中国经济停滞或下行，人们也会怀疑中国在世界上相对的政治和军事影响将减弱。另一个例子是日本。从20世纪60年代至80年代，日本经济逐年增长，如果这一态势持续，日本将会成为世界数一数二的大国。但事实上，《大国的兴衰》出版两三年后，即大约1990年，日本经济停止增长，并从那以后长期停滞，日本的国际影响随之走低。

肯尼迪教授说，一个大国，如果经济健康强劲，就会兴盛；如果经济软弱、停滞和受到削弱，就存在问题，其在世界上的相对地位就会下降，这是一种普遍现象。虽然就此而言，不同的大国情况不同，并且技术进步的优势、特定大国领导人相对而言的聪明敏锐、大国相对而言的社会内在凝聚力，这些都很重要，但“大国兴衰的主旨是取决于经济”。

美国衰落没有简单化答案

美国作为世界头号大国，在走向衰落吗？肯尼迪教授说：“你们可能不会满意我的答案，但我的答案是‘我们必须得观望’。”

他说，以美国目前的经济状况，要就此得出一个简单化的答案是极其困难的。美国经济各类迹象并存，既有创新和科技进步、就业市场的复苏，又有在全球市场的失利和退却，与中国、韩国、日本、德国的贸易逆差还将持续。许多迹象显示，特朗普宣布新的关税政策，不是在宣示美国的力量，而是在事实上承认美国人缺乏竞争力，反映出美国存在的巨大焦虑——不论投资比率、基础教育、医保总体水平还是技术培训，都显示出美国相对缺乏竞争力的迹象。相形之下，20世纪50年代艾森豪威尔执政时期，美国在这些方面远比当时世界上其他任何国家更加强大、更有竞争力。

肯尼迪教授一再强调衰落的相对性，同时也继续坚持他关于美国在走向相对衰落的观点，主要依据是美国经济在世界经济中占据的份额缩小。他认为，对美国领导人来说，主要挑战就是如何成功、智慧地处理美国这种相对衰落。

特朗普能够领导美国战胜这一挑战，进而让美国“重新伟大”吗？从肯尼迪教授对特朗普的评价来看，显然是困难的。在访谈中，肯尼迪教授多次点名或不点名批评特朗普。他说：“我们的领导人，从身体上、情绪上、从内心深处，确实没有能力耐心。他从不读书，就看福克斯新闻频道，不看其他新闻报道，早上醒来就想搞点事情。”

肯尼迪教授使用“愚勇”（foolhardiness）一词形容特朗普的执政特点，认为他“没耐心”“不稳定”，政策诉诸波动的情绪和本能直觉，“经常冒犯美国的朋友和侮辱美国的竞争者”。但特朗普执政“不会搞垮美国，因为美国太强大，太有应变能力。但是领导人的一整套政策具有破坏性，使得我们生活在一个破坏性的时代”。

他同时指出，美国的相对衰落势头，并非不可逆转。尽管未来50年里，世界经济的总体趋势是东升西降——亚洲和非洲经济份额相对上升，美国和欧洲经济份额相对下降，但以美国经济的多元和体量之巨大，也可能通过创新和技术进步，遏制并逆转其相对的衰落。《大国的兴衰》成书于20世纪80年代，但到90年代民主党总统克林顿执政时期，美国经济就曾连年较快增长，在世界经济中所占份额相应有所回升。

所以，肯尼迪教授说，大国的兴衰是相对的，对大国兴衰的思考和分析应当加以条件限定。他认为，就目前而言，长期趋势似乎是美国在世界经济中所占份额将没有过去高；大概率事件是，以经济和军事指数衡量，美国可能失去世界第一的位置；但美国不会因此失去大国地位，仍将在国际事务中极具影响力，因为它内在实力和资源规模非常巨大，特别是它能够调动的各方面资源非常丰富。

美国朝野“满脑子中国”

肯尼迪教授强调，中美关系“极为重要而复杂”，是世界上最重要的一对双边关系，中美是世界“国家丛林中两头最大的大象”。两个大国的领导人传递给世界的信息，可能会被其他许多国家效仿或利用。

他认为，特朗普的关税政策，一方面，是将美国与其他国家经贸关系过分简单化，将其当成有形的货物交易，视之为非输即赢的棋类游戏；另一方面，其中的政治考量大于经济考量，缺乏对中美关系复杂性的理解。对从中国进口产品大规模加征关税，对美国的经济地位来说，弊大于利；对中美相互理解来说，也是件糟糕的事情。

美国政府停止对华接触政策了吗？肯尼迪教授回答说：“是的，在很大程度上已经停止。”但他又说，如果几周后，特朗普宣布自己和北京进行了非常好的政策对话，两国关系很棒，他也不会感到惊讶。

他说，这其中，一个重要原因是特朗普的用人方式。特朗普凭借直觉执政，对白宫顾问和政府高官的不同意见感到沮丧。如果特朗普政府里都是一些对他点头称是、对外强硬对抗的人，他们的政策会相当有破坏性。

更重要的影响因素自然是一段时间以来，在美国朝野不断兴起风浪的新一波“中国威胁论”，肯尼迪教授说，如今，中国频繁成为《经济学人》等英美报刊的头条或者特刊焦点。这让他想到，百年前德国崛起时，在大英帝国的报章上、在当时所谓爱国民粹团体的政治议程里，也充斥着“德国威胁论”，因而产生这样一句俗话“满脑子德国”（Germany on the brain），如今也可以说“满脑子中国”（China on the brain）。

肯尼迪教授说，目前美国朝野对华舆论的确过度夸张渲染，走得太远、调门太高。那些民粹主义、咄咄逼人的反华辞藻，并没有数据作为支撑，令美国担忧的某些事情也还没有发生。这些夸大其词的论调，没能理解中国的担忧和弱点。

他指出，对很大一部分国际受众来说，中国被描绘成一个过于高大的巨人。但与此同时，许多明智的中国人会说，我们实在并没有这么强大，中国有很多自己要操心的内部问题。“中国所有这些担忧可能都没有被（中国威胁论者）提到，那么中国所有威胁也就可能被夸大。”

他说，和展望美国的相对衰落一样，在谈论中国和亚洲的崛起时，也同样必须使用条件限定。中国人也是人，也有可能摔跤，中国也像日本一样，已发现保持经济增长的难度。他说，我们应谨慎使用预测性语言。截至目前，最大的风向标是：中国经济将继续相对增长，即便不像以前那么快，也会相对于美国在增长。

肯尼迪教授还特别告诫，要警惕选择性使用事实进行偏颇论证的习气，谨慎辨析观点背后的事实：“我们能制造各种数据显示中国有50英尺（约合15.24米）高，也能制造更多数据显示中国只有4英尺高（约合1.22米）”。

与此同时，肯尼迪教授也引用了一句古老的英国谚语“无火不冒烟”，意即我们常说的“无风不起浪”。他说，在“中国威胁论”的喧嚣背后，也存在毫无疑问的铁的事实——连续30年，中国的经济成功使它稳步获取了全球制造的更大份额。

他说：“因此，是否中国在相对崛起而美国在相对衰落？我的答案是‘是的’。这是否让美国人担忧，就像历史上其他任何头号大国所担忧的那样？是的。新的中国海军、空军和武器、导弹系统是否带给美国实力、效率和技术上的威胁？是的。中国和25年前相比，是否军事上更有效和更强大？是的。”

肯尼迪教授认为，这种相对变化的发生，就是对美国的挑战。中国在理解当前美国上存在问题。美国，包括有才智的美国人，在对理解中国并确切衡量美国竞争力所面临挑战的规模上也存在问题。识别美国真正关切的领域，将其与夸张的中国叙事区分开来，这是最为困难而又必要的事情。

中美可避免“修昔底德陷阱”

缺乏相互理解会导致互信缺失，那么增进中美交流就能够改变中美关系现状吗？肯尼迪教授给出了双重但并非模棱两可的答案：“能，但也不能。”

他说，美国也致力于扩大两国学生和民间交流，比如高中球队比赛、芭蕾舞演出，等等。这些措施能够成为两国关系向前迈步的“突出进展”，因为它们能够针对中美之间的歧异带来更加现实主义的理解和交流。但与此同时，这些交流也难以消弭中美之间“真正的不同”。对待具体问题和国际事务，和中国相比，美国的政治文化“有不同的、特殊的态度”。“我们应当理解，中美有不同的世界取向，不同的世界观，而不是简单假定另一方糟糕或者天真。我不认为坐下来谈就能相处甚欢”。他指出，中美需要厘清两国的所有歧异中，“哪些是真正的不同，哪些能够通过智慧的妥协而加以改善”。如果界定四五个这样的领域，就可望朝着明智的中美关系迈出真正的步伐。

归根结底，中美能够避免掉进“修昔底德陷阱”吗？肯尼迪教授回答说，“这是一个大问题”，“从政治、情感、本能上，都很难得出一个确切的答案”。

他指出，美国和中国都是骄傲的、富有自我意识的主权国家。如今，在众多行业中，中国都位居世界第二，并在取代美国的领先地位，而美国即便长期而言可能进行战略收缩，也决计不会退出亚太，把势力范围自囿于加利福尼亚州至夏威夷州的东太平洋，这方面，“美国的心态是不可妥协的”。

不过，肯尼迪教授并不认为中美之间必然存在结构性冲突。他说，世界经济——这是最大的结构，中美同为其中一部分。如果整个世界经济，从贸易、投资到制造，都是以令人满意的速度增长，你会看到中国在世界经济中的份额相对上升，而美国的份额相对下降，但美国经济也会继续繁荣。这样的世界经济结构，既允许中国的相对增长，也允许美国相对而言和中国共享繁荣，而不必产生任何结构性冲突。简言之，世界市场这块大蛋糕越大，大国间的结构性冲突可能性越小。反之，如果像20世纪30年代大萧条时期那样，整个世界经济的蛋糕变小，冲突的几率肯定会增大。

无论如何，中美关系的发展，需要战略耐心，特别是对特朗普的白宫，需要“尽可能的耐心”，而中国领导人懂得这一点。肯尼迪教授指出，西方历史上有两个富有战略耐心的领导人例子。一是普鲁士首相俾斯麦，明智而审慎，在统一德国后，非常密切地观察俄罗斯、奥匈帝国等强权的动向。二是美国共和党总统艾森豪威尔的“耐心大战略”，最近美国史学家就此出版了一本有趣的新书。

肯尼迪教授说，中美关系广阔而复杂，世界上找不到哪根魔杖或某种帽子戏法，能够使中美关系“突然转型”，“如果双方领导人都认识到，在世界大国事务中，最重要的单一问题是避免严重的中美对抗，那么我们能够避免（‘修昔底德陷阱’）”。

中美需进行“有约束”的竞争

——专访哈佛大学教授格雷厄姆·艾利森

◆ 本报驻华盛顿记者　刘　晨　胡友松

格雷厄姆·艾利森认为，不论是在经济发展或是南海等军事问题上，美国实际上已没有能力真正做到遏制中国。在他看来，美国人非常善于“妖魔化敌人”。中国要做好未来中美关系将持续处于一种“不舒服”状态的准备。中美间的竞争态势不会改变，但需要的是“有约束”的竞争，确保竞争在有底线可循、双方能有效交流的情况下进行。

在贸易战愈演愈烈、中美关系充满变数之际，本报记者日前采访了美国哈佛大学知名教授、“修昔底德陷阱”概念的提出者格雷厄姆·艾利森。他表示，两国当下虽“噪音”萦耳，但仍应理性应对，维持“有约束”的竞争关系，避免局面滑向失控。

艾利森是哈佛大学肯尼迪政府学院首任院长，曾在克林顿政府出任助理国防部长。他曾在2017年出版的《注定一战：中美能否走出“修昔底德陷阱”？》一书中深度剖析“修昔底德陷阱”理论，他在书中详述过去500

本文刊载于2018年10月9日《参考消息》。

年间发生在守成大国与崛起大国间的权力更迭，列举的16个案例中共有12个引发战争，仅4次幸免。不过，对于未来中美是否能避免一战，艾利森态度谨慎，并未在书中作出预判。

美国没有能力真正遏制中国

不断加码的关税争端、日益严苛的外国投资审查、在台湾与南海等问题上“小动作”不断……自特朗普上任后，美国在对华关系中表现出的“敌意”日益直白，背后动因则被解读为对中国的防范、对抗乃至遏制心态升级。

这是否意味着中美关系已然陷入“修昔底德陷阱”？这一概念的提出人艾利森并不这么看。

艾利森表示，中国领导人曾多次在公开场合提到“修昔底德陷阱”的存在，并显示出乐于从历史案例里汲取经验教训，避免悲剧重演的意愿。这对于管控中美分歧、避免关系失控十分重要。他很欣赏中国领导人的做法。

但艾利森也提出，特朗普治下这届美国政府的“特殊性”会令中美间开展有效对话“难上加难”。他说，特朗普本人不可预测性强、政策朝令夕改，中国应对起来或许会感到“想谈都摸不出门道”。这一点实应引起双方注意。毕竟，很多时候矛盾的激化都是从双方误判而起。

采访中，记者提出，如果因循“修昔底德陷阱”概念，守成大国会充分利用现有的游戏规则限制新兴大国发展，而特朗普治下的美国似乎在反其道而行之。对此，艾利森表示赞同。他承认，美国当下采取“收缩”政策，从诸多国际组织中退出，反倒使中国成为众人依赖的对象，成为二战后由美国一手创建的国际体系的支撑者。

对此，艾利森的解释是，本届美国政府的“特殊”行为，主要是特朗普将“逢奥巴马必反”的原则贯彻得十分彻底，“尽管每届新总统上台都会试图抹去上一任的‘政绩’，但特朗普在这一点上几乎做到了极致”。

艾利森说，当特朗普宣布退出《跨太平洋伙伴关系协定》（TPP）、《巴黎协定》等国际组织与协约后，世界把目光与期待转向了中国。他认为，中国最初或许并不想即时成为世界的领跑者，但当前国际局势的变化令中国加快了向国际舞台中心靠近的步伐，并以更加“积极进取”的态度展现自我。

艾利森说，他赞赏中国领导人提出的“新型大国关系”理念，现在中国要做的是为这个理念填充更加翔实的内容。他认为，中国需要考虑如何在不改变核心诉求的同时，调整行为模式以适应当前国际形势的变化。

对于舆论中关于美国遏制中国的说法，艾利森斥之为“噪音”。在他看来，不论是在经济发展或是南海等军事问题上，美国实际上已没有能力真正做到遏制中国。

美国善于“妖魔化敌人”

谈及当下的中美关系，火药味渐浓的贸易战是绕不开的话题。艾利森认为，特朗普一系列行动的实质是要使中美贸易关系“重新洗牌”。他说，眼下的冲突不会阻止中国发展的步伐，但从长远考量，中方仍应尽早寻求和美国达成协议、解决争端。

艾利森说，当前特朗普政府在贸易问题上向中国发难，除对华具体产业政策等不满外，更多反映出美国对于中国崛起的一种沮丧、焦虑与担忧的情绪。他说，美国就好像在沉睡15年之后突然发现，“糟糕，中国已经如此强大”。

“其实中国从未隐瞒自身发展，但美国因长期纠缠于中东问题而相对忽略了中国。”艾利森分析道。

艾利森同时提醒说，如果不能有效弥补分歧、尽早结束贸易战，将可能引发中美深层次危机。首先，中国的形象有可能在美国被“妖魔化”。艾利森说，随着贸易战继续发酵，美国会有更多普通民众感受到失业、物价上升等问题带来的痛感，而美国政府则会选择将矛盾输出，让中国“背锅”。在艾利森看来，美国人非常善于“妖魔化敌人”。

其次，艾利森也担心，如果中美经贸摩擦处理不慎或迁延过久，则有可能令事态滑向失控的一面。采访中，艾利森重提他在《注定一战：中美能否走出“修昔底德陷阱”？》里使用的美日战争案例。20世纪三四十年代，美日间从关税摩擦，逐步发展为美对日经济制裁、石油禁运，令日本感到核心战略物资受控、“生命线”不稳已到“别无选择”的地步，从而决定空袭珍珠港，直接导致美国宣布参战。当然，美日战争的深层次原因十分复杂，但艾利森意在指明，将双方卷入战争的导火索即是贸易问题。

或长期处于“不舒服”状态

艾利森说，过去近30年里，从克林顿政府到奥巴马政府所奉行的均为对华“接触 / 围堵”政策，即在外交与经贸上接触交往、增加合作，在军事层面上联合盟友限制、围堵；而如今，在特朗普时期已经全面转向“对抗 / 竞争”关系。对于这一转变，艾利森的解释是，美国人正在经历“觉醒”一刻。“从这一刻起，美国会不停追问，中国的崛起是如何发生、又是谁让它发生的”。

艾利森说，纵观历史，你会发现美国作为守成大国在心态上的转变十分正常。只要中国继续变得更大、更强、更成功，就是对美国的“刺激”，是美国不可能接受的。他说：“现在大家拿到的牌已然如此，就看怎么打。”

对此，艾利森建议，中国应认清形势、积极理性应对。他认为，中国需要在心理上做好准备，美方不会在此轮贸易战后就偃旗息鼓。他说，从“修昔底德陷阱”的观点来看，当守成大国已经对崛起大国心存芥蒂、怀有恐惧，那么容易陷入夸大、误解及错判现实的思维定式。当这种情况出现后，守成大国会难以判断“何时应该收手”。他说，正因如此，中国要做好未来中美关系（哪怕在特朗普下台后）将持续处于这种“不舒服”状态的准备。

艾利森表示，中美间的竞争态势不会改变，但需要的是“有约束”的竞争，确保竞争在有底线可循、双方能有效交流的情况下进行。

“中国或许会有一种挫败感，因为不管中国做什么，美国对中国的态度似乎都不会改变。”艾利森说。他建议，中国仍应思索如何继续自己的发展壮大之路，同时也不惧承担与其经济体量、世界影响力相适应的责任。

大国竞争新时期中美无法“脱钩”

——专访美国知名中国问题专家包道格

◆ 本报驻华盛顿记者　朱东阳　胡友松　刘　杰

包道格认为，我们正进入大国角力而相应的国际体系却跟不上变化的时代。我们必须按照中国本来的样子与之相处，而不是按照我们希望它变成的样子来和它打交道。当前华盛顿有相对比较广泛的共识，那就是美国应和中国“分开干”，但美国的许多州市并不这么想。虽然从民调看，现在对中美关系持消极看法的美国人在增多，但并没有从根本上“翻盘”。

美国卡内基国际和平研究院杰出学者、美国知名中国问题专家包道格在接受本报记者专访时表示，当前不论是两国关系还是世界格局，都在发生深刻变化，中美及各国都需要从不断涌现的新变量中寻找新的合作契机，以维护世界和平与发展。

包道格曾在美国驻华大使馆工作，并担任过美国在台协会台北办事处处长。他曾在里根政府和老布什政府的白宫国家安全委员会任职，担任过亚太事务负责人兼总统特别助理。

本文刊载于2019年3月21日《参考消息》。

国际体系跟不上时代变化

《参考消息》：中国领导人提出世界正面临“百年未有之大变局”，您怎么看？世界会怎么变？

包道格：我认为这个概括是准确的。我们正在进入大国角力而相应的国际体系却跟不上变化的时代，不管是冷战体系还是独霸体系，都不够反映现状。在这个新的时代，我们将面临不断转换的力量对比和利益集团的变化。所以，未来很可能是相关国家互相结盟的局面，比如对水资源缺乏感到关切的国家会结成同盟，或者对扰乱中东稳定、威胁能源供应的力量崛起而感到关切的国家会结盟。组建这些新的同盟是为了在符合大国利益的同时解决这些关切，同时必须确保大国之间不会为这些问题发生冲突。

《参考消息》：美国将在其中扮演什么角色？

包道格：我认为美国应继续保持其传统领导力，但要意识到这种领导力不会有20年前那么大的权威和分量。不过这仍然重要，没有美国的经验和领导，很多事就做不了。所以，我们有责任继续发挥作用。在特朗普总统治下，我们表现得不好，但我相信我们可以做得更好。

没有国家需要独立承担责任，因为战后秩序的成功就在于让美国保持繁荣的同时，其他国家也能崛起且变得繁荣。目前各国通过各种方式维护这一局面的责任更重，不管是支持国际组织还是保持足够的防卫能力。

美政界试图利用民众恐慌

《参考消息》：美国最近已采取或者寻求采取一系列遏华措施，您怎么看？

包道格：中美对彼此的很多担忧都是出于自我怀疑和自信不够。美国应该对自己在科技、教育方面的强大领先地位更有信心，而无须过分担心来自中国的竞争。但我们也需要做出更多努力，一直以来我们对纯科学和基础科学研发投入的经费不够，我认为我们需要重新为此投入，就像我们几十年前做的那样。

《参考消息》：有人说美国当前的自信缺失正是其衰落之兆，您怎么看？

包道格：我活了这么久，见过美国在20世纪三四十年代对苏联崛起的担忧，然后是50年代的苏联和80年代的日本，那些时候我们也没有自信。但缺乏自信能够促使美国民众将资源投入到科技、工程这些领域，这是在做决策需要民主支持的国家里所能激发公众采取行动的方式。

《参考消息》：中美间会爆发新冷战吗？

包道格：中美双方如果就一揽子经贸问题签署协议，那么接下来就可能在科技和产业政策领域面临类似冷战的新竞争。但我认为真正意义上的冷战不会爆发，因为双方经济往来和人员往来非常密切。但美国国内有强大的要求营造类似冷战气氛的压力，而且这种压力在上升，特别是在科技和产业政策方面，很多人希望能够为对华出口技术和装备设置壁垒。

《参考消息》：也就是说，未来美国会对中国采取更多“脱钩”措施？

包道格：多半是这样，但中美并不能完全“脱钩”，因为双方需要合作的领域实在是太多了，比如朝核、国际公共健康，诸多偶发性事件也需要双方在联合国安理会内进行合作，等等。我们现在处于大国竞争的新时期，这意味着大国间会在一些领域有摩擦，但也无法做到彼此回避。

《参考消息》：有人说美国已经对继续和中国“挂钩”感到不耐烦了？

包道格：有人说，过去和中国接触是为了改变中国，让其变成更民主自由的经济体。我认为这是对美国一直以来对华政策的误解。宣传这些目标的人有着自己的目的和利益，但我认为他们在判断上出现了根本失误。

《参考消息》：中国外长王毅不久前说，个别人声称要让中美“脱钩”，这显然是不现实的。与中国“脱钩”，就是与机遇“脱钩”，与未来“脱钩”。某种意义上，也是与世界“脱钩”。您怎么看？

包道格：我看到了王外长的表态，我觉得这个判断有道理。你不能“独善其身”。当前华盛顿有相对比较广泛的共识，那就是美国应和中国“分开干”，但美国的许多州市并不这么想，虽然从民调看，现在对中美关系持消极看法的美国人在增多，但并没有从根本上“翻盘”。即便两国关系出现这样那样的紧张，但美国人仍希望和中国有经济往来、开展各种合作。

《参考消息》：在美国，谁是“遏制中国论”的受益者？

包道格：美国的政客当然会一直通过煽动民众恐慌来让自己受益，但我认为现在美国政界有试图利用民众恐慌的强烈愿望。中美双方需要更考虑彼此的利益，但美国民众总体来说对中国的态度更开放，并不像华盛顿那样疑虑重重。

《参考消息》：美国的一些中国问题专家不久前发表研究报告说，随着中国国力增长，它寻求增加国际影响力是很自然的，美国无须大惊小怪。您怎么看？

包道格：我认为我们需要应对这种转变。中国在西太平洋地区地位的自然提升挑战了美国在该地区的长期影响力。我们如何在不给中国影响力提高“挡道”的同时，依然维护我们对地区伙伴和盟友的影响力，是当前美国政治家面临的关键挑战。

我认为美国政治家现在需要优先考虑这个问题。如今的美国政府没有过去的政治人物了。自然随着时间过去，我们的政府会换届，会有别的人上台来做这些事。我觉得未来某个时候，我们将重新拥有一个质量更好的领导层。

中国不会被牵着鼻子走

《参考消息》：美中可以从40年的交往中吸取什么经验，以帮助双方度过当前的关系困境？

包道格：我认为有个很大的经验就是，过去我们也因为有国家崛起而与它们的关系发生很大变化，我们不得不适应新的重要经济体，我们应该对此更有自信，不要因为别国崛起就那么紧张。但与此同时，美国近些年在中东犯了很多错误，我们需要以合理的节奏减少对那里的投入，并重新对东亚地区投入新的设备、制定新的项目，不仅仅是军事上的，也是外交上的，比如加强和该地区朋友们的关系。这些年我们一直忽略它们，奥巴马总统提出“亚太再平衡”或者说“重返亚太”，但他从来没有真的实现过，这个理念更多是停留在口头上而不是行动上。我认为世界的重心正在向亚洲转移，美国的政策工具应该反映这一点。

《参考消息》：您怎么看美中竞争和美苏、美日竞争的区别？

包道格：中国更大，且有着完全不同的政治制度、历史和文化，所以相比之下没那么容易被和美国合作所能带来的好处牵着鼻子走。耶鲁大学著名教授史景迁曾在其著作《改变中国》中说，中国和西方打交道的历史就是很多西方人试图让中国按照我们的愿望改变，却以失败告终的历史。我们必须按照中国本来的样子与之相处，而不是按照我们希望它变成的样子来和它打交道。

《参考消息》：美国该怎么看待中国发展？您认为美国现政府在对华战略中设定的目标正确吗？

包道格：我认为在很多方面都是不正确的。虽然在一些领域我们的确有关切，但我觉得这些问题也没有得到正确的处理。比如，双方对南海的分歧在前几年的南海仲裁案事件中被格外放大了，美国的应对方式就是采取军事手段，比如以“维护航行自由”为由在这一地区开展军演，而中国则用部署海军或空军作为回应。我们应该用更偏向外交、更具建设性的方式来引导这个问题的解决。

《参考消息》：中美还能否在避免发生冲突的同时实现合作共赢？

包道格：早在西非国家爆发埃博拉疫情的时候，我们就见过中美合作应对疫情的例子。我的孩子就生活在西非，所以我对这个问题非常感兴趣。我认为这是中美进行迅速而有效合作的好例子。这是个小例子，但我们在其他领域也有合作的潜力，比如应对海啸等自然灾害。还有朝核问题管控，在这个问题上如果我们愿意合作，是能够真正制定一些议题目标的，但我们还没到那个程度。

“一带一路”是我们双方可以更多开展合作的另一个领域，这并不是说美国应该多修路，和中国竞争，而是为中国提供它需要的服务和标准。我认为中国对“一带一路”的认识已经从非常模糊的合作愿望向开展更机制化、更有规划的体系建设转变。美国应该参与进来，帮助中国达成这一目标。

《参考消息》：台湾问题对中美关系的影响未来是会增大还是减小？

包道格：这取决于各方如何管控这一问题。我认为如果台湾当局足够聪明，他们就会在中美摩擦中努力寻求置身事外。历史上中美关系富有成效的时候，台湾也能受益，比如加入亚洲开发银行、亚太经合组织，等等。但当美中关系紧张时，台湾的空间就会受到挤压，所以我认为台湾应为自身利益计算，努力避免被卷到中美紧张关系之中，否则就绝不会有助于台湾维护自身利益。

美国没有搞“联俄抗中”

《参考消息》：过去奥巴马政府推出“亚太再平衡”，现在特朗普政府又力推“印太战略”，您怎么看美国的地区战略？

包道格：那只是口号，没有实质内容。

《参考消息》：中美俄三角关系未来会如何变化？

包道格：美国对俄罗斯的政策已经受制于国内选举丑闻而变得完全政治化了，看起来人们不可能就我们对俄的利益目标进行冷静而审慎的讨论。普京领导的俄罗斯很显然不是个好的合作伙伴，但美俄即便有针锋相对的地方，也有可以合作的领域，比如朝核、欧洲能源供应、东欧和俄接壤的一线国家的安全等。

《参考消息》：美国会否复制冷战模式，搞“联俄抗中”？

包道格：美国没有朝这个方向努力。如果我们真的和俄罗斯结盟对抗中国，我反而会感觉好些，虽然我知道这一定不会成功。但那至少是个政策，比现在的态度要强。

《参考消息》：面临移民危机和经济疲软，欧洲国家是否会变得越来越民族主义？

包道格：欧洲已经变得越来越民族主义了。意大利新政府就是这样，南欧和东欧国家也是，北欧国家内部也在承受着压力，但还没出现大的变化。

《参考消息》：这将如何影响全球地缘政治格局？

包道格：我认为欧洲将越来越陷于国内问题，而在帮助解决世界其他地方问题方面的作用将会减弱。情况本可不必如此，但我认为未来几年的确会朝着这个方向发展。

“美国陷阱”与大国政治未来

——专访美国知名历史学家罗伯特·卡根

◆ 本报驻华盛顿记者　刘　晨　徐剑梅　胡友松

介入—收缩—受激—再介入，这就是美国外交的循环模式。不论贸易战走向如何，中美关系并未发生根本性转变，或许只是进入了一个更加坦诚的阶段。中美间竞争无可避免，真正值得关注的是双方以何种形式竞争，以及这种竞争是否会导致两国关系失控，进而发生冲突。

罗伯特·卡根是美国知名历史学家兼外交政策评论员，曾四次被美国《外交政策》双月刊评为“全球百位思想者”之一。

卡根日前在接受本报记者专访时说，人们时常谈论“修昔底德陷阱”，其实大国更应警惕“美国陷阱”，特别是美国看起来在国际事务中处于“收缩”状态的时候。

本文刊载于2019年3月25日《参考消息》。

“美国陷阱”影响两次大战

何谓“美国陷阱”？卡根说，他使用这个概念指代美国外交史上这样一种现象：“美国会以自己的方式让其他国家相信，它对于扮演某些国际角色已不再感兴趣，也乐于回避冲突。这会鼓励其他国家（在触及美国利益时）采取更加激进大胆的举措，然后却愕然发现，美国人并不如他们想的那样‘宽容’。”

卡根说，一旦美国感到疼痛，往往会做出过度激烈的反应，令“挑衅”国家始料未及，也因误判付出极大代价。

卡根举例说，日本就曾在20世纪三四十年代踏入“美国陷阱”。当时，美国避开欧亚战火的社会情绪强烈，日本认为如果给美国“一记重拳”，就会让美国人从亚洲“走开”。正是基于这种期待，日本决定偷袭珍珠港。但事实证明，日本人误判了美国，“他们虽然赢得了那场战役，却输掉了整个战争”。

为什么会出现“美国陷阱”？在卡根看来，美国应对国际事务的态度可能存在某种周期性波动。他说，自19世纪后期以来，美国与世界互动的轨迹“就像一根正弦曲线”：美国每次紧密参与国际事务并“冲到高点”后，往往会出现回落、紧缩和撤退，但在这之后，“美国人总会再次回来”。介入—收缩—受激—再介入，卡根说，这就是美国外交的循环模式。

他说，自建国以来，美国人就认为新大陆“自成天地”，对很多国际事务觉得无关自家痛痒。但一旦某些国家的行为让美国感到“恐惧”或“愤怒”，美国就会以在外界看来非常突兀、好战，甚至“小题大做”的方式猛烈还击。美国在1917年出乎德国预料因潜艇战加入一战，在1941年因日本偷袭珍珠港加入二战，这种反应模式都是推动因素。

问题只是“美国何时回来”

“现在，美国人再次厌倦了，心情有点像1919年，而不是1947年。”卡根说。

1919年，恰好是百年之前，一战结束，美国时任总统威尔逊提出“十四点和平原则”，并最终促成国际联盟成立，美国却因国会否决并未加入其中。

卡根说，美国自此开始了长达20年的“反介入”全球事务时期，直到40年代初被日本人“炸醒”。而二战后，美国在1947年推出旨在帮助欧洲经济复苏的马歇尔计划，此后一直保持“介入”状态，世界在它主导创立的国际体系之下运行至今。

现在，美国人又有点想减少对国际角色的付出，卡根说：“这一点在奥巴马时期就有苗头，等到特朗普上台、推行‘美国优先’政策后就更加明显。我想大多数美国人整体上讲都支持特朗普的政策。”

不过，卡根强调，需要区别美国主观上的“收缩”意图和硬实力减退，两者完全不同。卡根不同意美国部分政客和学者提出的“美国衰落”观点，认为这只是在特朗普执政后弥漫全国的“坏情绪”影响下做出的结论。

他说：“单从‘物质能力’来讲，无论在经济、军事还是与全球盟友的潜在政治力量上，我都不认为美国在衰落。”

卡根说，美国的技术革新从未停滞，当前经济表现也不错；在军事上，“只要不让美国破产”，仍然有增加军费开支的空间。总体上，美国仍然在增长期，“在当前的全球经济转型过程中也仍处于领先地位”。

那么，美国会“回心转意”重新介入国际事务吗？卡根对此毫不怀疑，“问题从来不是美国是否会重返世界舞台，因为这是美国的天性。问题只是美国何时回来。”

美国的“低潮期”将持续多久？促使美国回头的“刺激”又会是什么？

卡根坦言，对于这两个问题，他并没有现成的答案。不过他提醒说，当美国表现出要减少国际干预的强烈意愿，这种“收缩”态势容易引起别国误判，增加他们踏入“美国陷阱”的风险。在他看来，随着美国的后撤，俄罗斯与中国展露抱负，日本等亚洲国家可能再次军事化甚至发展核武，多方面因素交错，未来局面“将比现在变得更加复杂，冲突可能性增大”。

卡根强调，美国“不好对付”，因为从某种角度讲，它几乎没有“弱点”，除非使用核武器，否则很难打击到美国本土，也很难向美国发动常规战争。这是美国能在短短两三百年就发展出如此规模的经济和军事力量的重要原因。

他说：“所以，一旦出现这种（与美国对抗的）情况，对别国来说就有很大风险。我会建议其他国家格外小心，不要陷入其中。”

卡根引用美国名记者沃尔特·李普曼的一句话说，美国“和平的时候很绥靖，战争的时候很好战”，美国对珍珠港事件和“9·11恐怖袭击事件”的反应可见一斑。

中美关系走向“更加坦诚”

在特朗普政府奉行“美国优先”、不断“退群”的态势下，中国陷入“美国陷阱”了吗？卡根认为，“现在还没到那一步”。中国尚未陷入，只是双方都要小心。

卡根说，“美国陷阱”是最有可能导致中美两国关系失控的情况。“如果双方都清楚要小心应对，我不认为事情会失控。但如果像现在这样，美国说‘我们要撤了’，那风险就会增加。”

卡根说，美国将中国视作威胁，但并未感到需要立即“采取行动”。但一个外部事件的“触发点”可能意外震动美国，令其重回“介入”模式。“我想现在还没到那一步，未来会如何发展，我们只能拭目以待。”卡根说。

那么，如何评价当前出现波动的中美关系？卡根的观点是，不论贸易战走向如何，中美关系并未发生根本性转变，或许只是进入了一个更加坦诚的阶段。

目前，中美高级别贸易谈判已取得一些进展。卡根认为，双方会找到办法解决问题。他同时指出，读史可知，历来两个非盟友国家出现贸易摩擦，都会令双方地缘政治竞争趋于激烈，“就算能成功化解贸易危机，未来两国间的地缘政治关系也将更复杂”。

同时，卡根极其不认同中美可能“脱钩”的看法。他说，在经济上，中美间依存度高，不会“脱钩”。中国依赖美国市场，美国虽程度较轻，但也高度依赖中国市场，还希望中国购买美国国债。而在战略上，双方也不会“脱钩”，“因为双方从未真正‘挂钩’”。

卡根说，中美间竞争历时已久，其中既包括地缘政治竞争和经济竞争，也包括彼此的相互依存。“这并不是一个新阶段，只能说，我们或许进入了一个更加‘坦诚’的阶段。”

卡根强调，中美间竞争无可避免，真正值得关注的是“双方以何种形式竞争，以及这种竞争是否会导致两国关系失控，进而发生冲突”。

在卡根看来，未来中美会以国家间最传统的“算计”方式相处，采取行动前会衡量最优“性价比”。“两国都会考虑，到底值不值得冲突，怎样做才对自己最好……两国都会基于相对实力、政府意志等因素作出判断。大国间历来如此。”

卡根说，在最有能力影响美国的外部环境因素中，“大国间的架构关系”是最重要的一项。在他看来，目前这种大国间的架构关系并未出现“足以影响美国行为的根本性变化”。

“后西方秩序”尚未成定局

随着特朗普政府上台，美国和西方知识界的很多人认为，二战后以美国为主导创建，特别是冷战后美国政府进一步推行的自由主义国际秩序已经宣告失败。

卡根也在担忧国际社会是否会从和平花园重新走向弱肉强食的丛林。不过，他认为，自由世界秩序无疑在经历“无可避免的挑战”，但现在得出任何成败结论都为时过早。

“我不赞成任何充满指向性的决定论。因此，我既不认可福山所说的自由主义必胜论，也不同意米尔斯海默的自由主义必败观点。从历史角度看，过去几个世纪里出现的都是自由主义以及‘自由主义的替代选项’之间的斗争。”卡根说。

卡根认为，当今的自由主义国际秩序是一种“非常具体的存在”，是二战后美国在亚洲和欧洲力量投射、避免德国和日本卷土重来、确保地区稳定的结果。当时，美国作为“平衡”力量介入，是体系内“唯一扮演主要地缘政治角色的国家，其他国家都放弃了传统的地缘政治野心，转而追求地缘经济目标”。在该体系内，各国享有基本和平以及由和平带来的极大繁荣，民主资本主义更加盛行。

那么，为什么现在关于自由主义秩序衰败的声音这么大？卡根认为，这是对此前期待过高的肥皂泡破灭后的“过度反应”。“人们以为自由主义应该已经轻松取胜，在欧洲与美国永远存在下去，并终将在俄罗斯和中国成为主导力量。可现在，大家惊讶地发现，他们对于历史决定论的解释并未变成事实。于是出现了过度反应。”

卡根认为，期待中的自由主义胜利没有出现，并不代表自由主义已经终结，美国及其亚欧盟友构成的“自由世界”依然是国际体系中一股异常强大的力量。它们控制着世界大部分财富和军力，拥有先进技术，尽管它们目前不在“最强点”上，但也“决不会凭空消失，还将继续强大下去”。

美导致“丛林再现”加速

卡根并不否认当前世界出现重回大国竞争关系的态势，并认为世界将因此更趋混乱。他说，自己在2018年推出新书《丛林再现：美国和我们危机四伏的世界》，就是想让更多人关注世界从“花园”重归“丛林”的危险。

卡根说，“花园”寓意美国自二战后主导建立的自由主义世界秩序，它是人造产物，需要修枝剪叶、精心呵护；“丛林”则指代充满大国竞争及民族主义、部落主义的状态，它是“自然力量”的产物，会侵蚀“花园”，令其杂草丛生。在卡根看来，这恰好是现实世界的映照：国际体系天然趋于混乱和争斗，秩序与和平则需要人为建立。

卡根说，美国的做法在加快“花园”退化为“丛林”的速度，尽管许多美国人并非有意为之，“他们不是想毁掉这个（世界）秩序，只是已经不再在乎”。他说，这些美国人声称要让世界回复本来面目，但“美国人并不知道世界本来是什么样子，他们已经忘了事情可以变得多么糟糕，忘了20世纪上半叶两次世界大战的恐怖”。

在卡根看来，人类天性中一直存在着相互对抗的两股力量：一股力量，如福山从黑格尔那里借来的说法，是个体对于获取自由、尊严、权利与认同感的渴求；另一股力量，则是个体对于强人政治，对于从家庭、部落和民族身份认同中获得安全感的渴求。这两股力量长期存在、彼此抗衡，“有时是个人权利占上风，有时人们更加向往‘有机和谐’的关系”。

“人们不知道放弃现在的秩序将会付出怎样的代价。”他说。

杜大伟：解决全球性问题需中美合作

◆ 本报驻华盛顿记者　朱东阳　胡友松　熊茂伶

从中国的角度看，美国一口气提出太多不同的问题让人感到沮丧，而且美方的很多要求让经济学家很难信以为真。中美双方如果能够对彼此更加开放，两国就会更加受益。中国正在大力推进必要的经济结构调整，经济基本面仍然向好。

美国布鲁金斯学会约翰·桑顿中国中心高级研究员、知名中国问题专家杜大伟（David Dollar）近日接受本报记者专访时表示，相比美中可以合作的其他问题，贸易问题实际上并不那么重要。如果美中不合作，很多全球性问题就无法得到解决。

杜大伟是美国研究中国经济问题和中美经济关系的知名专家，曾任世界银行中国局局长兼驻北京首席代表，后曾任代表美国财政部的驻华经济和金融问题特使，现在仍是亚洲基础设施投资银行和国际货币基金组织的顾问。

本文刊载于2019年3月27日《参考消息》。

中美“挂钩”对双方有益

《参考消息》：当前中美经贸纠纷举世关注，但除此之外，中美有哪些领域可以合作？

杜大伟：美中有很多领域可以合作，比如在气候变化的问题上，现在美国政府并不拿它当回事，但我对此非常重视。此外，我们还需要在朝核和伊核的问题上开展合作，哪怕美朝领导人第二次会晤并未签署协议。在我看来，相比美中可以合作的其他问题，贸易问题实际上并不那么重要。如果美中不合作，很多全球性问题就无法得到解决。

《参考消息》：现在在美国，“对华脱钩论”似乎很流行，你怎么看？

杜大伟：从总体上看，美中都从经贸往来、投资、旅游和人文交往中获益，这些是双赢的举措。但我理解双方都对这段关系感到沮丧的缘由是：美国认为中国开放的速度还不够快。我们耐心等了很长时间，但中国的开放速度却是慢悠悠的。现在，中国成了世界上第二大经济体和美国最大贸易伙伴之一，所以美国期待中国可以在开放道路上做得更多。

但从中国的角度看，美国一口气提出太多不同的问题让人感到沮丧，而且美方的很多要求让经济学家很难信以为真。比如，我觉得货币问题早已得到解决，贸易不平衡问题也不是什么特别重要的大事，我比较看重市场准入等涉及开放性的问题。所以，我看到中方对所有这些事情一起被提出来感到沮丧。我听中方说过，他们不确定美国政府的重点是什么。但我也理解美国的沮丧，因为中国可以开放得更快，我们本可以在这方面避免很多麻烦。

《参考消息》：中美是否仍可互利共赢？

杜大伟：是的，我认为即便面临着我提到的所有问题，两国保持经济关系仍对双方有益。如果双方能够对彼此更加开放，两国就会更加受益。

从美国角度说，我希望能够把对外贸易和投资的限制降到最低。比如，美国以国家安全为借口对很多国家施加了钢铝关税，我不知道哪个经济学家会相信这个理由，这根本不是什么国家安全问题，而更像是在披着国家安全的外衣，行保护主义之实。

《参考消息》：美国是否会施加对盟国的影响力，越来越挤压中国企业？

杜大伟： 我认为这取决于这么做的效果，以及盟国们对此的回应。各国对这件事的看法是复杂的。但我个人的感觉是，硬件并不那么重要，现代社会的很多问题都和软件及跨境数据流动问题有关，所以我会对美国把硬件问题如此当回事的做法持怀疑态度。

《参考消息》：中美可以合作解决这些问题吗？

杜大伟： 这些问题不会消失，实际上真正的问题在于我们能否把需要限制的领域划定范围。比如，中国出于国家安全担忧，有很多领域还不能开放给美国投资。所以，如果中美都能同意限定一些涉及国家安全的领域，但把这一范围压到最小，并在这以外对彼此开放大多数经济领域，供贸易和投资，那将是再好不过，也能为促进地区和平安全打下更好的基础。

中国应继续改革开放

《参考消息》：你常常往来于中美之间，对中国改革开放印象最深的事情是什么？

杜大伟： 我第一次去中国大陆是在1986年，那时我在中国社会科学院研究生院任教。我想说，中国这些年的变化让人难以置信。我还记得当年我的学生毕业后被分配到全国各地，从事不同的工作，不能出去应聘别的工作，也不能自由迁徙。所以，过去35年来中国劳动力市场发生的变化太棒了。

此外，中国的改革开放还大大改善了农村居民的生活水平。我还记得1986年夏天去四川省和云南省旅游，当时坐着大巴车去了一些非常贫困的地区。而多年后我重返那些地区，看到人们的生活水平是怎么改善的，这真是太惊人了。中国有几亿人脱贫，这在我们口中说来不过是引用些数据，但在现实中，中国人能够照顾自己的孩子、送他们上学、家里买得起各种电器、也许还能外出度假……他们生活水平的切实提高令人非常非常难忘。

《参考消息》：你对中国的改革开放事业有什么建议？

杜大伟：我认为中国需要将改革开放事业进行到底。我看到中国的制造业要比服务业开放得多，这对中国一度很有好处。但现在，中国经济越来越依靠服务业，所以对外开放金融业和医疗保险非常重要。中国人越来越有钱，但中国正在步入老龄化社会，对医疗保险的需求会增加。一些外国企业可以进入中国市场，提供一些产品和服务，这也会刺激中国企业加强竞争，所以开放这两个领域应该是中国下一步的关键目标。中国正在大力推进必要的经济结构调整，其经济基本面仍然向好。

美国无法改变亚太力量转移趋势

——专访美国波士顿学院教授、著名“中国通”陆伯彬

◆ 本报驻华盛顿记者　朱东阳　王　超

成为大国的代价就是别的国家会更加关注你，更容易批评你，这是无法避免的。让一个国家接受自身的衰落并因此做出重要的战略调整是很难的，如果中国不够有耐心，那么美国将更难对付。随着中国越来越强大，周边国家会以更和平的方式接纳中国，适应中国崛起。

近日，美国波士顿学院政治系教授、哈佛大学费正清中国研究中心执行委员会委员、著名“中国通”陆伯彬接受本报记者专访，他在谈话中多次表示，面对地区地缘政治变化和美国对华态度转变，中国要展现出足够的战略智慧和定力，因为“时间在中国一边”。

本文刊载于2019年4月10日《参考消息》。

美国不愿坐视自身衰落

《参考消息》：特朗普政府已将中国列为长期的战略竞争对手，这种情况下该如何管理两国关系？

陆伯彬： 如果仅仅视中国为战略对手，我们就不会认识到有能够让双方开展广泛合作的政策。所以，两国都非常需要重视区分这些政策领域，让双方即便开展战略竞争，也能够在经济、文化、全球变暖、反恐、毒品走私等领域进行交流与合作。从这个角度看，认识到中美关系的复杂性十分重要。

《参考消息》：特朗普政府似乎有针对性地挑出华为和经贸问题来打压中国，如何看待这种外交思路？

陆伯彬： 这种外交思路的源头是，认为美国必须全盘掌控自己国内的经济，且确保经济独立，在世界范围内维护自身实力。美国就是从这个角度出发去制定“不妥协”政策的，因为它不愿意坐视自身衰落。但这存在两个问题：第一，特朗普政府坚持要求全世界在华为公司和5G产品问题上跟着美国走，还抵制中国的汽车、不加入“一带一路”。要知道中国有很多经济红利可以提供给其他国家，比如帮助这些国家发展现代化、进行投资并促进就业，这些国家会欢迎中国带来的机遇，不愿放弃和中国合作的好处，这样美国的想法就变得不现实了。

特朗普政府一方面要得太多，另一方面又因此而达不成目标，比如英国表示不会拒绝华为及5G技术进入本国，意大利提出加入“一带一路”，很多国家都加入了亚洲基础设施投资银行。所以，美国不可能拦得住中国和其他国家开展有利于这些国家的经济合作。

第二，很多国家担心和中国的贸易关系出现不平等，法国和德国都这么认为。所以，这些国家一方面欢迎与中国合作，一方面又担心和中国的贸易关系不平等，并支持美国在贸易上对中国施压。

成为大国的代价就是别的国家会更加关注你，你越重要，其他国家就越容易批评你，这是要获得成功的代价，是无法避免的。

美国盟友没有完全选边站

《参考消息》：中美会否在高科技领域爆发“新冷战”？

陆伯彬：各国想保护对自己国防和经济发展最重要的高端技术，尤其是当这些技术影响到安全的时候，这很正常。但现在的问题是，如果情报机构和领导层太过关注高科技情报收集或者间谍行为，两国就可能面临从上到下的技术合作限制，从而干扰双方大学、企业间的合作甚至整体经济关系。在战略竞争的问题上，我们面临着双边关系被安全关切绑架的风险。把什么都当成国家安全的一部分，这是不对的，我们不能把所有的技术都看成是影响安全的东西，我们不能让安全问题影响两国的学术交流和经济合作。

《参考消息》：可是，现在华盛顿的“恐中”气氛甚嚣尘上。

陆伯彬：我不愿意用“恐中”这个词来描绘，应该说是越来越把中国视为对美国安全的挑战吧。在冷战期间，我们和苏联的领导人、学术界等也有联系。所以，我们现在应该做的是不让对中国的疑惧干扰我们和中国的对话。冷战的另一大内容是世界各国被划分为两大阵营，现在这种情况也不太可能出现，泰国、韩国等都愿意同时和中美进行合作。所以，这种情况下外交灵活性会更大，不太可能出现冷战那时候的局面。美中双方可能会视彼此为自己的主要安全威胁，可能会爆发危机，甚至会开展军备竞赛，但那不是传统定义上的冷战。

《参考消息》：但现在特朗普政府越来越喜欢迫使包括盟友在内的各国在美中之间选边站。

陆伯彬：的确如此。但迄今为止这么做并没有取得成功，特朗普政府没拦住英国在华为问题上的做法，也没拦住意大利加入“一带一路”，或者菲律宾、韩国、马来西亚、澳大利亚等和中国开展合作。

澳大利亚、马来西亚等国家相比美国没有太多被中国威胁的想法，中国的强大会让它们紧张，但中国带来的威胁还远不及当年的苏联。所以，这些国家能够有更多的外交腾挪空间，也能让美中关系不会那么“极化”。

《参考消息》：南海在中美安全关系中的分量有多大？

陆伯彬：南中国海当然对中国至关重要，因为这个区域的国家、海军设施、港口、岛屿都围绕着中国的领海，而中国希望能够拥有领海安全。但当另一个大国霸占着这个地区时，中国的领海很难安全。所以，中国要建设自己的海军，保护自己的海上安全，这非常重要。它对美国的挑战就在于美国能否明白，自己不需要在南海当第一才能获得安全这个道理，因为南海对中国要比对美国近得多，美国仍有太平洋的屏障保护，且在该地区和日本、澳大利亚、印度的关系很好。而中国面临的挑战则是能否在变强大的过程中保持耐心，不至于让美国做出过度反应。让一个国家接受自身的衰落并因此做出重要的战略调整是很难的，如果中国不够耐心，那么美国将更难对付。

台湾问题时间在大陆一方

《参考消息》：现在美国似已不忌惮突破在“一个中国”问题上的既有框架？

陆伯彬：过去，美台关系是靠美国对台湾的义务感和双方的长期伙伴关系所驱动，美国想要帮助台湾，也需要和中国大陆保持良好关系。所以，我们需要在两方之间做出平衡。那个时代已经过去了，把台湾看作老朋友的那代美国人已经不在了，华盛顿越来越倾向于仅把台湾视作向大陆施压的工具。

《参考消息》：也就是把台湾当成一张“牌”来打？

陆伯彬：“牌”意味着美中在协商，我不确定美国想要协商，我认为它只想要利用台湾来向大陆施压，这就和过去的情况非常不同了。另外，随着中国的崛起，美国海军正在寻找把美方意志传递给这一地区的方式，其中一个方式就是做中国所不乐见的事情，整个地区都知道中国不喜欢看到美国在一些问题上的做法，但美国仍然要这么做。我们正试图表明我们对抗中国的决心。所以，美国会派遣军舰经过台湾海峡，为的就是传递这种信号。

美国的政策可能让台海地区陷入更大的不稳定。台湾将在2020年选举地区领导人，这给台湾政治增添了变数。蔡英文不会靠经济议题和社会议题，她只能靠（操弄）民族主义来选。所以，现在一方面是美国明显支持台湾，一方面是台湾地区领导人需对大陆表现强硬，这可能会诱使她做出不负责任的事情。但我认为局势还没到危险的地步，因为没有人会真的宣布台湾独立。台湾方面知道这一点，美国也知道，宣布独立会让人们非常紧张。

《参考消息》：你为什么说在台湾问题上，时间在大陆一方？

陆伯彬：因为实力才是根本。大陆越来越强，台湾越来越弱。东亚国家都在和中国发展关系，因为力量均衡的模式在变化。台湾也需要这么做，而且台湾比其他各方而言更需要这么做，因为它和大陆离得太近了。所以我才说，时间在大陆一方。

中国应在崛起中保持耐心

《参考消息》：对未来中美关系的发展，您最大的担忧和最大的希望分别是什么？

陆伯彬：我最大的担忧和最大的希望正如一枚硬币的两面，它们都和美中处理力量转移的方式有关。力量转移的过程是非常危险的，它不会直接导致战争，但会为战争的爆发创造条件。我最大的希望是美中能够妥善处理彼此间的关系，这需要中国在达到目标的过程中保持耐心，也需要美国有能力适应这一趋势；这需要美中管好本国的民族主义，不能让其成为政策的驱动力。

我的希望能否实现，取决于双方能否认识到彼此能够在竞争之外找到开展合作的办法。但我最大的担忧是，在东亚力量均势发生变化的背景下，星星之火容易引发危机。双方对“面子”的共同关注可能会导致事态升级。

《参考消息》：你以前受访时说，现有的东亚区域秩序由于中美实力对比及相互认知的变化而受到挑战，并可能导致中美战略竞争进一步升级，且东亚的力量转移已经加速。目前，美国针对中国采取的打压措施能否减缓这种力量转移的速度？

陆伯彬：会减缓。但我认为这种趋势仍在继续。菲律宾、马来西亚、韩国，甚至新加坡等国对美国的信心正在下滑。我们在地区的盟友和伙伴会关注美中海军力量的新均衡。不管美国口头上有多么强硬，都改变不了力量转移的事实，地区国家也会随之调整自己的安全战略。

中国对这些国家的影响力在增加，地区国家看到你的海军力量在增强，和美国的差距在缩小，它们也就会随着适应。所以，中国不用特别做什么，而是要保持耐心。随着你的海军越来越强大，别的国家会以更为和平的方式接纳中国。中国和韩国、蒙古等的关系也会越来越好，这些国家都在平和地适应中国的崛起。这告诉我们两个道理：一、掌握权力的人是务实的，他们清楚即便越来越畏惧中国，也会和中国越走越近；二、中国固然要为更强势的外交付出代价，但也会有收获，而且这些收获非常重要。比如说，南中国海的领土争议现在被控制住了，没有国家再挑战中国的主权，也没有谁占领更多的岛屿，就是因为中国现在得到了它们的尊重。

视“一带一路”为威胁没道理

《参考消息》：请谈谈“一带一路”倡议及所谓的“债务陷阱”问题。中美能否在“一带一路”上开展合作？

陆伯彬：说“债务陷阱”就表示小国被中国骗了。要知道，这些国家会权衡和中国的协议，会掂量合作的影响，这都是它们自己的决定。斯里兰卡等国有巨额债务，但是和中国有关的只占其中很小一部分。所以，我们不能让中国为它们全部的债务问题负责。

另外，我们不能认为中国和斯里兰卡、卡塔尔、吉布提发展关系就代表中国的海军在威胁波斯湾。我认为美国在夸大情况的严重性，这就是我们所说的“升级威胁”现象。

中美可以合作，比如亚洲基础设施投资银行同世界银行开展合作，这很好，也许美国还可以和中国在对外基础设施援建方面进行合作，但不是在特朗普政府任期内。

“中国正有效管理全球化进程”

——专访英国社会科学院院士马丁·阿尔布劳

◆ 本报驻伦敦记者　桂　涛　特约记者　杨婉晨

与世界其他国家的交流是管理全球化的基础。中美贸易谈判成功与否对世界的未来至关重要，因为它不仅关于贸易，更代表两国对于共同利益的理解。美国式的全球化是在传播美国认为世界应该怎样运转的观念，他们将全球化视为美国牟利的途径。

“在中国自下而上的全球化过程中，最主要的驱动力是为了提高老百姓生活水平的一个个项目，达到中等发达国家的状态。这与美国，尤其是为股东、富人牟利的华尔街是完全不同的。”英国社会科学院院士马丁·阿尔布劳在接受本报记者专访时说道。

马丁·阿尔布劳因倡议和研究全球化理论而享誉国际。他主编的《全球化，知识与社会》首次把“全球化”概念用于书名。作为最早推动“全球化”理念的三位学者之一，他还是“全球时代”概念的首倡者，进一步奠定了其在全球化研究领域的先锋地位。阿尔布劳曾任英国社会学会主席，是社会学权威刊物《国际社会学》的创刊人和前主编。退休后，他在世界上

本文刊载于2019年3月26日《参考消息》。

许多国家兼任客座教授或高级研究员。本报记者日前对阿尔布劳进行了专访。

需认清全球化优缺点

《参考消息》：当前世界是否正在发生前所未有的深刻复杂变化？

阿尔布劳：当前世界变化的速度比以往任何时候都要快。当今世界，中美为最重要的两大力量，世界的命运取决于二者在国际问题上达成一致的程度。

此外，世界也正经历着迅速全球化的影响。全球化的结果在很大程度上破坏了传统的联系、社群和联合。所以，全球化实际上是非常具有破坏性的，或者对个别国家来说，是非常具有破坏性的。为了使全球化不破坏国家本身，政府必须对全球化的好处和缺点有一个非常清楚的认识。

几年前，我曾发表过一篇文章，大致内容为“全球化不一定有利于国家的发展，除非国家对其进行有效的管理”。我相信，这就是中国目前正在做的，确保全球化进程不会扰乱其国内社会稳定发展。

《参考消息》：中国在全球化进程中对自己进行有效管理，这也是世界深刻变化的重要部分吧？

阿尔布劳：众所周知，中美之间正在进行非常重要的贸易谈判，谈判成功与否对世界的未来至关重要。因为它不仅关于贸易，更代表两国对于共同利益的理解。如果双方不能在贸易问题上达成一致，那么在其他事情上也是不可能的。也就是说，如果你不能默认对方得到了你也想要的东西，那么很可能你不会同意对方的任何行动。贸易是世界构建的基础，中美之间的贸易谈判是非常重要的。

让我们回到与亚当·斯密以及更早的古典经济学家的观点上：当交易的每一方都给予对方自己最擅长的东西时，财富就会增加。中国产品物美价廉，而美国人则有旺盛的商品需求，双方进行交换，中国赚了大量美金后，也产生了相应的消费需求。它将如何使用这些资金呢？

其中一个方法是将其用于“一带一路”建设，这种解释是建立在世界是一个整体的理解下的。打个比方，这就像一家人住在一个“一居室”里一样，我们可以聚在一起，商量解决房子的问题，也就是全球性问题。但同时，因为住在一起彼此之间摩擦不可避免，如果处理不当将是非常危险的。

中美全球化方式不同

《参考消息》：从历史的大局来看，目前发生的“百年未有之大变局”是第几次巨变？

阿尔布劳： 如果你从18世纪中叶到19世纪中叶开始算，工业革命创造了一个新的阶级体系和结构，我们称之为工人阶级，或者马克思主义所称的无产阶级。信息产业革命带来了生产转型、交流的转变。电报、电话、广播、电视的相关技术，实际上产生了一种新的公众思想，这是第二次伟大的革命。今天，我们正在第三次巨大变革之中。

《参考消息》：中国在当前的变局中要做什么呢？

阿尔布劳： 首先，中国必须认识到，它不能既管理全球化，又把自己与全球化割裂开来，中国毕竟是世界上的一个国家。如果你在管理全球化，这意味着你对世界是开放的。是的，所以中国的根本改变显然是在于承认它必须开放，所以你知道1978年邓小平提出改革开放是一个多重要的节点。因此，与世界其他国家的交流是管理全球化的基础。

此外，管理中国在这个世界上的利益，帮助世界其他国家适应全球化。这意味着中国在当代世界所有机构中全面参与国际关系，同时捍卫自己的边界。我的意思不仅仅是物质上的边界，而是中国生活的界限。在某些方面，中国比其他国家更难做到这一点，比如中国在保持自主性、独特文化等方面拥有的巨大资产，最大的资产就是中文。

《参考消息》：您说过，中美的全球化方式是不同的。

阿尔布劳：我认为在中国自下而上的全球化过程中，最主要的驱动力是为了提高老百姓生活水平的一个个项目，达到中等发达国家的状态，这是中国成为全球市场一部分的主要动力。

这与美国，尤其是为股东、富人牟利的华尔街是完全不同的。公平地说，美国式的全球化是在传播美国认为世界应该怎样运转的观念，他们将全球化视为美国牟利的途径。

美对全球化存在误读

《参考消息》：在全球化进程中，美国表现如何？

阿尔布劳：美国一直认为全球化是有利于美国市场逻辑的延伸，这些逻辑的延伸以及国际市场的扩大都必将给美国带来优势。因为美国人拥有全世界最多的财富，他们是全球决策的中心，他们在国际货币基金组织中占据主导地位，他们是世界银行的主要捐助国，等等。自20世纪80年代以来，美国人一直认为全球化是他们塑造世界的方式。

他们还不明白的是，全球化的其他方面，特别是全球化的文化、市场，实际上并没有被任何一个国家控制，甚至没有被美国控制。美国人有时也觉得自己被全球化背叛了。

好莱坞是一个全球性的现象，因为他们为最大化的世界市场制作电影，所以，他们不仅考虑美国市场，他们考虑的是全球市场，在那里工作的人来自世界各地。美国人并没有真正意识到全球化对美国也有潜在的破坏性，除非他们能妥善处理。

《参考消息》：但美国也开始意识到这一问题，并开始行动了。

阿尔布劳：他们可能已经改变了。事实上，特朗普明白全球化意味着美国钢铁工人失业，问题在于他将如何处理这个问题。他想通过贸易战来处理这件事，至少他是这么说的。但到现在，我想即使是他，最近也开始理解贸易战并不能解决全球化问题，必须采取其他的办法。比如说，为多余的钢铁工人提供就业机会。但这不是传统的美国方式，他们没有所谓的福利社会。

欧洲遭遇全球化难题

《参考消息》：欧洲是如何应对全球化变局的？

阿尔布劳：欧洲在处理这件事上遇到了很大困难，法国目前的“黄背心”运动就是一个典型例子，也是法国在20世纪90年代对全球化敌意的延续。那个年代，法国人也对麦当劳的到来充满敌意，法国农场主何塞·波夫在他周围发起了一场反对全球化的民粹主义运动。因此，自从全球化成为现实以来，法国人一直在努力管理全球化。他们还没有找到合适的办法，但实际上法国的经济状况并不糟糕。

另一方面，欧盟的成立也是全球化的一个重要结果。欧盟是一个欧洲共同市场，是一个足够大的贸易实体，对世界贸易非常重要，能够为世界贸易设定条件。因此，它是一个自由贸易保护主义的抱团。在某种程度上，它反映了欧洲的社会主义价值观。所以，欧洲有更多的社会主义。

因此，欧洲作为一个整体已经相当有效地管理了全球化，尽管不同国家之间存在差异，也存在许多问题。

移民问题也是全球化的一个重要结果。目前的移民问题很大程度上源于中东战争。现在你可以把中东的战争，甚至是全球化联系起来，但我认为它更多的是文明的冲突，以及他们过去的紧张关系。

没有哪国能阻止全球化

《参考消息》：目前全球化的总体趋势是什么？它是否停滞不前，或是如《经济学人》周刊所说的开始变成“慢全球化”？

阿尔布劳： 这取决于你所采用的全球化概念有多广泛。如果你认为全球化是纯经济事件，那么可以说全球化确实出现了让其放缓的因素。

但世界一体化的驱动力不仅仅是商品和生产的交换，它实际上也是知识的交换，尤其是通过互联网上的人工智能进行计算的那种知识。在这种程度上，全球化正变得越来越快，因为这些技术允许世界各地的人们互相交谈，共同创造事物，为人们创造一种新的全球技术。因此，它不再是狭义的经济问题，它更多的是人类之间的全面交流。

《参考消息》：是否可以说，即使全球经济一体化放缓，也不会阻碍全球化趋势向前发展？

阿尔布劳： 没错。贸易战或“脱欧”也不能阻止全球化。事实上，我不认为任何一个人类机构能减缓全球化的发展。即使美国人今天说，他们将不再使用互联网、电脑，这也不会对全球化造成影响。

国与国之间相互设置贸易壁垒怎么办？企业将转向其他国家投资，并在那些国家内生产。这就是中国对外开放之初，可口可乐公司所做的。可口可乐没有把可口可乐进口到中国，他们在那里开了一家装瓶厂。资本本身有无数种方式可以跳过贸易壁垒。当然，各国也可以尝试控制资本，但除了停止资本流动，还要阻止人员流动，然后停止思想流动。我认为没有办法阻止全球化。

《参考消息》：全球化背后的驱动力是什么？

阿尔布劳： 是人类活动总和。我认为人们还没有理解这一点。全球化不会把我们带到任何特定的地方，它把人类活动的总和看作是一个开放的未来和一个开放的过去。

我想强调的是，全球化看似在以某种方式产生一个统一的同质世界，但事实并非如此，全球化反而会产生多样性。市场全球化实际上只是每个人的选择都成倍增加。在全球化背景下，对个人开放的选择越来越多，只要你愿意，你就可以离开自己的所在地，去另一个地方。

“一带一路”打造中国品牌

《参考消息》：您对中国的“一带一路”倡议怎么看？

阿尔布劳：“一带一路”是一个非常可行的项目，旨在中国及周边国家通过各种联通手段——比如铁路、航空、海洋以及更广泛意义上的手段——增加连接在一起的可能性。因此，它是一套建立中国与其他国家联系的实用体系。

“一带一路”显然与全球经济一体化息息相关，其主要目的是通过增加与周边国家的共同利益，密切与其他国家的联系。

我认为“一带一路”是一个很好的营销方式，它也是打造中国活动、中国对世界经济贡献的品牌的好方式。

欧洲应敞开双臂拥抱东方力量

—— 专访卡内基欧洲问题专家维蒙和瓦拉谢克

◆ 本报记者　柳　丝

欧洲衰落了吗？可能，相对来说是的。但事实是欧洲仍在增长，只是相对放缓。要对东方力量张开双臂，而不是阻挡中国发展的道路，这才是让我们所有人受益的选择。欧洲对待"一带一路"的态度与美国不同，欧盟一直关注"一带一路"，关心"一带一路"能给欧洲带来的回报。

欧洲是多极化世界的重要一极，也是中国最重要的合作伙伴之一。日前，两位欧洲问题专家——法国前驻美大使、卡内基欧洲中心资深研究员皮埃尔·维蒙和卡内基欧洲中心主任托马斯·瓦拉谢克接受本报记者专访，讲述处于世界百年未有之大变局下的中欧故事。

年近古稀的维蒙有着38年的外交生涯，拥有"法国大使"的终身荣誉，在加入卡内基之前，曾担任过驻美国大使、驻欧盟大使，并担任过三位法国外长的幕僚长。瓦拉谢克曾任职斯洛伐克国防部，并担任过驻北约代表。

本文刊载于2019年4月9日《参考消息》。

欧洲如今少了些自信

《参考消息》：世界正处于百年未有之大变局，如何看待当今世界的重大变化？

维蒙：我必须说的是世界重心转向亚洲。我认为，在某种程度上欧洲开始担忧自身不再是贸易的主流，担忧自身经济繁荣。今天，如果你看看不同国家的经济增长率和人均生产率等等，亚洲国家表现出色，尤其是新兴经济体表现出色。这将成为对欧洲竞争优势的挑战。在这一点上，欧洲正在仔细思考，重新审视自身，提升自身的竞争力。这对欧洲来说，的确是一个不小的挑战。

你知道，在欧洲，过去的10年对欧洲来说是艰难的，那里的社会不平等越来越严重，社会动荡不安。当出现民粹主义浪潮时，在某种程度上，这是对社会动荡自然结果的追求。这是需要密切关注的事情，也是欧洲面临的主要挑战。

很长一段时间以来，我们欧洲人总是认为世界正向我们走来，而且最终会变得更像我们。欧洲引以为傲的是欧洲促进世界稳定的方式。我认为，我们现在要更好发挥欧洲的作用。如今，欧盟对自己的经济和政治影响力，以及它在多边世界中的影响力，少了些自信。

我认为我们应该做得更多。近年来，由于欧洲的内部困难，包括经济危机、债务危机、英国脱欧、移民问题等，我们倾向于降低心理预期，降低我们采取主动行动能力的预期，认为我们不再领先了。这个时候，我们需要做必要的调整。

欧洲人必须共同创造一种新的思维，一种建设欧洲未来的新方式。我们应该更加自信，重新获得在国际上的重要地位。

瓦拉谢克：大国之间的关系总是存在竞争优势，即使是在多边关系的鼎盛时期。在某种程度上，欧洲人是带着一些担忧来观察这一观点的。

欧洲衰落了吗？可能，相对来说是的。但事实是，欧洲（经济）仍在增长，只是相对放缓。欧洲（经济）目前每年增长在1%到1.5%之间，美国比我们高出1到2个百分点，中国更是每年增长在6%以上。

这么看，我们的表现可能落后了，但这并不意味着欧洲衰落了。你看，我们现在坐在这个中国酒店里，享用着法国葡萄酒和美食。可以说，这是法国繁荣的一部分，也是中国繁荣的一部分。

亚洲尤其是中国增长更快，不仅因为体量大，自身具有优势，更因为它做出了更好的发展选择，比如开放。所以，我们的想法是，要对东方力量张开双臂，而不是阻挡中国发展的道路，这才是让我们所有人受益的选择。

欧洲对华关系有两面

《参考消息》：不久前，欧盟委员会发布了一份《欧中关系战略展望》的对华报告，引发西方媒体广泛关注。一些观点认为这代表了欧盟转变对华立场。真的是这样吗？

维蒙：的确，欧盟这份报告中提到一些关键词，包括谈判伙伴、新规则乃至竞争对手。但我仍认为欧中之间的关键词仍然是伙伴关系，尽管双方不可避免地会在一些问题上有分歧。我们是合作伙伴。

目前，多边秩序正面临压力。我们在世界各地目睹了很多地缘政治问题，还面临不少政治危机。其实，我们在不少问题上能够意见一致。我认为，只要我们共同努力，就能加强多边秩序。欧中双方要做的，是改善我们的合作关系。

瓦拉谢克：这份报告实际上关注的是趋势。近年来，欧洲开始关注竞争，开始意识到生活在一个不同的世界。这更多是因为，美国现在把欧洲视为经济竞争对手，这让我们意识到，我们所生活的这个新世界更多的不是关于友谊，也不是关于共同的价值观，可能竞争性更强。因此，我们对外政策用语从“承诺”调整为“竞争”。这是新的趋势。

在欧洲，我们一直意识到与中国的关系有两面，它们是相关的，而且非常重要。虽然我们之间也存在竞争，但我们更关注互惠和开放。在很长一段时间内，中欧在各方面主要问题上都能成为重要的合作伙伴。

《参考消息》：中欧可以在哪些领域深化合作？

维蒙：如果你看看我们今天面临的挑战和我们生活的世界，中欧有很多领域能够进一步深化合作。比如气候变化、新技术、人工智能、数据保护，再如推动社会平等相关的方面，等等。我们更加需要的是，我们要考虑如何维护多边秩序。当前，自由多边秩序受到挑战，需要我们共同努力来提高多边秩序的有效性。

多年来，美国一直是自由多边秩序的推动者之一。而今，美国似乎对多边秩序不那么感兴趣了。那么，一个问题是，我们是否能够改善当前状况？至少，现在欧洲和中国已经共同思考，并行动起来努力改善现状。还有其他一些伙伴，包括日本、澳大利亚、印度等等，也许我们的努力将有助于美国重新思考，回到支持多边秩序的主流中来。

我们目前面临的危机是在多边秩序的政治层面。不得不注意到，在叙利亚、利比亚、也门乃至委内瑞拉等问题上，联合国似乎在找到一致的解决方案上遇到了困难。这个时候，我们应该合作，找到解决之道。

欧盟一直关注“一带一路”

《参考消息》：日前，中国和意大利签署了关于“一带一路”的谅解备忘录。欧盟是如何看待“一带一路”的？

瓦拉谢克：欧洲是世界上最有吸引力的市场之一，但仍需看到，欧洲内部存在不小的鸿沟和差距，尤其在基础设施方面。比如，当你去往欧洲大陆东部一些地区，特别是巴尔干半岛、东欧等地，你会发现，这些地区差距颇大，基础设施较为陈旧，这些国家对基础设施的需求尤其大，最需要同中国的密切合作。

我们必须意识到，每个人都愿意与中国合作，愿意与中国建立业务和牢固的伙伴关系。欧洲的公司非常渴望，欧洲人想要参与其中。这是毋庸置疑的。

欧洲对待“一带一路”的态度与美国不同，欧盟一直关注“一带一路”，关心“一带一路”能给欧洲带来的回报。实际上，除了意大利，还有一些国家也已经在与中国开展联合项目。一些国家已经签署了谅解备忘录，并开展联合项目。而目前没有开展“一带一路”合作的欧洲国家，不是因为它们不喜欢这个想法，而是由于地理位置、经济需求等因素。

欧洲要反思欧美关系

《参考消息》：变局中，美国也正在调整其政策和看待世界的方式，那么跨大西洋关系何去何从？

瓦拉谢克：从历史上来看，美国的单边主义倾向和孤立主义一直存在。不过，一些历史学家也认为，美国自1945年以来“开放”正在慢慢结束。美国现在正回归曾经的内向型模式。如果美国持有“零和”的态度，这是不符合我们的世界观的。我们与美国的伙伴关系将比以往更加复杂。

维蒙：说实话，欧洲繁荣的基石其实是与美国的关系。我认为，对欧洲人来说，我们的印象是，美国人把欧洲人视为自1945年以来的天然盟友。毕竟，回顾历史，美国在支持和推动欧盟发展和理念方面发挥了重要作用。

当然，这一切始于美国，与冷战相关，因为当年美国想在西欧建立同盟来对抗苏联。所以，当今天欧洲发现，一个最重要的伙伴突然改变主意，不断抱怨和批评欧盟，这对我们所有人都有很大的影响，我们必须反思这一点。

世界力量平衡正在转变中

◆ 马库斯·陶贝

马库斯·陶贝认为，中国以及东亚国家的经济地位正在上升，动力强劲，所以，先前的世界力量平衡正在转变中。全球社会政治环境也在变化，西方世界正在经历一场民主危机。技术进步直接冲击我们当下的社会组织模式。马库斯·陶贝要提醒的是，中国应该在科研中有伦理性的限制，无论是在人工智能还是在生物基因编辑方面。

眼下全球的确正在经历一场我们很长时间没有看到的变化。值得注意的是，西方、北美地区的经济正在逐渐失去其在全球的重要地位，中国以及东亚国家的经济地位正在上升，动力强劲。因此，先前的世界力量平衡正在转变中。

过去100年中，全球经济运行或多或少是迎合了欧洲和美国的需求。而今天来看，全球经济运行也要更多地满足中国和东亚的需求。中国和东亚的影响力在提升，这是新的情况。

德国有个成语，“在中国，一袋米洒了，没人会关心”。说的是中国

本文刊载于2019年4月9日《参考消息》。

很远，没有人会注意到，也没有影响。但是今天，中国的“一袋米”洒了，将对德国产生冲击。

另一点是，全球社会政治环境也在变化，西方世界正在经历一场民主危机。民主的一个基础是，媒体能够有观点的碰撞，民众能够从中获取认知，参与到民主进程中。媒体和民众的互动眼下失效了。而从欧洲和美国的几场选举结果来看，可能不能代表民众的利益。

还有一点是，技术进步直接冲击到了我们当下的社会组织模式。比如说人工智能，我们观察到中国和欧洲在对待这一点上态度不同。中国对于人工智能的态度是，思考如何利用其服务社会，但是欧洲对于人工智能则是恐惧更多，对于可能带来的威胁更谨慎。德国社会有恐惧感。

中国对于这些未来科技的研发应用正处在领先地位，而这一进程在西方是很缓慢的，这存在速度差。我们应当看到，科技进步将哺育各个领域，增强各产业的生产力。从长远来看，可能会给予中国经济优势。如果欧洲持续这样缓慢，将在这种生产力竞争比赛中落在下风。

对于德国来说，德国有足够的创新能力和生产力。但是我们知道，新科技——比如人工智能——的应用是基于规模数据的。德国自身的体量小不足以测试这些技术，我们需要中国、美国，需要一个强大的欧洲。但是不幸的是，欧洲眼下的向心力不足，英国脱欧，东欧一些国家右翼政府掌权，而意大利式民粹政党执政，这削弱了欧洲。

中国马上就要成为世界第一大经济体，也正在强势进军人工智能领域。如果中国在科技领域取得先机，人工智能可以在各个领域极大程度改变人们的生活，中国就必须要负起责任。我要提醒的是，中国应该在科研中有伦理性的限制，无论是在人工智能还是在生物基因编辑方面。

中国正在展现其领导力，但是领导力也带来了责任，中国须跨越国界思考。

（作者为德国杜伊斯堡－埃森大学东亚研究所教授。本文由本报驻柏林记者张远采访整理）

“中国主张”有助于世界应对大变局

——专访俄罗斯科学院远东研究所所长谢尔盖·卢贾宁

◆ 本报驻莫斯科记者　张　骁

谢尔盖·卢贾宁认为当今世界有两个趋势。一方面，是由美国特朗普政府主导的保护主义。另一方面，是由中国主导、多国支持的强有力趋势。欧洲正在经历一段艰难的时期。它的内部已分崩离析——英国脱欧、非洲难民、与美国的军事问题、政治和安全问题。相比欧洲，亚洲在这一方面显得更加灵活。上合组织、金砖国家致力于发展互利共赢的伙伴关系，是对一些国家和组织之间合作关系的新解读。

“亚太地区正以中国为核心顺应当前发展趋势，中国向欧洲和世界其他地区提出了非常有力、非常积极的倡议。”俄罗斯科学院远东研究所所长谢尔盖·卢贾宁近日接受本报记者专访时说。

《参考消息》：您怎样理解“当今世界正面临百年未有之大变局”这一看法？

卢贾宁： 最近100年来世界发生了巨大变化。世界经历了多个时代：发

本文刊载于2019年4月4日《参考消息》。

生了两次世界大战、经历了以美苏为核心的两极格局，还有90年代的全球化。经过40年改革开放，中国成为崛起中的大国。今天的世界从1991年以前的两极世界变成了一个多极复合的新世界。中国在其中发挥着重要作用，它致力于进一步开放、反对保护主义，为稳定、平等和互利作出突出贡献。

当今世界有两种趋势。一方面，是由美国特朗普政府主导的保护主义，甚至可称为反全球化主义。同时，世界还面临恐怖主义，以及一些国家意图解除核导协议所带来的冷战威胁。

另一方面，是由中国主导、多国（印度以及拉丁美洲、非洲等国）支持的强有力趋势。这一趋势致力于建立更公正、不对抗的世界秩序，共筑人类命运共同体。显然，这是一种想法，一种理念。但在我看来，它反映了世界、中国和其他主要发展中国家正在积极地相互作用、相互影响。

《参考消息》：其他国家应以什么样的心态和策略应对和适应上述重要变化？

卢贾宁：包括俄罗斯在内的欧洲国家和欧亚国家的确很难适应全球发展趋势。欧洲正在经历一段艰难的时期。它的内部已分崩离析——英国脱欧、非洲难民、与美国的军事问题、政治和安全问题。因此，欧洲正在适应当前的挑战。

相比欧洲，亚洲在这一方面显得更加灵活。事实上，亚太地区正以中国为核心顺应当前发展趋势。中国向欧洲和世界其他地区提出了非常有力、非常积极的倡议。这一倡议在互利共赢的基础上建立新型合作关系，一种双赢的关系。这一倡议实施起来很复杂，但已经开始运作了。这是一个很好的机会。

另一方面全球发展中心（投资、技术）正在转移至亚洲。长期以来，欧洲是全球科技发展引领者。如今，亚太地区开始慢慢取代欧洲的领先位置。除中国以外，还有日本、韩国和东盟国家，都在其中发挥着积极的作用。总的来说，中国为亚洲经济发展提供了最大推动力。中国在经济、区域一体化和地缘政治中发挥了重要作用。

《参考消息》：中国多次倡议国际社会“和平发展、合作共赢”，并且在上合组织、金砖国家等机制下实践这一倡议。您怎样看待中国为应对全球性、地区性重要变化所发挥的作用？

卢贾宁：上合组织和金砖国家都是成立不久的新组织，但是它们发展迅速。这些组织代表了新兴发展中国家的利益。二战后在欧洲、美洲和其他地区形成的“老牌”组织代表的是精英阶层和西方发达国家的利益。这些组织会围绕自己的需求制定世界秩序。上合组织、金砖国家致力于发展互利共赢的伙伴关系。事实上，这是对一些国家和组织之间合作关系的新解读。

中国要和世界分享发展经验

◆ 船桥洋一

今后全球一体化将进一步深化，掀起更大的全球化浪潮。过去中国一直学习世界，今后要和世界分享经验，甚至传授经验。日本和中国能否维持良好关系对东亚而言具有决定性作用。

从1919年到2019年，上一个百年发生了翻天覆地的变化。下一个百年如何演变不得而知，但从历史经验看，势必也将发生重大变化，其征兆已逐渐显现出来。

从技术创新看，上一个百年是电力。电力在百年前走进家家户户，并孕育了各种产业。如今，引领变革的是信息技术带来的数据化。互联网在20多年前兴起，如今以物联网的形式正在实现所有领域数据化。基础设施数据化，教育数据化，所有领域都将数据化。世界将步入“全数据化”时代。物联网连接一切，人工智能作出决策。这一变化的意义仍不得而知，个体可能将获得空前力量，破坏既有秩序。这将改变人类社会的各种行为，导致人类社会的组织原理发生深刻变革。世界上任何一个国家的政治

本文刊载于2019年3月22日《参考消息》。

都将面临严峻挑战。与此同时，个人的意志、个人的选择将更加直接反映到政治机制中。

还有就是经济全球化。19世纪第二个十年，维也纳会议终结拿破仑战争，开创了一段持久和平。英国控制七大洋，并将之作为一种公共产品保障海洋和航行安全，促使世界贸易获得很大发展。这种全球化在19世纪40年代起加速推进。伴随电信、电话等通信技术革命，世界逐渐连为一体，但这一全球化却最终走向第一次世界大战，以破产告终。如今，世界再次迎来全球化，互联网等通信技术革命日新月异。以美中贸易争端为代表，世界已经再次出现了地缘政治性纠葛与摩擦，令人担忧。全球化是否会再次被逆转？我认为，这次由互联网沟通的世界不会轻易瓦解。今后，全球一体化将进一步深化，掀起更大的全球化浪潮。

最后是人口问题。根据马尔萨斯理论，随着人口增长，粮食终将不足，世界将陷入粮食争夺战，多增加的人口以战争形式被消灭掉，如此循环往复。但受益于技术革命与卫生医疗条件改善，人类寿命越来越长，人口越来越多。2011年，世界人口突破70亿大关。过去百年，世界人口爆炸式增长。有专家说，未来百年可能突破100亿，但我不这么认为。世界人口将在本世纪40年代至50年代见顶回落。比如中国届时人口将加速减少。印度和巴西也将在本世纪50年代至60年代稳定下来，不再增长。所以，21世纪世界最终将迎来人口减少时代。这将带来（新的）课题。日本在世界上最早面临这一问题。在日本所谓“失去”的时代，发生了各种问题。如果中国等发展中国家也步入人口减少时代，日本所遭遇问题将在世界范围内以更大规模、更快速度显现。

中国应该深化改革开放。改革的实质就是新陈代谢，不行的东西必须淘汰。在进行新陈代谢的同时维持社会稳定。扩大开放，就是要消除外企的顾虑。在华外资企业害怕一旦进入中国就无法撤资，害怕被强迫转让技术。中国应该与国际标准接轨，创造良好的投资环境。这样，中国才可能出现能够影响世界的创意和思想。过去中国一直学习世界，今后要和世界分享经验，甚至传授经验。

经过5年低谷期，日中关系终于实现正常化。在领土、历史等问题上，日中关系稍有不慎就可能再次紧张。双方应该充分意识到这种风险，谨慎行事，挖掘双边关系的积极因素。在国际地缘政治将越发复杂的背景下，日本和中国能否维持良好关系对东亚而言具有决定性作用，应该一步步构建长期战略性日中关系。

（作者为日本《朝日新闻》前主笔。本文为本报驻东京记者沈红辉采访整理）

“亚洲仍将是世界增长引擎”

——专访日本银行前副行长中曾宏

◆ 本报驻东京记者　杨　汀

中曾宏认为，亚洲经济仍然最有活力。日中民间在第三国的合作实际上与“一带一路”有很多共通之处。日中经济具有互补性，因此深化合作对双方都有利。

近日，日本银行前副行长中曾宏在接受本报记者专访时谈道，面对当前世界经济面临的难题和以美国为首的国家施行的贸易保护主义，亚洲的新兴国家应进一步完善本国投资市场，增强对外资的吸引力，确保和延续亚洲的经济发展活力。

亚洲经济仍然最有活力

《参考消息》：当前世界经济增长乏力，美国奉行贸易保护主义政策，世界经济面临的不确定性增加，您如何看待亚洲国家经济发展的当前和未来环境？

本文刊载于2019年4月8日《参考消息》。

中曾宏：就美国而言，特朗普自就任以来为消除贸易逆差，采取了遏制美国企业进军海外同时尽力招揽外国企业到美国的政策。提高进口关税的目的之一是保护国内产业。美国政策的潜在负面影响很大，主要表现在几方面，一是亚洲的新兴国家对制造业、货物贸易的依存度比美国高，贸易成本上升造成的对经济的抑制作用也比美国要大。二是新兴国家的增长方式多是从海外引进资金和技术的投资主导型。因此，以2000年左右为界，新兴国家经济发展加速。新兴国家广泛采取了这种模式，而现在美国试图做的，比如从海外引进企业，可以说是回到新兴国家的增长方式，这是一种倒退。三是对于新兴国家而言，就面临需要与美国争夺投资。那么，应该如何应对呢？我认为，不能用保护主义来对抗保护主义，新兴国家应该利用这一机会，进一步完善投资环境，使自身成为更有魅力的市场化经济体，这很重要。

《参考消息》：当前亚洲中产阶级扩大，购买力增强，加上投资环境得到进一步改善，区域内的经济交流加强，您认为亚洲经济是否有望持续发展？

中曾宏：亚洲经济恐怕是世界经济中最有活力的，亚洲今后也是最有增长希望的地区。为了最大程度地利用这种优势，需要坚持自由贸易、自由投资，从而达到互惠目的。

《参考消息》：您认为亚洲经济发展的原动力和革新力有没有发生变化？

中曾宏：在亚洲经济中，中国的影响力非常重要，新兴国家的经济表现也都较为突出。在1990年时亚洲经济占世界经济的比例是4.8%，2018年增至22.6%，几乎是直线增长。其中，中国的贡献很大。为何亚洲经济会有如此亮眼的表现？一是以制造业为核心的增长模式。因为亚洲国家石油等资源类大宗商品出口较少，增长模式以制造业开发为主，与其他产业相比，制造业生产效率提高快。二是从20世纪50年代的日本开始，亚洲出现了增长连锁反应。即一个国家增长减退之后，又会出现另一个高速增长的国家。这种效应的形成主要是因为各国的适龄劳动人口的数量和年龄构成不一样。亚洲整体处于适龄劳动人口比例上升期，即人口红利期，这通常就能实现高速增长。今后中国的适龄劳动人口将逐渐减少，周边的菲律宾、马来西亚、印度尼西亚等国家的年龄构成比中国年轻，还能享受人口红利。增长连锁反应还可能在亚洲持续下去，亚洲仍将是今后世界的增长引擎。

推进日中在第三国合作

《参考消息》：当前人工智能、大数据等技术进步十分显著。您如何看待亚洲的科研水平和未来发展？

中曾宏：技术革新是提高生产效率的助推器。包括人工智能在内的尖端技术对于人口减少的世界经济而言，是提高生产效率的极为重要的手段。

《参考消息》：日中两国在“一带一路”框架下，在第三国的合作前景如何？

中曾宏：我认为在第三国的合作可以发挥和利用日本的经验和优势。尤其是2016年4月日中外长会晤时，时任外相岸田文雄提议的五个合作领域，具体而言，即宏观经济、财务、金融的合作关系，以及节能、环保方面的合作，少子老龄化问题、观光防灾等领域的合作，等等。期待今后双方民间在第三国的经济合作真正运转起来。一旦有这样的成功事例，就会激发新的投资。已经有了这样的方向，那么接下来的任务就是创造成功的实例。“一带一路”是政治、外交性的课题，也涉及与美国的关系，但日中民间在第三国的合作实际上与“一带一路”有很多共通之处。

《参考消息》：您对今后两国的经济合作有何建议？

中曾宏：日中经济具有互补性，因此深化合作对双方都有利。日中之间确实有悬而未决的问题，重要的是不被这些问题所左右，构建持续的、不动摇的关系。包括日中民间企业、政府部门等在内的所有实务层面，都要构建互信关系。这是我的建议。

从三大类关系透视世界大变局

◆ 天儿慧

在自然与人类的关系、科技与人类的关系和人与人的关系这三方面，世界都发生了重大变化，迈入了人类未曾经历的时代。要打造人类命运共同体，世界各国就应该发挥各自所长，相互合作，自下而上推动世界发展，形成新的共识，扩大共同利益。

从社会层面看，进入21世纪以来，世界确实迎来了“百年未有之大变局”。在自然与人类的关系、科技与人类的关系和人与人的关系这三方面，世界都发生了重大变化，迈入了人类未曾经历的时代。

首先，从自然与人类的关系看，全球变暖、环境破坏等问题日益严峻，若不开展全球治理，将引发严重问题。能源也将枯竭，新能源开发也成为全人类的共同课题。

其次，从科技与人类的关系看，进入21世纪以来，受益于高科技迅猛发展，社会便利度大大提升，信息化浪潮席卷而来，出现装配有人工智能的机器人，但在不远的将来，由于科技越来越先进，社会或许不再需要人类。面对这种局面，人类需要思索如何与高科技打交道。如今人类从高科

本文刊载于2019年4月2日《参考消息》。

技发展中受益，但今后可能遭高科技排斥。

第三，从人与人的关系看，人类社会既有格局也正在被打破。1648年，旨在控制欧洲内战的《威斯特伐利亚和约》创造出了主权国家的概念，由此主权国家成为国际社会的基本单位，通过协调国家间的关系确立了新的国际秩序。如今，这种格局正在瓦解，超越主权国家范围的问题层出不穷，人们开始打破国家藩篱直接对话。在这种新形势下，如何协调人与人的关系值得深思。

在我看来，未曾有的大变局，就是如何重新协调“自然与人类”“科技与人类”和“人与人”三种关系。

从权力格局观察当今国际秩序，在很长一段时间内，世界秩序以美国为中心。如今美国实力相对下降，中国显著崛起，这种权力转移越来越明显。全球化已经席卷世界各个角落。韩国、印度和东南亚都依靠全球化取得了发展。中国确实很突出，但还未获得压倒性影响力。

在全球化浪潮下，各国相互依存，联系越发紧密，从中美贸易摩擦中可见一斑。美国主动挑起摩擦，试图对中国造成经济打击，特别是在贸易方面，但随着这种打击的持续，受全球供应链影响，其他国家也受到波及，美国自身也受到冲击。当今世界就处于这种你中有我、我中有你的全面相互依存关系中。

过去，世界强权国家曾划分势力范围，但在当今时代，随着全球化推进，各国相互依存，相互影响，势力范围难以成立，霸权国家也难以再左右世界，世界从单极化走向多极化。要打造人类命运共同体，世界各国就应该发挥各自所长，相互合作，自下而上推动世界发展，形成新的共识，扩大共同利益。

日本和中国可以就此开展合作，比如联合打造援助发展中国家机制、推动建设东亚经济合作框架等。这些机制离开了日中合作就无法实现。日中互信关系依旧薄弱，希望双方领导人开展更多政治对话，增进互信。

（作者为日本早稻田大学名誉教授。本文由本报驻东京记者沈红辉采访整理）

中国要主动创造机遇应对大变局

◆ 郑永年

现在情况发生了巨大变化，其中之一是战后国际秩序的主导者、建设者——西方出现了问题。亚洲的秩序是开放的秩序，这一秩序并不排斥西方人，但亚洲人要以自己的方式来解决问题。现在，中国在坚持和平的基础上，力求在西方条件恶化、美国搞贸易保护主义等不利情况下，自身也有能力主动为自己创造发展机遇。

愿承担更多国际责任

当前的世界秩序的确处于大规模变动之中，充满了不确定性。

从国际层面来说，从第一次世界大战开始，过去百年内的国际秩序基本上是在西方主导下建立起来的。即使在二战结束之后，中国等国家参与了战后国际秩序的建设，但总体而言仍是由西方主导。现在情况发生了巨大变化，变化之一是这一国际秩序的主导者、建设者——西方出现了问题，比如美国开始搞贸易保护主义、经济民族主义等，英国脱欧，法国的

本文刊载于2019年4月8日《参考消息》。

“黄背心”，意大利的五星运动党。另一方面，包括中国、印度在内的发展中国家崛起，在世界经济体系中扮演越来越重要的角色，然而它们的作用并未反映在世界体系上或者正式的规则上。这两方面的变化导致了变局的产生。

现存的国际秩序在二战以前是由欧洲主导，二战后则是由美国主导。冷战结束后，美国逐渐走向了单边主义。西方国家希望维护自身的主导地位，这就需要持续提供国际公共产品。中国作为崛起的大国，能够提供怎样的国际公共产品是关键。美欧国家在这方面角色缺失时，中国应该怎样做？

中国的态度是愿意为提供国际公共产品承担更大的责任。中国不会像西方一样，试图主导这个世界体系。中国的目标并非替代美国，因为一霸独强模式是不可能持续发展的，大国可以扮演更重要的角色，但不能搞霸权主义。中国现在提出“一带一路”倡议、建立亚洲基础设施投资银行（简称“亚投行”），想表达的是我可以提倡议，但大家的事情大家都要参与进来。中国目前对大变局形势的判断是，中国并不是找机会取代美国，而是拿出我们尽职的那一部分，坚持多边主义。

亚洲人主导亚洲秩序

目前的亚洲秩序并非我们亚洲人建立的秩序，而是西方秩序的一个延伸。过去，亚洲大部分国家都是西方的殖民地，在二战前，亚洲秩序可以说是西方秩序的延伸；在二战后，则是美国主导的西方秩序在亚洲的延伸。举例来说，日本的宪法是由美国人制定的；韩国、菲律宾的总统任期也并非根据国家自身需求选择，而是深受美国的影响。可以说，亚洲还在承受着西方殖民主义留下的负面遗产，南海问题、钓鱼岛问题等都是以前西方留下的，而不是亚洲本身存在的问题。

然而，解决这些问题，我们不能指望西方。如今，西方要求中国服从它的规则，但服从这样的规则解决不了问题，因此必须建立亚洲人主导的亚洲秩序。亚洲人与西方在价值观上有一定的差别，比如中国人提倡建立“伙伴”，西方人倾向搞“联盟”，联盟是针对第三方，而伙伴是一起解决问题。比如上合组织，就是解决各成员共同面临的问题而不针对任何第三方。中国主导的亚投行，也并不以取代世界银行、亚洲开发银行为目标，而是作为一个补充。亚洲秩序的建立并非由中国一家主导，而是奉行多边主义原则。中国作为亚洲大国，要在建立亚洲秩序的进程中贡献力量。如果日本、印度、印度尼西亚这样的区域大国有共识，小国积极参与进来，那么建立亚洲秩序就成为可能。

目前，中国是世界第二大经济体，日本是第三大经济体，印度正在崛起，整个东盟也在发展之中。这些经济体之间相互依赖，亚洲经济体已经形成，只是在体制、制度方面还未形成一个整体。亚洲区域的经济一体化已经为亚洲秩序的建立提供了前提条件。

亚洲的秩序是开放的秩序，这一秩序并不排斥西方人，而是欢迎他们进来，但亚洲人要以自己的方式来解决问题，这也是亚洲相互协作与信任措施会议（简称“亚信会议”）的主题。除了在经济方面已经形成建立亚洲秩序的客观条件外，我们看到，在亚洲次区域的环境中已经形成一定的秩序，比如上合组织、东盟—中国（10+1）、东盟与中日韩（10+3）等，这些次区域的秩序已经建立。目前就是如何在次区域机制的基础上，考虑亚洲共同的新规则。

对外开放进入4.0版

在这样的形势下，中国当下面临的战略机遇期与21世纪初提出的战略机遇期有本质不同，过去中国曾倡导“和平与发展”是主题，意味着我们要利用和平与发展的环境，抓住机遇改变中国弱小的状况。这是别人给我们的机遇。现在，中国在坚持和平的基础上，力求在西方条件恶化、美国搞贸易保护主义等不利情况下，自身也有能力为自己创造机遇。换句话说，就是从过去的被动接受到主动创造能让中国发展的机遇。

和平与发展在当下都面临一定的挑战。从外部看，当今的世界处于大变动之中，小范围战争不断，中国周边比如印巴关系、朝鲜半岛和平问题等都十分复杂。从内部来看，就是中国的发展问题，经济减缓、进入新常态，在贸易战、欧盟市场疲软等外部经济因素的影响下，中国的经济发展可能会进一步受到影响。对此，我认为，对外，我们在国际舞台上要扮演更大的角色，提供更多的国际公共产品，继续推进全球化，在联合国框架内做出积极的贡献，包括维和行动、推动国际组织内部改革让国际组织更加公平。对内，国内的改革仍要继续深化，十九大报告提出了建设社会主义现代化强国的“三阶段”战略部署，但如何实现我们的目标，还是要通过深化改革。面临挑战是正常的，中国已经不是吴下阿蒙了，在现今自身条件大幅改善的基础上，需要思考的是为自己继续发展创造机遇。

具体来说，就是新版本的开放政策：开放4.0版。1.0版是“请进来”，主要发生在20世纪80年代到90年代初。改革开放打开国门，中国主动向外资开放，华侨资本、西方资本得以进入中国市场。2.0版是“接轨”，发生在90年代后期。我们为了加入世界贸易组织、迎合全球化的需要，花大力气对法律法规政策进行大规模改革，以符合国际规范。3.0版是“走出去”，从本世纪初开始，分为两个阶段，先是中国制造品走出去，接下来是中国资本走出去。中国用“一带一路”倡议为资本“走出去”铺路。现在的4.0版，是“既走出去又请进来”，从十八大后的自由贸易区到十九大以后的自由贸易港，中国积极建设和推广较大规模的国际化平台，比如当下正在大力推进的粤港澳大湾区。

这几年，京津冀协同发展、长江经济带、粤港澳大湾区等国家级的经济平台，不仅是开放的需要，也是内部发展的需求。过去我们的经济总量很小，仅靠几个项目就可以拉动国内生产总值。现在经济总量庞大，光做几个项目远远无法拉动经济，需要让更大的市场发挥作用，让具有世界竞争力的大型经济平台来吸引优质资本，发展生产。

今天，我们要改变美国很难，我们只能通过改变世界再来改变美国。只要中国是开放的，没有一个国家能把中国抛弃、封锁起来，资本还是会走向有利可图的地方。

（作者为新加坡国立大学东亚研究所所长。本文由本报记者宋宇采访整理）

欧亚大陆变局带来历史机遇

——专访哈萨克斯坦世界经济政治研究所所长萨尔德巴耶夫

◆ 本报记者　周　良

全球体系正在经历一段动荡和不确定的时期，正经历一个向新方向转变的过程。现在，已经没有“整体亚洲”或者“整体欧洲”这些概念，在欧亚地区发生的一切会影响到这个地区的所有国家。中国给世界带来了许多积极变化，在欧亚大陆发挥着稳定性的作用。

“如今，欧亚大陆有了新的内涵，包括欧洲、俄罗斯、中国、中亚地区等广阔地区。欧亚大陆的地缘政治格局正在发生变化。”哈萨克斯坦世界经济政治研究所所长萨尔德巴耶夫日前接受本报专访时说，欧亚地区正在出现新的经济和人文领域的联系，那些不能捕捉这一机遇的国家，将成为局外人。

本文刊载于2019年4月8日《参考消息》。

新世界体系轮廓初现

《参考消息》：您如何理解和看待“世界面临百年未有之大变局”这一论述？

萨尔德巴耶夫：今天，全球体系正在经历一段动荡和不确定的时期，正在经历一个向新方向转变的过程。我们已经看到了这个新体系的轮廓。类似的进程发生在100多年前，1815年维也纳会议之后诞生了维也纳体系，一直持续到第一次世界大战前。维也纳体系开启了一个剧烈的转型过程，首先是在欧洲，然后是在世界各地。到第二次世界大战结束时，出现了一个新的世界秩序：资本主义和社会主义制度共存的体系。该体系介于战争与和平之间。两极体系崩溃后，出现了不确定性。起初，美国成为唯一的超级大国，扮演领导者的角色，决定着世界历史的进程。随着时间推移，一些客观原因，首先是中国崛起，导致这一体系越来越不符合客观现实。现在正在形成一个多中心体系，在这个体系内，除美国外，中国、俄罗斯、欧盟、日本、伊朗和土耳其等也扮演着区域性或全球性大国的作用。

这次世界体系的改变伴随着以下现象：国家之间发生贸易战，军事政治冲突增加，在世界贸易组织、联合国等国际机构内发生摩擦。新的世界体系必须符合已经改变了的现实情况。但这个转变的过程是痛苦的，需要时间。世界局势的变化最终将导致什么样的结果，未来几年我们就能看到。毫无疑问，这种转变的结果之一就是发展中国家以及全球性大国的作用将增强，尤其是中国的作用将会增强。

当然，这也意味着国家之间的紧张局势将加剧，因为新势力的崛起肯定会伴随着旧强权的抵制。在这种情况下，中国的崛起将会伴随着美国以及日本、韩国和澳大利亚这些美国盟国的抵制，当然也会遭到印度抵制。新的力量平衡出现之前，这种摩擦会一直存在。

欧亚大陆重要性凸显

《参考消息》：欧亚地区面临怎样的变局？

萨尔德巴耶夫：苏联时期，人们通常称俄罗斯和前苏联国家所在的地区为欧亚地区。现在，欧亚大陆有了新的内涵，包括欧洲、俄罗斯、中国、中亚地区等广阔地区。欧亚大陆的地缘政治格局正在发生变化。哈萨克斯坦位于这些地缘政治进程的核心，东边是中国，北边是俄罗斯。通过里海以及高加索地区，哈萨克斯坦可以进入土耳其和南欧国家，连接着好几个次区域。

现在，已经没有“整体亚洲”或者“整体欧洲”这些概念，在欧亚地区发生的一切会影响到这个地区的所有国家，这是“大型地球村”在欧亚地区的浓缩版本。欧亚地区正在出现新的经济和人文领域的联系，新的投资机遇正在到来。那些善于捕捉这一机遇的国家，将能获得好处。那些不能捕捉这一机遇的国家，将成为局外人。哈萨克斯坦选择了正确的战略，未雨绸缪，向中国提出了将两国发展战略对接的倡议。哈萨克斯坦已成为建设大欧亚的领跑者，已成为欧洲和中国之间，俄罗斯和中亚国家、印度、巴基斯坦以及孟加拉国等南方国家之间的交通运输枢纽。

以前通过丝绸之路需要运输几个月的货物，现在通过火车只要两个星期就能从中欧国家运输到中国中部。这对哈萨克斯坦来说有利，所以哈萨克斯坦支持中国提出的各种倡议，包括建设“一带一路”的倡议。但交通运输的快速发展加剧了竞争。大的全球性玩家当然希望维护它们在欧亚地区的主导地位。谁控制欧亚大陆，谁就控制了世界。现在，世界经济发展动力主要来自亚洲，欧洲则是全球最大的市场之一。所以，对欧亚大陆的争夺实际上就是对世界未来的争夺。如果欧亚大陆的大国能达成共识，等待欧亚大陆的将是稳定、发展和进步，就不会出现冲突。如果欧亚大陆的大国之间无法达成妥协，欧亚大陆将会分裂为不同的集团，冲突将增加，甚至会出现热点地区。

区域间合作有新进展

《参考消息》：欧亚各国应采取怎样的策略来应对这些变化？

萨尔德巴耶夫：欧亚大陆如何发展取决于我们做出哪些努力。欧亚大陆要发展，需要推动区域间合作。在欧亚大陆，正在形成几个经贸组织，其中最发达的就是欧盟。20多个国家形成了一个经贸集团，在经贸合作基础上开始政治合作。在前苏联地区，出现了经济一体化组织——欧亚经济联盟以及政治和军事一体化组织——集体安全条约组织。支持“一带一路”倡议的一批国家正在形成另一个组织。欧亚大陆还有亚洲基础设施投资银行等一系列金融机构，还存在上合组织等政治组织。印度和巴基斯坦的加入使上合组织更具全球性。中亚各国十年来第一次开始共同努力、相互协作，尝试进行对话，而不是彼此隔绝和相互孤立，这是一个非常积极的进展。亚洲相互协作与信任措施会议（简称“亚信会议”）很有前途，是亚洲新的安全组织的雏形。为了稳定发展，亚洲需要这样的组织。

《参考消息》：您如何看待中国在变局中的作用？

萨尔德巴耶夫：必须说，中国当然在欧亚大陆发挥着稳定性的作用。对世界而言，一个稳定、富裕和发展的中国比一个弱小、不稳定和发展不良的中国更加有利。中国给世界带来了许多积极变化，是许多国家发展的源泉和投资来源国。中国是一个充满机遇的巨大市场，正在向包括哈萨克斯坦在内的其他国家开放。

新兴国家成国际秩序新支柱

——专访巴西国际问题专家毛里西奥·桑托罗

◆ 本报驻里约热内卢记者　赵　焱

从2008年起自美国开始的金融危机陆续波及其他国家，巴西也受到重创。近些年来的经济危机对拉美影响很大。这个世界是多样的、多极的，我们要考虑国家怎样能够从新的全球秩序中获益。任何国际性的政治改革、任何新条约、任何新的国际合作都应当有中国、巴西、俄罗斯、印度等国的加入，因为这些国家是国际秩序的新支柱。

面对世界大变局，拉美国家要重新考虑对外政策，考虑怎样融入21世纪新的国际社会，考虑国家怎样能够从新的全球秩序中获益。巴西里约热内卢州立大学国际关系系主任毛里西奥·桑托罗近日接受本报记者专访时表示。

《参考消息》：您如何看待“世界面临百年未有之大变局”这一判断？从巴西看，拉美国家面临怎样的变局？

桑托罗：我非常同意这一看法，特别是在最近10年里，包括巴西在内

本文刊载于2019年4月1日《参考消息》。

的大部分国家都经历了经济危机。从2008年起自美国开始的金融危机陆续波及其他国家，巴西也受到重创。之后的10年巴西经济几乎停滞，这意味着上亿人民经历了困难时期，他们的梦想无法实现，生活计划无法执行，希望全部破灭，这种失败者的感觉也转化成非常尖锐的政治解决方案，甚至出现一些暴力场面，而且出现了反对全球化和自由贸易的苗头。我们知道这些都是危机带来的后果，但是并没有找到正确的出路。我想真正需要的是国际机构的改革、经济秩序的变革，让所有国家的人民可以从全球化中获益，从而改善人民生活。

《参考消息》：过去一个世纪国际政治环境对拉美国家有何影响？

桑托罗：如果我们拿拉美与中国做个比较，那么很大的不同在于中国一直在自主地寻找发展道路，而拉美国家始终没有做到。拉美的政治和经济还是处在强权，特别是在美国的阴影下。20世纪我们经济发展曾经非常迅速，大幅减少贫困，改善了生活质量，但是近些年来的经济危机对拉美影响很大，让拉美经济每况愈下，处境越来越艰难，甚至在巴西等国出现了衰退，而贫穷、不平等等现象更是困扰着拉美国家。我们重新看到了美国对拉美政治生活的干涉，这让很多拉美人非常担忧。

《参考消息》：当前国际关系是否发生了有利于拉美的积极变化？

桑托罗：21世纪初的世界与20世纪有很大不同，主要是一些新兴发展中国家的崛起。比如说中国、印度、巴西、墨西哥、尼日利亚、印度尼西亚等，这让全球政治和经济形态出现新的变化。即使是如今面临很大困难的巴西，我们的对外贸易很大程度上面向的也是发展中国家。比如农业推动了巴西的经济发展，而一般的巴西食品是销往亚洲国家的，这与以前巴西主要客户来自欧美等西方国家大大不同了。但我要指出，虽然全球经济格局、力量的地图发生了变化，但巴西看世界的视角、思考问题的方法以及机构的构成依然还停留在四五十年前。对于巴西和拉美来说，一个巨大的挑战就是要重新考虑对外政策，重新考虑我们的国家怎样融入21世纪新的国际社会，这个世界是多样的、多极的，我们要考虑国家怎样能够从新的全球秩序中获益。

《参考消息》：中国在变局中起到什么作用？

桑托罗：中国是当今世界第二大经济体，是巴西最大的贸易伙伴。我们看到中国始终捍卫自由贸易、捍卫市场的稳定、捍卫重要国际组织的规章制度。同时，中国作为一个发展中国家，曾经有高贫困率，也面对很多环境挑战。这些都是巴西和其他拉美、非洲发展中国家同样经历的。因此中国在这方面的经验对于拉美国家来说很重要，很有借鉴性。任何国际性的政治改革、任何新条约、任何新的国际合作都应当有中国、巴西、俄罗斯、印度等国的加入，因为这些国家是国际秩序的新支柱。

第三章

中国专家建言献策

迈入2019，世界处于选择关口

◆ 傅 莹

全球化面临重要选择：是坚持大方向和改善全球治理？还是抛弃全球化，退回各自为政的隔绝状态？中美关系同样面临困难的选择。中美关系将是影响全球化进退的关键之一。中美应在完善经济全球化的进程中解决分歧，而不是诉诸单边主义、民粹主义，用裂解全球化的方式蛮横处理矛盾和分歧。

2018年这一年见证了世界的很多变化，各种矛盾集中暴露。12月我在欧洲访问，一个直观的印象就是有点“乱”。德国进入政治转换的阶段、法国的改革举措与公众情绪的碰撞导致社会动荡、英国深陷脱欧困境，欧洲的三个主要国家都面临不同程度的困难。一位英国学者说，西方的制度失去效能，将有一段较长的调整期。

欧洲的现象正是2018年全球激荡与分化的一种表现。一方面，冷战后高歌猛进的全球化进程似乎开始动摇，令人担心是否会由此而退潮，甚至逆转。另一方面，大国竞争尤其是中美矛盾再度成为世界主要议题，各主要力量之间的利益和价值分歧变得尖锐，国际合作的吸引力和凝聚力下降。

本文刊载于2018年12月28日《参考消息》。

全球化和大国关系何去何从，牵动世界的视线。

这不禁令人想起英国剑桥大学历史学家尼克拉斯·鲍伊从欧洲的角度总结出的一个规律性历史现象，在过去的500年每个世纪的独特风格都是由第二个10年发生的事件决定的，例如欧洲的30年战争和第一次世界大战。鲍伊在2011年就提到全球化的不平衡性以及世界权力格局变动所带来的冲击，认为可能会构成21世纪的主要风险。世界正在发生深刻变化，鲍伊近乎宿命的预言是否将再次应验？

如果用一个词描绘2019年，“选择”可能比较合适。在这样一个历史关口，在经历了充分经济全球化的今天，中美乃至世界各国的选择无疑会影响未来的历史轨迹，也会对21世纪的发展方向产生影响。

全球化该走向何方

全球化面临重要选择：是坚持大方向和改善全球治理？还是抛弃全球化，退回各自为政的隔绝状态？

不可否认，全球化成绩斐然，但并不完美。例如，经济全球化一方面使得生产要素在全球层面得到更加有效的配置，带来生产规模与能力大幅度提升和更加广泛的财富增长；另一方面，其负面效应也日益显现——从贫富差距拉大，到金融监管缺失、治理改革滞后。一些不发达国家仍处于国际分工低端，诉求得不到有效回应。一些发达国家内部也严重分配不均，中产和中产以下阶层的人抱怨没能从财富的增长中获益。对全球化的质疑既来自精英阶层，也来自普通民众。

以自由主义理念为基础的全球化设计是一种综合性进程，还包括价值观、意识形态和政治制度等方面的内容。美国等发达国家试图用西方政治制度和价值观一统世界，不惜动用政治、军事手段强行介入、改造他国制度，这样的做法不仅效果不彰，还带来大量后遗症。美国历史学家约翰·刘易斯·加迪斯在其新著《论大战略》中谈道，战略应是目标与能力的协调，不能固执地追求超出能力的目标。美国以推广政治民主制度为目标的对外扩张甚至战争，持续消耗其财富，透支了国家的能力和声望。

安全挑战也出现全球化的趋势，由于世界缺乏维护共同安全的共识和手段，无论是对传统安全风险的防范，还是对非传统安全威胁的应对，都显得捉襟见肘。

人们开始反思全球化，甚至有人认为可以抛弃全球化，但有什么替代方案吗？全球化的对面是什么？现在可以看到的是碎片化，是更多的无序和混乱。

中美关系面临重构

中美关系同样面临困难的选择：是紧张轮番升级，相互“脱钩”，走向全面对抗，进而导致世界再度割裂？还是继续在同一经济体系内谋求共存共赢，相互调整，重归合作轨道？

中美关系将是影响全球化进退的关键之一。2018年，中美关系下滑的速度超出人们想象，紧张气氛正从贸易外溢到其他领域。原因是多方面的，首先是美国国内政治和经济因素使然，与美国对外关系中利益失衡不无关系；同时，中美力量对比发生结构性变化也是一个重要原因。

观察美国调整对华政策的过程，如果用360度的圆环来描绘整个周期，从美方的观点看，前半个180度的调整已经完成。也即经过数年争论，美国对华看法发生了转折性变化，学界和朝野一致认为，过去40年对华接触和两面下注的政策难以为继，必须改变。然而，后半个180度，也即向什么方向调整，却还看不清楚。如果现在问美国人，什么是新的对华政策和战略，可以听到五花八门的说法。预期新政策的形成需要一个过程，可能要在对各种事件和问题的处置、在与中国的互动过程中，逐步形成。

当然，这“后180度”并非空白，一些新的主张和政策倾向已露出端倪。梳理一下看，大致有三种趋向：最糟糕和阴暗的意图是将两国关系引向全面对抗，也即人们常议论的“新冷战”。这原本是极少数人的声音，但最近其影响扩展得很快。美国副总统彭斯讲话的调子在一定程度上反映了这种倾向。第二种是“脱钩”的企图，也即将中国排斥出美国主导的经济体系，最近美方采取的打压中国高新科技企业和人才以及限制留学生的措施，就反映了这样的意图。第三种也是摆在台面上的，是美方挑起的贸易战和相关要求。2018年美方两次对中国高达2500亿美元的出口商品加征高关税，刺激中方采取相应措施，这种害人不利己的做法已给两国和世界经济秩序乃至信心造成打击。

最近基辛格博士访问北京时，我问：“对当前中美关系有两种看法：一种认为中美交往40年关系起起伏伏，折腾之后总能回到正常轨道，如同钟摆效应，现在仍是这样。另一种认为中美关系是范式性的转变。您怎么看？”基辛格话讲得很委婉，但结论清楚：“中美关系回不到从前了。”他讲到40年来中国的发展和两国的交往，力量对比发生了变化，中美可能需要在一个新的层面探索新的交往方式。

是新的方式还是范式，它们将是什么样的，又将会如何构建？现在恐怕还没有双方都认可的答案。但可以肯定的是，中美在各个层面和各种问题上的交锋、博弈，乃至合作、交往，都会作用于这个构建过程。

中美应避免全面对抗

中国人不应也不会选择对抗和“脱钩”，更不赞成世界放弃经济全球化，走向隔绝和分裂。中美应在完善经济全球化的进程中解决分歧，而不是诉诸单边主义、民粹主义，用裂解全球化的方式蛮横处理矛盾和分歧。

2018年是中国改革开放40周年，中美也迎来建交40周年。两个40年的重叠不是巧合，显示了中美关系的成长与中国的改革开放是同步的，也与经济全球化浪潮相伴而行。中国在改革开放中取得的成就，有中美合作的贡献，而美国不仅是中国改革开放的见证者，也是参与者和获益者。

争论谁吃亏谁占便宜了，可能是无休止的，关键是以什么态度面对分歧，用什么办法走出困境，最终需要做出理智和符合潮流的方向性选择。习近平主席与唐纳德·特朗普总统在二十国集团峰会期间的会晤为此指出了路径。

习主席说，合作是中美双方最好的选择。双方要把握好中美关系发展的大方向，推动两国关系长期健康稳定发展。特朗普总统表示，美方愿同中方通过协商增进两国合作，并就双方存在的问题积极探讨对双方都有利的解决方法。

中美关系站在一个关键的当口，两国的选择不仅会展现在国际层面，也必然会体现在国内层面，不仅要对彼此的经济、社会产生深远影响，也关系到两国和世界的命运。相信其他国家也希望中美两国都能做出负责任的选择。

不可否认的是，美国霸权的式微是一个时代性必然，中国作为正在成长中的大国，体现出定力和智慧，避免被卷入下坠的涡流。面对美方挑起的各种对抗性利益摩擦和冲突，中方采取的是冷静分析和拆解应对的策略。在政治上，中方绝不能接受美方否定和改变中国制度的企图，对关系到国家制度、价值观的差别，双方可以坦诚交流，倾听对方，和而不同。在社会层面，中方努力提升国际传播的意识和能力，更多提供中国信息，让外界更好地了解在中国发生着什么、解决了什么问题、还存在什么挑战，这样才能避免那些对中国的不实指责继续泛滥。而美方提出的一些合理的具体要求和问题，恰也是中国下决心通过深化改革开放要解决和完善的，双方正在本着相互尊重和谅解的原则谈判寻求共识。

在新的时代条件下，中美竞争或许不可避免，但双方应能避免最坏的全面对抗情况的发生。两国需要重新确立适应彼此实力对比的新基点，用旨在加强战略稳定、战略安全的沟通以及在地区和全球性问题上的协调，展现出两国关系的时代作用。中美可以开展合作的领域仍有很多，比如气候变化、医疗卫生、打击跨国犯罪、防扩散、网络安全、外空利用等。科学技术的日新月异也可以成为中美乃至世界各国的聚合因素，一个很重要的共同利益是维护新技术开发背后的人类道德本能，不要让新技术成为对抗的工具。

今天的选择将成为明天的历史，而过去的历史也会影响到今天的选择。20世纪曾是一个充满战争与对抗的世纪，人们不希望这段历史重演，这取决于当下如何选择。今天的中国面对更严峻的考验，须承担更大的国际责任。中国既需要通过对话协调，也需要通过必要的斗争和竞争，努力与美国构建新型的良性互动范式。中国还需要与各国一道努力，改进和完善全球治理，确保经济全球化不偏离合作、包容的轨道，现行国际体系不重返分裂、对立的局面。尽管当下的世界充满忧虑，但中国不会放弃维护世界和平发展大势的努力，唯此才能推动人类迈向命运共同体。

（作者为清华大学兼职教授、国际关系研究院名誉院长）

借力战略机遇期 乘势应对大变局

◆ 王卫星

世界政治经济重心开始向亚太地区转移，标志着数百年来一直由西方国家主导国际政治经济体系的局面正在发生根本性改变。和平合作、开放融通、变革创新已经成为任何国家任何个人都难以逆转的大势。时代变局中危与机同生并存，克服了危即是机，失去了机便是危。

当前，世界正处于国际格局转换、新旧力量消长、保守主义回流、“逆全球化”思潮泛滥与新一轮产业革命兴起的交汇期，大国行为体勃兴等变革性现象风起云涌。“变”是这个大时代的主基调，因“变”而生的不稳定、不确定、不平衡等时代特征日益凸显，世界开始进入持续性动荡阶段。这场动荡对国际社会冲击范围之广、影响程度之深，为百年来所罕见。

本文刊载于2019年3月18日《参考消息》。

国际格局“东升西降”

党的十九大以来，习近平总书记多次强调，当今世界正面临“百年未有之大变局”。准确理解习近平总书记所指，需要从本轮国际格局转换与以往相比的根本性差异上，观察其中的颠覆性“变化”。这种变化集中体现在以下四个方面：

首先，新兴大国崛起，世界权力中心首次向非西方世界转移。回顾历史，自“大航海”时代使五大洲结束彼此孤立状态、构建起真正全球意义上的世界权力中心以来，这一权力中心始终在西方世界内转移，无论是16世纪的西班牙、17世纪的荷兰，抑或是18世纪至19世纪的英国和20世纪的美国，都是西方世界的一员。过去一段时间，世界的历史就是欧洲的历史，世界的文明就是希腊的文明。直到进入21世纪，随着老牌资本主义国家普遍性衰退，中国、印度等为代表的新兴经济体群体性崛起，国际战略格局才出现了“东升西降”的新趋势，而世界政治经济重心开始向亚太地区转移，标志着数百年来一直由西方国家主导国际政治经济体系的局面正在发生根本性改变。

其次，保守主义回潮，传统现实主义再次成为世界政治主流。面对大历史发展中的变革性趋势与不确定未来，既得利益者往往坚持守旧拒新的保守主义立场，在实践中采取传统现实主义的施政路径。近年来，随着大国力量对比变化，特别是“中升美降”之势显现，以美国为代表的西方传统大国危机意识上升、焦虑感加重，传统现实主义在其国内有所回潮，导致大国竞争重回世界舞台中心。特朗普政府当政后，提出“有原则的现实主义”“美国优先”等主张，即带有典型的极端保守主义色彩与传统现实主义特征。其以“美国优先”为根本指向，把中俄视为“主要战略竞争对手”，公开进行战略施压与重点围堵，直接导致中美、俄美博弈加剧。

再次，“逆全球化”思潮泛滥，多边主义为基础的现行国际经贸模式面临重大挑战。特朗普政府一反经济学常识，逆转美国长期以来奉行的自由贸易政策，以“绝对收益”“零和观念”经营国际贸易，针对中国发动非理性的“贸易战”，对部分盟国输美商品征收高额关税，并威胁退出世界贸易组织。美国寻找各种理由不断“退群”，给原本相对平衡平稳的世界添加了复杂的因素。这些被冠以“维护公平贸易”之名的“逆全球化”盲动，实则是追求美国一家独享的眼前利益，不仅无益于调整现有国际贸易失衡现象，而且长此以往会从根本上危及国际贸易机制。

最后，非传统国际行为体兴起，深刻影响国家间关系的塑造。随着信息技术、公民权利、跨国性社会力量的发展，国家间关系不再仅取决于传统的政府当局，而是越来越多地受到民众团体、非政府组织、跨国公司等非国家权力载体的影响。这些非国家行为体通过事件策动、议程设置、政治游说、商业运作、技术研发等途径，不仅影响着一国的内政外交，而且影响国际政治未来走向，已成为国家间关系塑造的重要驱动力量。自17世纪中叶以来延续至今、以民族国家为中心的威斯特伐利亚体系，正因此经历着深刻转型，这一转型对未来的影响当前还未完全明朗，但其影响力日益加强的趋势已经显现。

三个“未变”一个“大变”

尽管世界大变局已经到来，但从现有情况来看，目前变化仍主要集中在经济领域，国际格局发生质变的临界点尚未到来。因此，面对纷繁复杂的国际局势，2018年12月召开的中央经济工作会议明确指出，我国发展仍处于并将长期处于重要战略机遇期。这一重大宣示彰显出以习近平同志为核心的党中央，认清国际变局本质、准确把握发展大势、有效驾驭战略全局的远见卓识与战略定力。

中国仍处于重要战略机遇期的宏观判断，可以从三个“未变”与一个

“大变”来理解。

首先，国际社会成员谋求发展的根本诉求并未改变。实现更加平衡、更为充分、更具可持续性的发展，始终是各国追求的根本目标。在这一问题上，中国同世界所有国家都是合作伙伴。当前，尽管因发展速度和质量的差异催生了国际权力格局转换的可能性，各国因面临转换期的风险采取了更多自利性举措，曾经给世界带来广泛红利的经济全球化进程亦遭遇重大挫折，但从长远来看，这些现象的出现都是各国在发展机遇与发展效果出现波动情况下的暂时性政策调整，其本质仍然是试图通过一定的策略性改变，恢复发展活力、赢得更多发展资源。

其次，世界人民维护和平的坚定决心并未改变。经历了两次世界大战和冷战对峙，世界人民对于大国竞争的极端化发展高度警惕，对霸权主义、强权政治深恶痛绝。特别是冷战后各国从经济全球化中尝到了和平的红利，和平合作、开放融通、变革创新已经成为任何国家任何个人都难以逆转的大势。即便是在美国国内，尽管对于中美实力消长带来的变化存在着所谓的心理失衡，但大多数美国人仍然不希望中美竞争失控，更期待两国能通过密切互动寻找到新的解决分歧的方法。

再次，中国作为世界经济引擎的身份并未改变。改革开放40年来，中国国内生产总值（GDP）年均实际增长9.5%，甚至一度连续多年保持在两位数的高位，是世界经济发展的晴雨表和主要驱动力。目前，中国占全世界经济总量的比重达到了15.2%，每年对世界经济增长贡献率高达30%。中国经济增长在相当大程度上影响着世界经济的增长态势。作为全球第二大经济体、制造业第一大国、货物贸易第一大国、外汇储备第一大国，中国经济已经与世界经济融合成一个你中有我、我中有你的有机整体，中国经济的基本面对世界经济整体发展构成重要影响。

最后，中国对世界和平发展的贡献度正经历巨大改变。随着中国实力的不断走强，中国与世界的联系越来越紧密，在全球治理中发挥着越来越重要的作用，并以各种形式为世界和平发展作出更多的贡献。由中国首倡的“一带一路”建设，不仅拓展了国际合作新空间，带动沿线国家货物出口、投资贸易、产能合作等取得丰硕成果，而且将“人类命运共同体”作为终极目标，使世界各国从合作中真正感受到了平等相待、互利共赢。全球从2000年到2017年新增的绿化面积中，约1/4来自中国，贡献比例居全球之首。与此同时，中国还身体力行在联合国世界和平维护行动中扮演着中坚力量。从1990年开始，中国累计派出维和军事人员3.9万余人次，目前已经是联合国维和经费第二大出资国和安理会常任理事国中派遣维和人员最多的国家。

顺势而动驾驭变局

面对百年未有之大变局，我们既要看到其可能带来的风险，又要看清其本质所在和发展趋势。要认识到时代变局中的危与机同生并存，克服了危即是机，失去了机便是危。

一是要保持战略定力，合理规划应对之策。世界各国对于中国的未来有着截然不同的预期：一方面“中国崩溃论”再度喧嚣，另一方面“中国世纪”的声音不绝于耳。“棒杀”也罢，“捧杀”也罢，我们自身要有定力、耐力、忍力，以中国大战略目标为根本依据和战略举措的取舍标准，合理确定阶段目标与相应策略，既充分预估当前变局可能带来的安全风险，扎实做好应对危机的各项准备工作，又善于发现并及时把握其中可能显现的战略机遇，有效利用机遇窗口赢得战略主动，带动全局的根本性转变。

二是要增强忧患意识，坚持底线思维。未来若干年内，中国将面临大国遏阻与周边摩擦共同升温、相互激荡的局面，危机多发频发将成为一种常态。要清醒认识到，前进道路不可能一帆风顺，越临近成功的时候，越要有如履薄冰的谨慎，越要有居安思危的忧患意识，绝不能犯战略性、颠覆性错误。要坚守战略底线，防范战略风险，既有防范风险的先手，也有应对与化解风险的实招高招。

三是要善于纵横捭阖，防止成为“众矢之的”。一国对外政策有两大禁忌：一忌无谋，二忌冲动。二者中后者对于国家损害尤大。历史反复警醒我们，当GDP位居第二的国家经济总量接近美国经济总量的2/3时，会极大地激发美国民众的忧患意识，招致其网罗盟友、联手打压。不论是20世纪70年代的苏联，还是80年代的日本，与美国都出现过这种情况。未来，我国要设法过好这个坎。应充分估计可能面临的困难和问题，稳妥处理大国关系，积极寻求利益共识与合作，同时善于用势、借力打力，避免单打独斗，避免四面出击，避免成为地区矛盾的中心和焦点。

四是要以规则创新为抓手，全面提升国际话语权。今后一个时期，要逐渐适应中国身份发生变化的事实，以全球治理改革为突破口，适时提出中国方案，以兼顾各方利益、引领未来方向的规则创新为抓手，推动我国向“全球治理链”高端迈进。为此，一方面要充分利用已有基本治理架构，通过联合国、二十国集团（G20）、上合组织、金砖国家等既有机制做大做强，利用双边多边舞台在全球事务中传播中国声音。另一方面要高度重视新兴领域治理机制构建，通过创设议题、规划和议事日程，提升中国在网络、太空、极地、深海、生物、人工智能等新兴领域的话语权。

五是要刚柔并济塑造周边，妥善管控第三方因素。受历史因素及域外大国刻意舆论引导，周边国家对中国影响力拓展感受最早、感触最深。与此同时，中国的战略压力也直接来自周边国家。“周边第一”应成为中国经营国家安全环境、规划和平发展进程的首要重点。宜将中国所倡导的“人类命运共同体”思想、“一带一路”倡议及其他有益于世界和平发展的战略举措，优先在周边地区落地，通过双向互动与机制建设，共同促进区域和平稳定走向深入，压缩域外大国介入空间。同时，要在周边地区和重大利益攸关区域有效防控生战生乱因素滋长，避免中美关系因第三方因素而陷入无可挽回的境地。

六是紧盯国际科技前沿，及时抓住“弯道超车”机遇。要充分认识到新兴颠覆性技术对全球大变局未来走势的战略性影响，准确研判战略前沿技术发展趋势，及时抢占技术发展窗口期，借力前沿技术的颠覆性影响，缩小与发达国家间“技术鸿沟”，争取形成局部优势，带动国家整体科技实力与战略能力跨越式提升。同时，要建立起科学有效的科技风险预警评估机制，防止主要战略对手对我实施技术诱导与战略欺骗，致使我走上发展歧路，错失赶超机遇。

历史上，世界上总有那么一些国家喜欢扮演“警察”角色，骨子里深植主导他国的执念，行为上多有干涉他国的举动。中华人民共和国成立以来，同样也有那么一些国家喜欢频频制造事端，干涉、打压中国。这一切虽然给我们带来了一些麻烦，但都无法阻挡中华民族伟大复兴的坚定步伐，动摇不了全中国人民追梦圆梦的坚定决心。未来将证明，中国的崛起是世界大势所趋，是任何力量都无法阻挡得住的！

（作者为军事科学院研究员、首席专家、少将）

中国“天下观”将重塑世界秩序

◆ 杨光斌

过去的巨变均是在西方国家之间发生，如今中国作为历史上最大规模的参与者出现。世界秩序的重组是一个渐进过程，不会在一夜之间新秩序代替旧秩序。作为文明型共同体的中国，对外战略遵循“和合”精神。

世界政治正在发生“百年未有之大变局”。虽然相较于一战、二战乃至苏联解体给世界带来的变化，当前世界政治变化似乎并没有那么急剧，但是，一个根本性的不同在于，过去的巨变均是在西方国家之间发生的；今天，中国作为历史上最大规模的参与者出现了。

特朗普曾在演讲中说，中国是二战以后美国最强大的对手。美国总统国家安全事务助理博尔顿称中国将是“这个世纪的主要问题”，中国的崛起是“对美国领导全球地位的结构性威胁”。这些反而说明，中国参与世界秩序重组的进程是不可阻挡的。这并不意味着世界政治将重蹈所谓的“修昔底德陷阱”，那是西方民族国家之间追求帝国霸权的旧把戏，作为文明型共同体的中国，追求的必然不是霸权而是影响力。因此，“世界百年未有

本文刊载于2019年3月19日《参考消息》。

之大变局”意味着，世界政治将从帝国体系下的霸权逻辑，最终转向文明体系下的影响力逻辑。

西方秩序具帝国霸权属性

资本主义的历史可追溯到公元1500年，但因各国间的密切互动关系而形成的“世界政治”应该说起始于公元1700年。英国工业革命真正开启了世界政治的进程，随后全球政治逐渐被西方所主宰。

西方主导的世界秩序是如何形成的？简单地说，西方通过两条“路线图”走到今天。第一条是经济—军事路线图：从国内自由主义到世界范围内的自由帝国主义。从17世纪中叶到19世纪中叶的两个世纪，欧洲各国资产阶级都在国内政治中取得决定性胜利，这意味着资本主义经济的胜利；与国内政治—经济进程相一致，欧洲主要国家开启了海外贸易与征服的进程，完成了建立世界殖民体系过程。虽然有后来的民族民主解放运动，但它们一开始就生存于既定的世界秩序之中。

第二条是政治—文化路线图：从文化优越论到制度优越论。殖民体系的建立，即宗主国对殖民地的统治需要政治合法性论述。从19世纪中叶开始，伴随着达尔文主义的出现，社会达尔文主义开始盛行，“白人优越论”大行其道。到19世纪末20世纪初，哪怕在第一次世界大战期间，像马克斯·韦伯这样的德国思想领袖，还在不遗余力地论述“西方为什么赢了”的老话题，即韦伯称之为“新教伦理”所导致的“西方的兴起”。二战后，尤其是“后冷战”的意识形态的世界政治领域，流行的所谓“历史终结论”实际上是制度优越论，即自由主义民主是人类最好的、也是最终的制度形式。“历史终结论”一度成为美国对外安全战略的思想支柱。

在过去300年中，西方大国之间的互动，最终演变为二战后的国际组织和具有西方历史基因的国际规范。这个国际制度是何种性质呢？

第一，自由帝国主义属性。既定的世界秩序是西方国内秩序的一种延展，其间经历过自由主义与社会主义的双向运动、文化优越论与民族自决权的双向运动，但最终还是自由主义政治经济支配着国内和国际秩序。这个秩序实现的是英美为代表的支配性国家的价值观。自由主义属性的世界秩序往往会通过强权强加在弱者身上，因此“自由世界秩序”在本质上是“自由帝国主义秩序”。

第二，政治等级性与经济极度不平等。世界秩序又可以划分为政治秩序和经济秩序。在无政府状态下建立的政治秩序是典型的等级性质，如同国内政治秩序的等级性一样，决策权掌握在少数几个国家手里。这是二战形成的秩序，一些国家因此强烈呼吁修正这个等级性秩序，比如日本、印度、德国、巴西等。

经济不平等不但体现在发达与欠发达国家之间的极度贫富差别，相应地还表现在政治经济组织的制度安排上，比如世界银行的总裁是美国人、国际货币基金组织的总裁是欧洲人，而且即使在中国经济总量约占全球16%的情况下，中国拥有的特别投票权也极为有限，且因受制于美国国内法（国会同意权）的约束，中国也很难扩大投票权。

第三，事实性霸权。前两个属性在世界政治中，经常表现为霸权和政治欺凌。经济上处于极度不平等的中东地区在政治上受到极度压制，先是以色列和阿拉伯国家之间的几次中东战争，然后是美国的“大中东民主计划”造成中东地区的混乱，这些都体现了现行世界秩序的霸权性质。“文明的冲突”是不平等性、霸权性世界秩序的必然产物。

财富转移已撼动权力格局

由于西方主导国家治理能力的问题以及非西方国家的崛起，到新世纪，“自由帝国秩序”正在发生深刻变革。

现在，世界政治发生了一个非常重要的变化，即财富权力的大转移。

1840年，欧洲第二次工业革命开始的时候，西方和非西方国家的工业制造品各占50%；到1980年，西方国家提供的工业制造品是90%，非西方国家占10%。但到了2010年，非西方国家包括中国、印度成为全球化的主要受益者，非西方国家制造品占40%，西方国家占60%。有机构预测，到2050年情况可能颠倒过来，非西方国家占60%，西方国家占40%。这是一个有利于非西方国家的财富权力大转移。

财富权力有许多政治意义。西方在发展过程中，通常通过“一进一出”来化解国内阶级矛盾。“进”是战略掠夺，比如日本明治政府通过签订《马关条约》对中国进行掠夺，这使得日本在十年后，即1905年，便有底气和俄国一决雌雄。“出”是移民，很多人生活不下去了可以移民国外，比如1900年到1920年左右的20年间，数百万意大利人口移民海外。

西方国家现在面临的问题是，既“出”不去，也“进”不来，人口移民是反向的，阿拉伯难民涌向欧洲，中南美洲人口向美国转移。另外，非西方国家抢占了工业品市场这一财富转移的最重要结果，是引起西方国家内部的社会矛盾不断加剧，今天看到欧洲多国的政治乱象，美国政治的极化和两党之间的不妥协，实际上都是在这个大背景下发生的。财富权力转移引发了西方国内的矛盾。

财富转移也带来了文化权力的变化。

西方国家的意识形态当中有自由民主这种政治意识形态的合法性解释，即所谓的“普世价值”。现在，普世价值在西方国家内部处于混乱之中，自由市场原则被事实性贸易保护主义所抵消，“言论自由”与“政治正确”原则相悖，“自由平等博爱”与“白人至上”原则冲突。在短短的二十几年内，欧美从鼓吹所谓普世价值突然转而奉行起反普世价值的政策，世界还不能适应欧美国家的这种价值转向。

为什么会这样呢？美国所谓的价值观“软权力”，其实是靠财富权力的支撑，没有财富权力，谁还会相信你的“软权力”？连美国总统特朗普自己都不相信了。真相是，在国际关系现实主义流派重要人物汉斯·摩根索看来，把自己文明体系和自己民族的思想鼓吹为“普世主义的”，是帝国主义才会有的行径。亨廷顿在其著名的《文明的冲突》中也直言，不存在所谓的普世价值，流行的价值观是强势民族国家物质文明的一种外溢，弱势民族国家的价值观不可能成为主导性价值。

非西方文明带来历史巨变

这样，当西方国家没有过去的财富权力的时候，2008年以来财富转移的变化意味着什么？

自由主义民主在欧洲、美国和非西方国家的号召力都告一段落。新出现的是自发性的意识形态的复兴，一个是民族主义，另一个是民粹主义。这两个东西并非建构起来的，而是自然迸发出来的，因环境的变化而出现。

所谓民族主义，源于以民族为单位的政治国家。在16世纪的欧洲，你问一个人他是什么人，他不会说自己是法国人、德国人，他会说是基督徒或者是天主教徒，这是一个宗教的概念。今天政治化意识形态式微以后，原生态的意识形态开始复兴，民族主义甚嚣尘上。另外一个叫民粹主义，左翼民粹主义类似于社会主义，右翼民粹主义其实就是民族主义。

因此，世界政治一下子变得面目全非了，没有一个统一的意识形态，普世价值流产，形成多元文化并存的状态。

而在这个财富权力大转移的过程中，中国作为一个历史上最大规模的参与者出现了。这是李光耀在1994年对中国的判断，一些著名学者如亨廷顿，在著作中也反复引用李光耀的这一判断。历史上最大规模参与者的到来，将可能会参与世界秩序的重组。中国的出现会深刻影响并改变着前述的世界秩序。

在世界秩序形成中，发生了很多西方内部争夺主导权的战争，于1648年形成的威斯特伐利亚体系，是近现代国际关系的起点，但这一世界秩序也是由西方人主导的。在西方过去300年里，世界秩序形成过程就是西方人的游戏，只不过主导者从英国变成了美国。

这次不一样，中国来了，第一次一个非西方国家参与到世界秩序的重建之中。在文明、文化意义上，确实是“百年未有之大变局”。这里的“百年”不是100年，至少是300年甚至是500年意义上的“长周期”。需要指出的是，世界秩序的形成是一个世纪工程，是几个世纪形成的。同样，世界秩序的重组也是一个渐进的过程，不会在一夜之间新秩序代替了旧秩序。

中国将重构世界政治范式

中国正在接近世界舞台的中央，但毕竟还没有进入舞台的中央。美国不断强调的“美国第一”“美国优先”以及很多“退群”行为，是霸权衰落的写照。这也意味着世界秩序正在重组之中。未来的世界秩序将是什么样的，世界政治将向何处去?

历史是一面镜子。公元1700年以来的大国关系意义上的世界政治，大致有两种模式：无主的“战国”模式和霸权护持模式。两次世界大战之间的20年是典型的无主战国时代，结果是惨烈的第二次世界大战。二战后是真正的霸权模式，但霸权维持下的世界秩序成本实在太高，所以英国人迫不及待地把接力棒交给了美国。现在，即使美国这样的超级大国也难以承受霸权的代价，因为世界政治就是个无底洞。

有意思的是，以上两种模式的内在逻辑相同，那就是西方文明主导下的尤其是以民族国家为主体的国际关系的“修昔底德陷阱”。这也意味着，历史上的两种模式均将不再受到青睐，人类既不愿意生活在无主的战国时代，超级大国也承担不起霸权成本，更不能掉入“修昔底德陷阱”。

作为历史上最大规模的参与者，中国具有与西方文明完全不同的文明基因。中国不是西方意义上的一族一国的民族国家，而是一个由文明、历史所构成的文明型共同体，自古奉行的是“大道之行，天下为公”的“天下观”，追求的是“怀柔”“教化”，也即今天所说的影响力。在天下体系中，“和合”是中华文明的精髓，具有巨大的包容性。“和合”精神贯穿于中华人民共和国各个时期的对外战略之中，比如毛泽东时期的“和平共处原则”，改革开放以来的“和平与发展”“和平崛起”以及今天中国倡导的“人类命运共同体”。

当文明型共同体的中国参与到全球秩序重构的进程中，它显然不会追求那种代价太高的霸权逻辑，美国的霸权游戏必然难以为继，核武器带来的“恐怖平衡”也不容许再出现无主的“战国时代”。

这样，一个最理性的选项是，大国之间只能平等地和平相处。很可能的是，路径依赖决定了西方国家一时难改其霸权习性，但中国的文明基因以及对世界政治的学习能力，使其通过商业、文化乃至政治交流而影响他国。追求影响力而非霸权，将是未来世界政治的新范式。

（作者为中国人民大学国际关系学院院长）

世界力量格局已发生实质转变

◆ 张蕴岭

排在前三的国家中，有两个不是传统西方大国，这无疑是自西方工业化以来最重要的力量格局转变。以物化为中心的传统发展范式难以为继，财富的分配也出了大问题，需要创建基于新范式的可持续发展。随着中国和其他东方国家的复兴，曾经对世界文明作出伟大贡献的东方思想文化，在大变局中将发挥引领作用。

“百年大变局”是一个大命题，它涉及的问题很宏大，需要认真研究与思考。百年大变局，一是百年，是指一个长时期的跨度，不是几年，甚至几十年；二是大变局，是说发生重要的、影响巨大的变化，不是小规模、局部的改变。既然是变局，也意味着变化涉及大的格局、秩序、体系。因此，对于百年大变局，要有历史的眼光，有大视野，有大谋略。21世纪是大变局的百年，目前一些大趋势已经很明显。大变化不是突然冒出来的，而是诸多因素长期积累的结果，它们还会继续发展，影响巨大。

本文刊载于2019年3月28日《参考消息》。

力量之变

本世纪前50年最大的变化是世界力量对比发生实质性转变。这里，可以从两个层面观察和分析力量对比的大变化。

自欧洲开启工业化以后，世界力量重心逐步向西方转移，由此世界分为发达国家群体与发展中国家群体。长期以来，发达国家一直是世界力量的重心，曾占全球经济总量的80%以上。如今，发展中国家的力量有了大幅度提升，按国内生产总值（GDP）计算占到近50%，按购买力平价（PPP）计算，已经超过发达国家。根据预测，到本世纪中叶，发展中国家经济总量可占到世界的65%以上。重要的是，拉动世界经济的增量部分将主要来自发展中国家群体，这是世界发展史上的一个重大转变。

这是一个大格局变化，从各个角度来说，影响都是巨大的。在西方国家占主导地位的格局下，西方发达国家对世界的发展方式、制度建构乃至思想文化都起着导向作用。发展中国家的多样性群体崛起，所代表与力争的不同利益、权益、治理、价值、文化等都必然体现出来。

尽管在发展中国家群体中，各国差异性很大，有些会跃升为发达国家，但它们与传统的西方占主导地位的发达国家群体还是有很大的不同。一方面，世界各国都加入了一个共处的国际体系，后起者并不要求推翻现存的体系、制度，但会推动其调整、改革，以适应变化的利益与格局；另一方面，未来体系与规则必须能更好地体现后起者的利益诉求与他们可发挥作用的空间与平台。从这个视角观察，维护现有体系运行有着共识基础，调整与改革是一个开放与渐进的过程，本质上是非对抗性的，合作共赢是大多数国家可以接受的基本原则。

如果是这样的话，那么世界就可能会走出传统的对抗性“丛林法则”，走向一种包容共处的新文明。不过，体系与秩序的调整和改革不会是畅行无阻的，作为原有体系与秩序的主导者，肯定会力图保住自己的利益，因此存在发生冲突的可能。21世纪上半期，最有可能的变化是中国的综合力量超越美国，其他世界大国力量排列重组，前三位的是中国、美国、印度，老牌的欧洲国家大多被排挤出前五位。值得注意的是，排在前三的国家中，有两个不是传统西方大国，这无疑是自西方工业化以来最重要的力量格局转变。

范式之变

西方创造工业化现代化模式，推动了世界的发展，让更多的国家步入工业化行列。现在，这个追赶型现代化模式出现了各种问题，出现综合性危机，包括资源危机、能源危机、生态危机，等等。传统工业化发展的基本特征是以生产越来越多的物品为目标，越来越多的国家加入工业化进程，物品的生产和对物品的需求也就越来越多。事实表明，这种以物化为中心的发展范式难以为继，因此出现了“发展范式”的危机。

再则，财富的分配也出了大问题。全球化创建了世界市场与国际生产网络，让生产要素在世界范围流动与布局，由此极大地拓展了经济规模效益，推动了经济的增长。然而，在一个开放的大市场空间，财富积累和收入分配的两极化，也使得许多地区因“没有竞争优势”而变得“空心化”，使许多人甚至一些国家被边缘化，从而导致严重的经济与社会问题。现实中，随着全球化的发展，反全球化势力、民粹主义势力以及极端势力也在滋长，甚至形成很强的政治势力，或具有跨国特征的极端集团。如今，世界的相互连接越来越紧密，这些问题与其他问题交织，形成对经济与社会发展的挑战。

传统发展范式需要改变，需要新发展观，需要创建新的发展范式。西方工业化范式延续数百年，几乎所有的进步、财富积累、生活方式乃至价值观取向等都是以其为基础，受到其引导。因此，变局一则是痛苦的、艰难的，二则是渐进的、长时间的。同时，转变并非完全抛弃，而是修正与改进，特别是传统的利益集团会拼力保护旧的范式，许多落后的国家或地区则缺乏创新转变的能力，被旧范式拖累而落后于时代，被再次边缘化，进而引起矛盾或者冲突。

重要的是，新发展范式是一个不断蜕变的创新过程，就生产而言，生产的内容不断发生变化，效率不断提高，向社会的供给不断创新，从而创建基于新范式的可持续发展；就生活方式而言，消费的模式会发生变化，更少的物品消费，更高的生活质量，从而创建基于人本为核心价值的新理念。这个百年是转型期、过渡期，也许在很长时间仍没有清晰的答案，但变是大趋势，别无选择。

气候之变

气候变化是21世纪最具影响的大事，因为它会影响整个人类的基本生存环境，带来巨大的未知性。据皮尤中心的最新调查，在受访的2万多人中，大多数把气候变化作为头等威胁。据研究，到本世纪中期，即2050年，如果不能控制住温度升高，那将是灾难性的。

气候变化是长期累积的结果，与传统的生产方式有着极大的关系，也与人类生活方式有关。据认为，地球生态系统和地球气候系统可能已经达到甚至突破了重要的临界点，导致不可逆转的变化。联合国早在20世纪就开始采取应对行动。1992年，联合国大会通过了《联合国气候变化框架公约》，截至2016年6月底，共有197个缔约方，各国一致同意承担责任，采取共同行动，将大气温室气体浓度维持在一个稳定的水平，防止发生危及人类生存的气候变化。1997年《联合国气候变化框架公约》第三次缔约方会议通过《京都议定书》，截至2016年6月底，共有192个缔约方。2015年底，巴黎气候变化大会通过《巴黎协定》，为2020年后全球应对气候变化做出了安排。这三个文件是人类史上无前例的具有法律效力的共同承诺。

应对气候变化，落实协定，需要大的改变，既涉及生产方式，也涉及生活方式。由于各国利益不同，发展阶段不同，真正落实“共同但有区别的责任”的安排，并非易事。美国、加拿大签署了《京都议定书》，后来先后宣布退出。本来，美国是推动《巴黎协定》签署的重要推手，但特朗普上任后宣布退出。防止气候变化危及人类生存，是各国的共同责任和义务，美、加特别是美国的退出产生了极坏的影响。事实上，气候极端变化的趋势还在发展。南、北极冰川融化、喜马拉雅山冰川融化，气候极端化的加剧所造成的综合影响将进一步凸显，未来的大变局令人们越来越担心。

科技之变

以智能化为中心的新科技革命，即“第四次科技革命”已经开始，在21世纪前半期将得到广泛应用。智能化与以往的科技革命不同，它是以模拟人的智能、替代人的智能，甚至改进人的智能为特征，把智能应用到更为广泛的领域，从而开启经济社会发展的新境界。智能化不仅创造更高的效率，而且创造更新的方式，传统生产方式存在与积累的问题可能因此得到缓解，甚至解决。

从以往的发展看，新的科技革命推动新生产方式的发展，因此这场新科技革命的深入发展会催生新的经济领域、新的经济运行方式，从而使经济与社会的发展发生革命性的变革。

智能化技术的深入与广泛应用会对世界变局产生重大影响。一方面，智能化发展是打造新竞争优势的关键，而智能技术的开发利用更会向少数国家与公司集团集中，因此新一轮科技革命会改变现有的竞争格局。另一方面，智能化技术会比以往的技术更可能打造超越国家的地区与全球网络，因此会把更多的国家吸纳进网络圈，从这个意义上来说，智能化会进一步推进全球化的发展。在智能化风暴面前，出现了新的趋势，比如加强技术垄断或者技术封堵，以占据竞争制高点，排斥竞争者。特朗普政府就是这样做的，誓言美国必须成为第一，为此对其他竞争者，特别是对中国进行技术封堵。世界应推动开放、构建合作网络、打造基于区域和全球市场的开放网络空间，把尽可能多的国家或者公司纳入一个网络之中，而对于不具备开发和利用能力或者优势的国家或公司来说，加入网络是最可行的选择。

以智能化为中心的新技术革命会带来很多新的挑战，比如智能化会更多地替代人的工作造成“去就业化”趋势，智能化技术被“非道德化”利用，等等。鉴于新技术具有很强的超国家特征，如何凝聚国际共识，制定具有法律约束的国际规则和建立国际监督与执法机构，都是新课题。

理念之变

总的来看，百年世界大变局是深刻的，带有突破性、转折性和综合性的特征，涉及政治、国际关系、国际秩序、发展范式、社会结构以及文化价值观等。如今，我们正处在大变局的初始期，对于未来，还很难描述清楚。从这个意义上说，未来似乎是一个需要探索与创建的“未知世界”。

国际秩序的转变是特别令人关注的。慕尼黑安全会议2019年2月发布的年度安全报告指出，近年来，国际地缘政治版图正发生剧烈变化，世界秩序可能正在被重塑。慕尼黑安全会议主席沃尔夫冈·伊申格尔提出，我们这代人似乎正在经历国际秩序核心部分的重组。他所指的“国际秩序核心”显然是指二战后建立的国际体系，特别是冷战结束以后美国一家独大的大格局。他同时还指出，“危机在于，旧世界正在死亡，而新世界无法诞生，在这个过渡期，各种各样的病态状况就会层出不穷”。

新百年需要新理念、新文明。东方文化在推动世界和平、合作、发展方面有着丰富的内容。如今，随着中国和其他东方国家的复兴，曾经对世界文明作出伟大贡献的东方思想文化，在新百年的大变局中将发挥引领作用。新百年的转变是在以往发展的基础上进行的，变局具有连续性，但同时，在新的时代，必定会发生新的改变，会创新方式、关系和秩序。就世界秩序而言，“多极化”是一个大趋势，未来的世界不再是由一个霸权国家主导，而且也可能并非由几个大国可以决定。从这个意义上说，“多极化”是一个复合体概念，不是指几个大国的集合，而是意味着一种多角色“共同参与”的秩序。

研究和分析新的百年大变局，不仅要有历史的眼光，更要有前瞻的视野，以新的“世界观”观察大势，以新的理念推动未来发展。

（作者为中国社会科学院学部委员、山东大学特聘一级教授）

美国应“体面”应对世界大变局

◆ 刘建飞

说到世界格局之变，最为醒目的就是非西方国家群体性崛起，世界政治呈现出“非西方化”的态势。世界政治力量由可以成为“极”的大国向由那些不可能成为“极”的中小国家和非国家行为体构成的“非极力量”转移。特朗普政府在处理“后霸权时代”美国与世界的关系上误入歧途。

“百年未有之大变局”，是中国共产党人对当前世界形势的一个重大判断。这个大变局可以体现在许多层面，但是最为突出的，也是“变”与“局”联系得最为紧密的是世界政治格局。世界政治格局的大变动有着经济、文化、政治等方面深厚的基础和强劲的动力。在这个大变局中，美国扮演着十分尴尬的角色，但是它如何应对，将会对包括美国在内的世界产生重大影响。

本文刊载于2019年3月29日《参考消息》。

“东升西降”已不可逆转

说到世界格局之变，而且是百年未有之变，最为醒目的就是非西方国家群体性崛起，世界政治呈现出“非西方化”的态势。所谓非西方化，就是如果将世界政治力量分为西方发达国家和非西方国家两部分的话，那么由发展中国家和像俄罗斯这样受西方排斥的较发达国家所构成的非西方世界的总体实力在不断增强，而且在发展态势上超越了西方世界。

自近代西方崛起后，西方国家在经济社会发展上一直居领先地位，特别是在现代化进程中唱独角戏。而且，西方的阵营还在不断扩大。起初西欧是西方的大本营，后来美国加入进来，并且成为西方的核心；本是身处亚洲、其文化和民族特性与欧美有着重大差异的日本走上现代化道路后，也“脱亚入欧”，成为西方列强的一员。西方阵营形成欧美日铁三角格局。

进入20世纪后，特别是第二次世界大战后，殖民体系土崩瓦解，一大批原殖民地半殖民地国家实现了民族独立和政治崛起。冷战结束后，发展中国家的总体实力继续上升，其中一些国家和地区在经济发展上的表现更为突出，成为新兴市场国家和地区。进入21世纪后，呈现出发展中国家群体性崛起的势头。“金砖国家”由概念成为现实，表明像中国、印度、巴西这样的发展中大国，经济发展成就受到公认，发展前景更受期待。二十国集团在2008年国际金融危机爆发后活跃于国际舞台，并逐渐取代西方七国集团成为全球经济治理的重要机制，显示出新兴市场国家和发展中大国地位明显上升，全球治理开始从“西方治理”向“西方和非西方共同治理”转变。

如今，非西方国家的经济总量已经占全球40%，对世界经济增长的贡献率达到80%，而且实力对比还在朝着有利于非西方国家的方向推进。如果将非西方称为“东方”，那么世界格局“东升西降”已成不可逆转的大趋势。这是一个五百年未有之大变局。

国际权力越来越分散

非西方化是最宏观层面的格局变化，这一变化又促进、塑造了两个中观层面的格局变化，可谓溢出效应。

首先就是人们所熟知的多极化。还在冷战期间，多极化就现出端倪。美国总统尼克松提出“五大力量中心”之论，即世界政治中除了美国和苏联这两个超级大国之外，还有中国、西欧、日本这三个力量中心。正是基于此论，他积极寻求改善同中国的关系。如今，多极化进程仍在不断推进，中国、俄罗斯、欧盟、印度都成为重要的多极力量。

非西方化的另一个溢出效应是非极化，即世界政治力量由可以成为“极”的大国向由那些不可能成为“极”的中小国家和非国家行为体构成的“非极力量”转移。这也就是西方学者所称的国际权力分散化。非极化进程从二十国集团崛起得到集中体现。二十国集团成员有一半多不属于大国，但是它们同那些“极”们平起平坐，共商世界经济大事。构成非极力量的主要是发展中国家，随着非西方化的推进，非极力量的后备军越来越庞大。非极化也是不可逆转的大趋势。

美国扮演着尴尬角色

在这场世界政治大变局中，美国扮演着十分尴尬的角色。美国是西方世界的领头羊，非西方化肯定不符合美国的愿望，多极化更是美国最不希望看到的。

当然，美国对这些世界格局的变动也有所洞察。比如对非极化，奥巴马时期就提出过要构建一个多伙伴世界，意在重视那些中等强国；再比如多极化，一度出现的中美两国集团论就意味着美国认识到中国崛起这个现实；又比如非西方化，美国实施推进民主战略和推广“普世价值”战略，用意之一就是要改造、融合那些非西方国家，进而不断壮大西方阵营。

然而，美国对世界格局变化的本质还是认识不清。它仍然迷恋已经不合时代潮流的霸权。它幻想凭借着超强的军事实力和领先的经济实力、科技实力以及诸多软实力来构建一个它主导的单极世界。可是，时代不同了，世界各国和人民觉醒了。美国对内行自由民主、对外行霸权强权的真实面目为越来越多的国家所洞悉。这或许就是美国霸权在国际舞台上屡屡失能的深层次原因。

特朗普政府似乎是认识到了霸权梦已经破灭，所以才举起了“美国优先”的大旗，以图休养生息，来日再起。然而，特朗普政府在处理“后霸权时代”美国与世界的关系上却误入歧途。它以为通过“退群”、打贸易战、让盟友多承担责任、在边境筑墙等损人利己的措施，就可以让美国再次伟大。然而在全球化时代，这种做法或许能获得暂时之利，但从长远来看恰恰会促进美国的衰落，因为这不仅在严重伤害美国的软实力，也在破坏美国硬实力的基础。

早在刚刚进入本世纪的时候，当美国新保守派在高唱“单极时刻”到来之时，美国著名政治学家伊曼纽尔·沃勒斯坦就指出，现在的问题不是美国霸权是否衰落，而是怎样衰落，美国战略家要谋划的是努力争取衰落得体面一些，不要因为自己的衰落而给他国和世界带来危害甚至灾难。这种真知灼见，那时却遭轻视。现在，美国也该觉醒了！

（作者为中共中央党校国际战略研究院院长）

四条线交汇催生百年大变局

◆ 钱乘旦

大约在15世纪，西方崛起翻转了“东方先进、西方落后”的局面。到19世纪末20世纪初，西方霸权登峰造极。20世纪，世界各国先后进入了现代化进程，20世纪是全球现代化的一个世纪。在现代化进程中，成就最引人注目的几乎都是人类古老文明的核心区。古老文明重生，改变着“西方先进、东方落后”的格局。

世界百年大变局，可以从历史四条线在当今交汇的角度来观察，因此，这里的“百年”不是100年，而是若干个百年，甚至上溯远古，下及当今，穿越整条历史长河。

第一条线：生产方式演变和社会形态变化

人类生产方式历经四次重大变化：最早的生产方式是渔猎采集，那是原始的生存状态；后来发展出农业生产，包含耕作和饲养家畜，那是在大

本文刊载于2019年4月2日《参考消息》。

约8000—10000年之前；然后，在200多年前，人类从农业社会进入工业社会，发展出工业生产力，推动了社会的巨大变化；最后，从20世纪七八十年代起，人类开始进入信息时代和智能时代，一种新的生活方式正在形成。所以，从生产方式演变的角度看，我们正处在一个新的转型过程中。生产方式的转变决定着人类社会的变化，这在百年大变局中是最重要也是起决定性作用的一条线。

第二条线：文明的发展和世界格局的变迁

人类最早的文明出现在两河流域以及尼罗河、印度河、黄河长江流域，它们彼此之间很少有联系。进入古典文明时代后，世界上有两个文明地区特别值得关注，一个是东亚文明，在亚洲东部；一个是地中海文明，在地中海沿岸。公元前后，东方的汉帝国和西方的罗马国家都发展出光辉的古典文明，其发展程度旗鼓相当、不相上下，在生产力水平、社会状态、文化创造等方面都达到古代文明的巅峰。这个时候的世界格局，呈现出东、西双方平衡的态势。

平衡态势延续到5世纪前后，由于“蛮族入侵”，西罗马帝国灭亡，古代的希腊、罗马文明由此告终；东方也出现类似的情况，所谓“五胡乱华”也是一种“蛮族入侵”，统一的中原王朝解体了，中华古典文明告一段落。中国经过魏晋南北朝乱局，迅速进入新的辉煌时期，公元7世纪，唐帝国在东方崛起。而差不多就在这个时候，欧洲却进入封建时代，东西方就此拉开了距离，“东方先进、西方落后”的态势几乎1000年不变。

放眼世界，在5世纪到15世纪这1000年中，中国有隋唐时期几百年的辉煌，这在当时世界上是独一无二的。接下来的宋元明清几个朝代各有特点，但经济、文化和社会状态各个方面在发展程度上都位居世界前列。“东方”其他地区，如拜占庭帝国、阿拉伯帝国、萨珊王朝，稍后的土耳其奥斯曼帝国，等等，都创造出辉煌的文明；南亚的印度也先后出现过几个强大的王朝，延续着文明的辉煌。在这段时间里，古典时期东、西双方文明发展程度不相上下的格局不复存在，存在的是“东方先进、西方落后”的局面。这是西方历史上最糟糕的1000年，西方人称之为“黑暗的中世纪”。

然而，大约在公元15世纪，人类开始进入新时代，它以西方的崛起为标志，翻转了“东方先进、西方落后”的局面。西方为摆脱落后而重新建立起统一的国家，即近代民族国家，结束了中世纪的分裂，清除了导致西方落后的根本原因。在强大国家的保护下，西方走向现代化，开始了它在近代的崛起。城市的再生、商业的兴起、文艺复兴、启蒙运动、地理大发现、宗教改革、殖民扩张等，这些都是西方现代化的内容，它们深刻地改变了西方社会，推动了西方国家向现代化的迈进。

18世纪，英国开启工业革命，巨大的财富被创造出来。到19世纪末，西欧各国已基本完成工业变革和社会改造，初步转型为现代国家。几百年的变化完全改变了西方的面貌，把它从中世纪的农业社会转变成现代的工业社会。正是在这个时期，世界格局的变化和生产方式、社会形态的变化相互交汇，变化的范围涉及政治、经济、文化、社会、思想、行为等方方面面，因此这是一个全方位的变化。正是这些变化让西方在世界力量对比中后来居上，形成“西方发达，东方落后”的局面。到19世纪末20世纪初，整个世界都被西方所掌控。

但恰恰在这个时候，当西方霸权登峰造极、其他文明面临生死存亡之际，全世界掀起了向西方学习、努力追求现代化的浪潮。20世纪，世界各国先后进入了现代化进程，20世纪就是全球现代化的一个世纪。现代化的方式是通过学习西方而追赶西方，虽然现代化的方式和路径不同，但现代化的方向是一样的。

时至今日，现代化在很多国家已经取得重大成就，而其中成就最大、最引人注目的，几乎都是人类古老文明的核心区，如埃及、伊朗、土耳其、印度、俄罗斯、中国、墨西哥、巴西……它们的发展成就斐然。亨廷顿显然注意到这个现象，因此他不认为历史会因为冷战的结束而终结，相反，他认为古老的文明正在复苏，因而提出了“文明冲突论”。然而冲突意味着对抗和战争的可能性。中国人却一贯主张“和为贵”：和平发展，同舟共济，构建命运共同体。在全球现代化的过程中，曾经被西方霸权压抑的其他文明全面复苏，形成了世界文明共同繁荣的局面。这是一种“文明的回归”。经过上百年的努力，人类的古老文明正在获得新生，改变着“西方先进、东方落后”的格局。

第三条线：国际体系的演变

国际体系孕育着“世界强国”，每一个国际体系都孕育出一批新的世界强国。在世界体系形成之前，只存在地区性的强国，比如古代的中华帝国、罗马帝国、阿拉伯帝国、奥斯曼帝国等，它们对世界的整体发展不产生重要影响，其影响力通常是地区性的，因为在那个时候，“世界”尚未连为一体。

1648年《威斯特伐利亚和约》签署后形成第一个现代国际体系，确立了早期欧洲强国的大国地位。拿破仑战争后出现了维也纳体系，英国的霸权地位得以确立。一战后形成凡尔赛体系，这是一个不稳固的世界体系，新的大国正在兴起，老的大国却在衰落，世界由此而动荡不已。二战结束后出现了雅尔塔体系，美苏两个超级大国主宰世界。但20世纪末雅尔塔体系被动摇了，而新的国际体系迄今还没有形成。因此，在20、21世纪交接之时，我们在上面说到的世界历史三条主线全面汇聚，发生了大碰撞。这就是百年变局的世界大背景。

第四条线：中国的发展

中国从1840年鸦片战争以后就逐渐落入西方列强的控制下，慢慢变成了半殖民地。现在，经过100多年的抗争和自我更新，中国在现代化的道路上取得了令人瞩目的成就。就现代化而言，无论哪个国家都面临三项任务。第一，构建现代国家，现代化必须在现代国家的框架内进行，这是西方国家的经验，也是世界各国向西方学习的第一步。第二，发展现代经济，从传统的农业经济转变为现代工业经济，这项任务更加艰巨。第三，建设现代社会，这项任务涉及社会的方方面面，几乎触及社会的各个层次；与前两项任务相比，这项任务最难完成。

中国现在处于第二项任务成就斐然、第三项任务刚刚开始的阶段。现在，人们感觉到很多问题，小到养老问题、人口问题、教育问题、住房问题，大到法治问题、社会管理问题等，这些都属于“社会”的范畴。最近十几年，社会各界都意识到社会问题的严重性，也正在努力解决这些问题。但社会问题太多、任务太艰巨，我们必须把工作重心的很大一部分放到社会方面来，努力建设现代社会。总之，中国现代化已经走到了关键点，这条线和上面三条线恰巧在当今世界汇合，就形成了我们所说的“百年大变局”。

四条线上溯远古，下至今日，从生产方式到文明布局，从世界到中国，有宏观，有微观，在人类历史长河中，从来没有出现过四条线同时交汇的情况。这真是一个发生巨大变化的时刻，我们需要做好充分的准备。

（作者为北京大学历史学系教授。本文由本报记者张伊宇采访整理）

世界将维持"大和平小战争"态势

◆ 唐永胜

在动荡的局势中，大国竞争尽管趋向激烈，但相互之间必要的战略稳定仍有条件得以保持。目前大国关系性质已发生重要改变，非合作即对抗已经越来越不合时宜。当前世界范围正在发生的军事革命，将很大程度上决定一个国家的命运。

进入21世纪，尤其2008年全球性金融危机以来，国际局势发生了深刻变化，国际体系进入一个重大变迁的历史进程。尽管没有冷战结束那么具有戏剧性，但在广度和深度上，这次变迁带来的影响却超过20世纪80年代末90年代初的变化，结构性矛盾乃至失衡无处不在，世界面对百年未有之变局。

一些国家"战略盲动"值得警惕

在国际体系深度变迁的背景下，国际安全中乱象增多。一些国家可能

本文刊载于2019年4月4日《参考消息》。

出现的失向感及战略盲动尤其值得警惕。由于未来前景难以清楚预期且面临更多不确定性，主要国家战略忧虑趋于增加，相继调整军事政策，努力提升战略能力，围绕地区热点和重点领域的战略博弈也呈加剧之势。而关键节点一旦局势失控就可能引发连锁反应，甚至带来系统失效。如中东局势发展中潜藏着巨大安全风险，乌克兰局势仍可能出现重大危机。如何能将相关地区局势发展纳入可预期轨道和进程，考验着相关国家，也构成国际安全局势发展的一个重要风向标。

动荡的局势对国际安全治理形成重大挑战，但也提出了更迫切需求，其中加强大国之间协调已变得日益重要。大国关系如果不能保持基本稳定，世界就会变得更加危险，甚至失去控制。在目前的动荡局势中，大国竞争尽管趋向激烈，但相互之间必要的战略稳定仍然有条件得以保持。利益错综交织、合作与竞争并存已经成为大国关系发展的现实基础。到处充满动荡和冲突，却又能够保持全局的基本稳定。在未来可预见时期，世界范围内这种“大和平小战争”的总体态势有很大可能得以继续维持，全球战略稳定的基础难以受到根本动摇。

近年局势发展证明，一些基础性要素仍在发挥作用，且有进一步强化之势，有利于维护全球战略稳定。第一，以热核武器恐怖平衡为基础的大国战略稳定继续发挥作用。第二，新的安全空间和领域的双重效应。一方面，国际竞争向网络空间、太空及深海等领域延伸；但另一方面，这些空间和领域具有特殊性，并非哪一个国家能够完全控制，必将成为国际合作的新空间和国际安全治理的新领域。第三，跨国界安全威胁复杂严峻，对此只有更广泛的国际协作才可能有效应对和化解，比如预防和应对恐怖主义网络的扩散就是各国共同的安全需要。第四，新技术创新为经济社会发展提供重要推力。这是一种利益增量，也是国际竞争中取得优势的关键，主要依赖于国家治理水平的提升。

大国“非合作即对抗”不合时宜

面对迅速变化的世界，谁都不敢放松警惕，生怕失去主动，正应了美国前总统国家安全事务助理布热津斯基说的“动荡时代的战略不安全感”，其中一个重要表现就是投入持续向军事领域倾斜，军费保持高额开支。在战略调整中，主要国家更加注重应对传统安全领域挑战，偏重防范大国战略竞争及其潜在冲突。美国特朗普政府明确将俄罗斯、中国界定为竞争对手，认为这两个大国正在寻求挑战美国的影响力、价值观和财富。在战略竞争中，美、俄等军事大国还非常注重以效能为牵引，形成集约程度高、质量优良和能力更强大的力量体系。而日本则继续构建联合机动防卫力量，努力提升岛屿攻防能力，不断强化在西南方向的军事存在。

大国竞争趋于紧张，其未来发展关乎世界政治的前景。美国调整对华政策，强化了中美之间原本就存在的结构性矛盾。按照美国一些人的逻辑，两国面临掉入崛起大国和守成大国之间“修昔底德陷阱”的风险。然而，在复杂多维的世界里，事情往往并不会按单一逻辑直线发展，大国关系受到更多因素制约。近年来，中美两国在南海、东海、台海以及朝鲜半岛持续开展政治外交博弈，军事摩擦不断，但在涉及彼此核心关切上，仍然能做到攻防有度，留有必要余地，避免发生正面军事对抗。

也应该看到，目前大国关系性质已发生重要改变，非合作即对抗已经越来越不合时宜。谋求国家安全不能一味强调冲突，还必须谋求合作，并以合作来制约冲突。竞争不掩合作、合作中充满竞争已经成为大国关系的基本特征和限制条件。大国单打独斗行不通，迷信武力也行不通，那种以邻为壑、转嫁危机、损人利己的做法难以持久，人类比以往任何时候都更有条件构建合作共赢的大国关系。当然，更广泛的大国协调不可能简单实现，过程中甚至还会出现波折，但即使中美关系充满挑战也并非只有一条竞争的独木桥。

军事变革影响国家前途命运

军事领域的发展变化广泛而深刻，是国际变局的重要组成部分。当前世界范围正在发生的军事革命，其基本特征和发展走向已经逐渐显现出来，那就是以信息化和智能化为核心推动力，以军事战略、军事思想、军事技术、作战力量、组织结构和军事管理创新为基本内容，以重塑军事体系为主要指向，构成整个军事体系的全方位复合式的重大变革，并必将对未来国际安全形势发展和大国竞争走向带来重大影响。

世界历史上每一次重大的技术创新与突破，都曾经极大拓展了人类实践活动的领域和空间，同时也不断丰富着国家安全的内涵和外延。太空、网络、深海、生物等诸多新型领域高新技术的迅速发展和重大突破，将使人类实践活动达到远超以往的深度和广度，也必将引起战争形态发生重大转变以及思想观念的更新。围绕新型领域的开发利用和竞争博弈，对国家生存与发展将产生至关重要的影响，甚至在很大程度上将决定一个国家的前途命运。

近年来，主要国家纷纷出台太空、网络、海洋、极地等领域的战略和政策文件，引领新型领域能力建设和规则制定。在这方面，美国出手最早，力度最大，类型更为全面，其目的就是谋求新型领域的绝对优势，以确保世界霸主地位。俄罗斯也不甘落后，尤其在太空、海洋、极地等方面更为积极和强势，意在与美形成竞争之势，保持其世界军事强国地位。随着信息和智能科技的创新发展，制网权、制天权成为夺取信息优势、赢得信息化战争的关键。从近年几场局部战争看，作战行动几乎都是首先从信息网络领域展开，目的就是要削弱甚至剥夺对手的信息能力。而一旦深海、极地以及智能等领域新兴技术取得系统性突破，国家安全空间将进一步向这些新型领域延展，军事斗争领域将由三维向多维、由有形向无形拓展。掌握新型领域颠覆性高技术手段，并能迅速制造出高性能武器系统的国家，将成为传统优势的颠覆者。

在新的时代条件下，世界秩序转换不可能像历史上曾经发生的那样，通过战争方式在短时期内急剧完成，而是要经历旧秩序影响逐步消解、新秩序逐步构建的一个较长过程。在此期间，新老秩序交织、多种规则并存，大国围绕权力及利益再分配的斗争变得更加激烈，而其中围绕国际规则及制度安排的博弈将成为重中之重。新的国际秩序只有具备更大的包容性和公正性，才能引导国际安全局势朝着可持续和可预期的方向发展。

（作者为国防大学国家安全学院副院长、少将）

中国“现代化冲关期”须防两大陷阱

◆ 贾　康

百余年来国际政治经济格局变迁的大脉络，总体上是伴随工业化、城镇化、信息化等推进的全球化。中国发展的国际环境出现了与全球化反向的逆流冲击，原本可以依仗的一些“推力”因素，不期然转为“阻力”。在近年一系列全球贸易与投资多边体系和原有规则的调整与重构中，中国如何不被边缘化，成为在国际风云变幻中必须坚持以开放促改革、变压力为动力、变被动为主动的历史性挑战。

在中国现代化进入冲关期的当下，“百年未有之大变局”的历史考验似乎不期而至，引发国人的高度重视与深入思考。

外部“黑天鹅事件”不断

如今的大变局“变”从何来？

第一，国际政治经济格局的“逆转”式变化。百余年来国际政治经济格

本文刊载于2019年4月5日《参考消息》。

局虽然变化过程复杂，但大脉络总体上是伴随工业化、城镇化、信息化等推进的全球化——经过两次惨烈的世界大战和美苏冷战以及结束冷战的“苏东剧变”，国际政治经济格局相当清晰地归结于“世界是平的”的全球化，并且很快从“两极→单极”局面发展为美、欧、日、中、俄“多方博弈”“合作竞争”大环境中的“多极化”。中国在实行改革开放后于2001年加入世界贸易组织，更是引出了在全球竞争中新一波超常规发展的亚洲板块“和平崛起”之势。

但最近几年，国际格局中却出现了以令人目不暇接的“黑天鹅事件”为代表的“逆转”式变化：以美欧的民粹主义思潮为背景，头号强国美国明显转向单边主义和孤立主义；欧盟在经过一波三折的主权债务危机冲击之后，刚刚平缓一些，却又遭到了英国脱欧的沉重一击，“一体化”之路出现大倒退；恐怖主义和极端主义在全球不断制造事端；“过度的、狭隘的民族主义”抬头；法、德国内右翼势力不断兴风作浪，与其多年奉行的“包容性”理念背道而驰；美国在处理与中国的关系时，悍然发起影响全球的“美中贸易战”……

中国和平发展的国际环境，显然出现了较严重的与全球化反向的逆流冲击，原本可以依仗的一些“推力”因素，不期然转为“阻力”。美中关系是当今世界上最重要的双边关系，作为其中一方的美国，在贸易上施压背后的战略用意，是对中国崛起的全面遏制和打压，是守成大国对新兴大国依“丛林法则”采取的某种自然选择，标志着中美关系已经进入一个“回不到过去”且很可能长期摩擦的新阶段。

“矛盾积累期”特征明显

第二，国内矛盾累积与外部冲击交织而成的“挑战压力”强化。中国令世人印象深刻的经济起飞“黄金发展期”特征并未完全消退，而近些年的

"矛盾积累期"特征却已日益明显，至少有如下四个方面的纠结与特征：

"发展阶段转变"和"矛盾凸显"相交织。中国成为中等收入经济体后，经济正合乎一般规律地转向"新常态"和中高速增长。但与此同时，来自资源环境和人际关系两方面的矛盾制约和隐患叠加。

经济运行中的"下行因素"和"上行因素"在对冲。"新常态"的"新"早已明确，但"常"还有待达到。本来2015年下半年至2018年上半年，已出现长达12个季度的6.7%—6.9%经济增速平台，但突发的中美贸易摩擦，又带来新的不确定性和不良预期，使经济下行压力再现，而支持经济上行的新型城镇化、科技创新、社会善治等方面的"红利因素"，也由于需与之配套的改革在深水区步履维艰，尚难成为强劲支撑力量。

深化改革的努力和既得利益的阻力相博弈。改革作为中国现代化的"关键一招"，一向被反复强调，但在渐进改革路径上"利益固化的藩篱"面前，博弈趋于胶着状态。

力求国内改革取得决定性成果，和防止在国际贸易与投资规则调整重构中被边缘化，形成双重挑战。如何全面配合改革取得决定性成果，是"办好自己的事"，是保持中国实现可持续发展和高质量升级发展的关键与历史性的挑战。同时，在近年一系列全球贸易与投资多边体系和原有规则的调整与重构中，中国如何不被边缘化，成为在国际风云变幻中必须坚持以开放促进改革、变压力为动力、变被动为主动的历史性挑战。

以上的纠结与压力，已使"百年变局"的重大挑战与考验施加到中国现代化的冲关期上，不确定性因素增加，甚至包含今后难以预料的"惊涛骇浪"式的突发风险。

把握"变中未变"发展大势

在以上变局和考验面前，我们应当以人类文明发展主流为"基本面"，遏制逆流，砥砺前行。我们在“不确定性”中可把握的“确定性”，来自“变中未变”、不可逆转的全球供给侧创新发展大势。

回顾百余年来全球视野下的历史演变，我们有充分的理论与实践结合的依据，来确认和平与发展是时代主题这一判断，这一论述超越了“战争与革命”“谁战胜谁”的原有时代判断而成为我们实事求是、以经济建设为中心的根本依据。

这一主题，完全可以由关于供给侧创新的研究给出严谨的学理论证：一方面，全球各经济体（包括美国和中国）之间的产业链日趋融合，越来越有可能“摒弃你输我赢的旧思维”，在国内、国际务实推进共赢的“人类命运共同体”式的包容性发展与和平发展；另一方面，“核威慑”的国际战略格局早已形成，第三次世界大战已成为极小概率事件，这也是中国战略机遇期的关键构成因素。

应该看到，当下我们感受到的“百年未有之大变局”，并没有改变人类文明发展主潮流的基本趋势和必将走向的主流认同，逆流可以掀起一些浪花甚至是惊涛骇浪，但终将被主流所压倒。中国在以人为本推进现代化的进程中，有必要和美国及其他经济体搞好关系，求同存异，在继续大踏步跟上时代、追赶发达经济体现代化水平的进程中，避免“修昔底德陷阱”；并且要以坚定不移、攻坚克难的深化改革，形成发展后劲，化解各种矛盾与风险，使中国成功跨越“中等收入陷阱”，迈向中国和整个人类社会更值得期待的美好明天。

（作者为华夏新供给经济学研究院首任院长、首席经济学家）

中国“历史交汇期”要做好战略统筹

◆ 赵可金

中国发展仍处于并将长期处于重要战略机遇期，但其内涵、形式和条件都在发生重大变化，呈现为新型战略机遇期。顺应新型战略机遇期，以历史交汇期为坐标，通盘考虑，梯次推进，既整体布局又突出重点，既多点开花又精准发力，发挥综合积极效应。

机遇期正发生三大变化

百年大变局无疑是一场深刻的社会革命。这场社会革命既有其推动世界深刻变革的积极一面，也有其导致世界剧烈动荡的消极一面。面对“百年未有之大变局”，既有的以西方价值观为主导的国际秩序渐呈式微之势，而中国处于近代以来最好的发展时期。中国发展仍处于并将长期处于重要战略机遇期，但战略机遇期的内涵、形式和条件都在发生重大变化，呈现为新型战略机遇期。具体来说，表现在以下三个方面：

首先，是战略机遇期的内涵发生变化。冷战结束以来，中国发展处于

本文刊载于2019年4月5日《参考消息》。

战略机遇期的内涵主要是和平与发展成为时代主题，世界大战打不起来，中国可以抓住稳定的机遇，集中精力进行现代化建设，在这一机遇期内，世界的稳定和不变是战略机遇期的关键。然而，在百年大变局中，世界正处于迅速的结构性变化之中，变革代替稳定成为战略机遇期的关键，意味着中国可以顺势而为，抓住变革的机遇，全力推进民族复兴，促进人类进步，推动全球治理体系向着公正合理的方向发展。

其次，是战略机遇期的形式发生变化。冷战结束后，欧美发达国家积极推动经济全球化，意识形态竞争下降，发达国家并没有将中国锁定为战略竞争对手，战略机遇期意味着中国可以在没有战略阻击的情况下加快发展。然而，近年来，随着中国成为当今世界第二大经济体，战略影响力日益上升，日益引起了其他大国的警惕，形形色色可以预见和难以预见的战略阻击也越来越多。在这种情况下，中国战略机遇期的形式不再表现为没有战略阻击，而是在面临战略阻击的情况下，如何创造战略机遇，管控好战略阻击甚至于突破战略阻击；一旦在战略上实现突破，中华民族伟大复兴的前景就明朗了。

再次，是战略机遇期的条件发生变化。全球金融危机爆发以来，全球范围内面临着复苏乏力的问题，逆全球化思潮风起云涌，英国脱欧、美国“退群”和贸易保护主义等战略“内顾”倾向日益明显，整个世界面临着国际公共产品供应不足和参与国际合作意愿下降的问题。在这种情况下，中国的战略机遇期不再仅仅取决于其他国家的发展态势，不再取决于能否搭乘外部发展的“顺风车”，更主要的取决于中国自身的发展战略，取决于能否主动创造条件，将中华文明所蕴含的治理之道进行创造性转化和创新性发展，更好地发展和完善全球治理体系，构建世界秩序。

顺应变局统筹战略目标

目前，中国处于实现“两个一百年”奋斗目标的历史交汇期，在中华民族伟大复兴历史进程中具有特殊重大意义。在这一历史时期，中国需要适应百年大变局，顺应新型战略机遇期，以历史交汇期为坐标，通盘考虑，梯次推进，既整体布局又突出重点，既多点开花又精准发力，发挥综合积极效应。具体来说，包括以下三个方面：

首先，是统筹实现小康富民战略与强国复兴战略。“两个一百年”奋斗目标是中国特色社会主义道路的顶层设计。其中，“第一个一百年”的战略目标是全面建成小康社会，“第二个一百年”的战略目标是建成富强民主文明和谐美丽的社会主义现代化强国。相比“全面建成小康社会”的百年目标，“社会主义现代化强国”的百年目标更重视国家治理体系和治理能力现代化、全体人民共同富裕和更加幸福、综合国力和国际影响力在世界民族之林领先等指标。在历史交汇期内，中国大战略要统筹处理好富民和强国之间的关系，统筹处理好国内大局与国际大局的关系，为国家繁荣富强和人民幸福安康保驾护航。

其次，是统筹高速增长与高质量发展。在未来五年甚至更长一段时期内，将是中国经济高速增长和高质量发展的历史交汇期，表现为中国经济从10%左右的高速增长逐步转向中高速增长，衡量经济社会发展成就的国内生产总值（GDP）指标将被质量指标、效率指标、创新指标、就业指标、可持续指标等质量指标替代，土地、人力、技术、环境等要素政策也都会有比较大的调整，大量问题、矛盾、风险和挑战亟待解决。

再次，是统筹服务民族复兴与促进人类进步。中国对外工作要牢牢把握服务民族复兴、促进人类进步这条主线。在两个一百年的历史交汇期内，这一主线贯穿于中国特色大国外交的全过程，两者水乳交融，密不可分。从中国大战略的安排来看，这一主线设置了双重使命：一方面，要为民族复兴创造有利条件，始终把人民对美好生活的向往作为奋斗目标，朝着实现中华民族伟大复兴的宏伟目标奋勇前进。另一方面，也要为人类进步作出应有贡献，推动构建人类命运共同体，推动全球治理体系变革，增进世界各国人民的共同福祉。随着中国日益走近世界舞台的中央，前所未有地成为世界关注的中心，民族复兴和人类进步的双重使命，使得中外之间发生矛盾和摩擦趋于频繁化。如何平衡国家利益与国际利益，平衡义与利，将是中国大战略面临的重要课题。

（作者为清华大学社会科学学院副院长、教授）

世界安全格局处于新十字路口

◆ 孟祥青　王　啸

和平与发展仍然是时代主题，但内涵和外延都在发生变化。美国安全战略的一系列重大调整是国际安全不稳定不确定因素增多的根源。当前，围绕新旧安全理念、规则和秩序的斗争十分激烈。

当今世界面临百年未有之大变局，在国际安全领域的突出表现是安全形势剧变，传统安全加速回归，大国战略竞争不断加剧，地缘政治博弈复杂激烈，军事干涉时有发生，全球动荡源和风险点明显增多。与此同时，大乱达到大治，大动荡意味着大调整，大调整预示着大变局。单边主义、霸权主义、强权政治日益遭到国际社会广泛而强烈的反对和抵制，新安全理念深入人心，新安全治理模式备受关注，新安全秩序呼之欲出，世界安全格局面临深刻调整。

本文刊载于2019年4月11日《参考消息》。

安全形势呈现三大特点

近年来，国际安全形势呈现出许多新的特点。

一是全球动荡源和风险点增多，不稳定和不确定性增大。和平与发展仍然是时代主题，但内涵和外延都在发生变化。和平问题更确切的替代词是安全问题。当今世界，大国间大规模战争的可能性不大，但安全挑战却层出不穷，特别是各类非传统安全威胁多如牛毛。发展问题的外延大大扩展了，除了经济增长以外，社会公平程度、国民生活质量和幸福指数、技术创新等诸多内容受到日益广泛的关注。全球化遭遇严重逆流和阻碍，反全球化和逆全球化在美欧等发达国家愈演愈烈，逐渐从一种社会思潮演变为政治潮流，甚至成为一些国家执政党的施政举措，由此给全球化造成严重冲击。强权政治和冷战思维，仍是威胁世界和平与发展的主要根源，军事干涉和“颜色革命”时常上演。世界范围的民族主义、民粹主义、保护主义、单边主义盛行并相互叠加，使得对抗和冲突明显加剧。

二是大国安全关系深刻调整，竞争和对抗的一面明显加剧。冷战结束后，大国之间合作与竞争都在发展，但以合作为主。近年来，大国关系复杂多变，对话、交流、合作仍在继续，但防范、对抗甚至冲突日益突出，范围由过去主要集中在一两个领域向综合性、全方位发展，集中体现在地缘政治博弈与新兴领域的争夺上。各国在太空、网络、人工智能等领域的竞争和发展不断改变国家间力量对比，并对安全理念、安全治理模式、安全秩序都构成新的重大影响。

三是传统安全加速回归，战争风险有所上升。近年来，传统安全在国际安全竞争中的分量有所加重，地位和作用不断提高。首先，主要国家的军费开支继续增加。2019年，美国军事预算高达7160亿美元，超过世界军费开支前10名其他9国的总和。其次，军事强国加速发展信息化、智能化武器装备。美、俄等军事强国在人工智能和网络技术应用于军事方面取得新的重大进展。再次，各主要国家军事战略调整向纵深推进。美、俄、日等大国相继出台的一系列重要战略报告，都对其军事战略做出新的规划和安排，加快向应对大国竞争和新型领域的方向转变。

四是美国单方面宣布退出《中导条约》的举动使国际裁军与军控进程严重倒退。

可见，国际安全形势动荡的主要源头是美国，美国安全战略的一系列重大调整是国际安全不稳定不确定因素增多的根源。

安全秩序酝酿深刻变化

但是，上述逆流并没有能够阻挡国际安全的大趋势，即和平与发展仍然是当今世界的主要潮流，构建普遍安全的人类命运共同体成为越来越多国家的共同愿望。在国际安全大动荡的背景下，安全格局与安全秩序酝酿着深刻变化，突出表现在新安全理念越来越深入人心，改革全球安全治理模式的呼声日益高涨，安全格局和安全秩序面临重构的新机遇。

中国基于国际安全形势和自身参与全球安全事务的实践经验，吸收各种新安全理念的有益思想，提出在国际社会确立共同、综合、合作和可持续的安全观，奉行双赢、多赢、共赢理念，以合作谋安全谋稳定，以安全促和平促发展，力争走出一条互利共赢的安全之路，实现持久安全、普遍安全。同时，借鉴“一带一路”的有益经验，提出“共商、共建、共享”的全球治理理念，推动建立公平正义、共建共享的安全格局。

当前，围绕新旧安全理念、规则和秩序的斗争十分激烈。一方面，现有的一些安全治理机制在运行中出现低效甚至无效的状况，无力应对和解决国际社会面临的各种安全威胁。例如，联合国作为当今世界上规模最大、最有权威的政府间国际组织，未能有效制止冷战后爆发的几场大的局部战争，凸显出原有机制对大国出于自利目的发动战争行为的无能为力。

而另一方面，美国从“美国优先”出发，企图通过单边手段，在破坏现有秩序的基础上另起炉灶，建立新的由美国主导的安全秩序。美国频繁“毁约”“退群”，冲击全球安全治理的体制机制。当前，全球安全治理面临诸多新挑战。

与此同时也应看到，世界上绝大多数国家希望通过多边方式，建设性重塑现有安全秩序，使发展中国家和新兴国家能够和发达国家一样享有平等的发言权、参与权和决策权，并推动形成平等包容、合作共赢的新的多边安全治理模式。

当前国际安全格局正处在新的十字路口，围绕国际安全的两种理念、两种规则、两种秩序的斗争将是长期的、复杂的，有时会很激烈。但安全稳定是人类最基本、最普遍的愿望，谋和平、促发展的大趋势不会改变。

（作者孟祥青为国防大学国家安全学院教授、少将，王啸为国防大学国家安全学院博士）

欧洲变局：一体化会否再出发

◆ 冯仲平

当前，最重要的变化是，人们开始对战后的一体化进程产生了怀疑。经济增长乏力，加上严重的老龄化问题，很多国家的高福利体系已经难以为继。随着未来跨大西洋关系不确定性增大，欧洲出现了加强战略自主性的呼声。

欧洲人在20世纪经历了两次世界大战，痛定思痛后走上一体化之路。今天的欧盟成为1945年之后欧洲人不断探索和实践一体化的结果。从煤钢共同体到欧盟成立，欧洲一体化进程由关税同盟、单一市场，发展到经济货币联盟。欧盟成员国数量由最初6国发展到今天的28国。通过数十载的一体化建设，欧盟成为世界最重要的经济体之一，在全球治理中扮演着重要的角色。

然而，在一步一步向前推进70年后，欧洲国家对一体化的信心发生动摇，一体化在当下面临很大阻力。未来欧盟将何去何从，一体化还会再出发吗？

本文刊载于2019年4月11日《参考消息》。

危机频发，民众产生怀疑

冷战结束后，欧洲和整个西方被乐观的气氛所包围。欧盟统一货币，又向中东欧扩大，欧洲一体化呈现出高歌猛进的势头。但随着2005年作为欧盟创始国的法国和荷兰全民公投否决了欧盟宪法条约，欧盟深化联合的步伐明显放慢。

最重要的变化是，人们开始对战后的一体化进程产生了怀疑。客观而言，欧洲一体化总体上一直是自上而下，由精英设计、精英推动的，因而也被称为精英工程。但随着更多的欧洲国家政府面对民众压力，越来越依赖通过全民公投的方式决定参与一体化的程度，普通民众对一体化的感受和态度日益重要。

自2008年国际金融危机至今的10多年里，欧洲经历了一场又一场危机。2010年希腊首先发生了主权债务危机，之后很快蔓延至葡萄牙、西班牙、意大利等南欧国家。债务危机还一度引发欧元区是否会解体的猜测。在欧债危机肆虐之际，由于西亚、北非动乱持续加剧，大批难民和非法移民涌入欧洲。与此同时，法国、比利时、英国等欧洲多国相继发生了惨烈的恐怖袭击事件。

危机为极端主义尤其是极右翼民粹主义的兴起提供了土壤。债务危机和紧缩财政加剧了欧洲国家内部的贫富分化，难民和非法移民的急速增加和恐怖袭击事件频现刺激了文化分化，这两方面的变化共同导致社会分裂。极右翼政客借机煽动，反建制、反全球化、反一体化、反移民等民粹主义思潮迅速大行其道。2016年英国公投决定离开欧盟标志着民粹主义在欧洲已然形成气候。

一体化倡导的是主权让渡和主权共享，民粹主义要求的是拿回主权。民粹主义的崛起和蔓延反映了欧洲国家很大一部分民众心理发生了变化，而对一体化的质疑反映的则是欧洲自信心的动摇。

增长乏力，急需进行改革

然而，另外一个事实也值得重视。英国脱欧并未产生国际舆论普遍担忧的“多米诺骨牌效应”。不仅没有产生此效应，相反，人们看到在近三年的英欧分手谈判中，欧盟另外27国坚如磐石、一致对英。27国中没有任何一个国家给英国提供可以利用的机会。脱欧给英国带来的巨大挑战也给欧盟27国上了一堂生动的“爱盟主义教育课”。

欧盟也许没有马上解体之虞，但其未来仍然面临难以应对的挑战。

首要的问题是，如何满足民众对经济繁荣的要求。民众对欧洲一体化的要求已经发生变化。战后欧洲联合的设计师们最想要的是实现和平，现在70余年过去了，和平仍是一个重要目标，但繁荣变得越来越重要。对于已入盟的中东欧国家来说，它们希望欧盟能够兑现让其繁荣发展的承诺。如今在欧洲各国的年轻人中，很少有人担心国家之间再起战火，他们享受着欧盟内部边境开放的好处和统一货币的便利，更多是希望欧盟多为其提供就业和赚钱的机会。这对于欧盟超国家机构和各成员国政府来说是一个极大的挑战。

不仅是开放还是封闭在困扰欧洲，改革还是守旧同样考验着欧洲。普遍预计，2019年欧洲经济增长将减速至2%以下。经济增长乏力，加上严重的老龄化问题，很多国家的高福利体系已经难以为继。法国、意大利目前亟待进行结构改革，其实质就是削减福利、放开劳动力市场，以提升国际经济竞争力。但改革遇到了阻力，法国“黄背心”运动就是突出的例子。

与俄对抗，呼唤战略自主

如何处理欧洲自身更为广泛的安全和防务问题，是欧洲国家不得不认真思考和应对的另一大挑战。就欧洲安全来说，以往一体化可以说只解决了部分问题，也即法、德等西欧国家之间的不战问题。至于所谓苏联威胁以及后来的“俄罗斯威胁”问题，欧洲把它交给了美国领导下的北约来处理。二战结束如此长时间，欧洲在安全上仍不能独立。这一事实在特朗普上台后重新引起欧洲战略家们的思考。随着未来跨大西洋关系不确定性增大，欧洲出现了加强战略自主性的呼声。

欧洲的安全问题，与美国有关，但实质是与俄罗斯的关系。俄罗斯在地理、文化上均属于欧洲，俄罗斯人这样想，欧洲其他国家也这样想。经济上，欧洲和俄罗斯互补性很强，相互依赖也在不断加深。但欧盟以及一些欧洲国家在政治、安全上却排斥俄罗斯。俄罗斯被当成一个既不能忽视但又无法接纳的邻居。而近来北约采取的与俄罗斯日益升级的对抗政策，只能让欧洲更不安全。

应对上述挑战，欧洲国家仍需从一体化中寻求答案。就经济而言，欧洲单一市场的潜力仍然巨大，而新成员与老成员之间的发展差距将能够为欧盟提供继续增长的动力。就安全而言，欧盟需要摆脱美国的影响，通过与俄罗斯增加交流与合作来减少相互疑虑和敌意。同时，欧洲要在国际上发挥更大的作用，有必要形成独立自主外交。而这一点需要从建立欧洲真正的独立防务力量开始。

（作者为中国现代国际关系研究院副院长）

中　篇

世界之间的
中国答案

自党的十八大以来，党和国家事业发生历史性变革，我国发展站到了新的历史起点上，实现了中华民族从站起来、富起来到强起来的历史性飞跃。近年来，中国通过实践探索和理论创新，积极破解“中等收入陷阱”“贫困陷阱”“历史终结论”“历史周期率”“塔西佗陷阱”“金德尔伯格陷阱”“修昔底德陷阱”“文明冲突论”“李约瑟之问”等世界性难题，为世界贡献了中国智慧，提供了中国方案，走出了中国特色的现代化之路。本篇“世界之问的中国答案”，就这些“世界之问”的“中国答案”进行系统总结和权威解读，为思考和把握国家未来发展面临的一系列重大战略问题提供有益的启示。

第一章

经济科技之间

中国特色扶贫道路破解“贫困陷阱”

◆ 林毅夫

在长期实践中，中国不断完善国家扶贫战略和政策体系，成功地走出了一条以经济发展为带动力量、以开发扶贫为根本途径，政府主导、社会帮扶与农民主体作用相结合，普惠性政策与特惠性政策相配套，扶贫开发与社会保障相衔接的中国特色扶贫开发道路。

消除贫困是当今世界面临的最大全球性挑战之一，也是人类的共同使命。作为世界上最大的发展中国家，中国一直是世界减贫事业的积极倡导者和有力推动者。党的十八大以来，在习近平总书记精准扶贫重要思想的指导下，以习近平同志为核心的党中央带领中国人民创造了国际减贫事业中举世瞩目的巨大成就，为促进我国经济发展、政治稳定、民族团结、边疆巩固、社会和谐发挥了重要作用，为全球减贫事业作出了重大贡献。

改革开放之初，中国的人均国内生产总值（GDP）只有155美元，属于低收入国家，84%的人生活在每天1.25美元的国际贫困线之下。2002年，中国人均GDP达到1100美元，超过1045美元的门槛，成为中等收入国家；到2010年中国人均GDP达4240美元，超过4126美元的标准，成为中等偏

本文刊载于2017年9月19日《参考消息》。

上收入的国家。在减贫事业中，改革开放以来，中国共有7亿多贫困人口摆脱贫困，2015年农村贫困人口减少到5575万人，贫困发生率下降至5.7%，对全球减贫的贡献率超过70%，赢得了国际社会的广泛赞誉。

顶层规划出台系列重大举措

贫困的消除有赖于收入水平的不断提高。改革开放以来，在党中央和国务院的坚强领导下，我国以务实、渐进的双轨制推动了从计划经济向社会主义市场经济体制的转型，取得了连续38年年均9.6%的高速增长，人均收入水平大幅提高，为消除贫困提供了坚实的物质基础。同时，针对贫困地区和人群，党和国家始终高度重视扶贫开发事业，制定并实施了一系列重大举措。

一是加强顶层设计和规划。改革开放以来，中国政府根据基本国情，立足贫困现实，在全国范围内开展了有计划、有组织的大规模开发式扶贫，先后实施《国家八七扶贫攻坚计划（1994—2000年）》《中国农村扶贫开发纲要（2001—2010年）》《中国农村扶贫开发纲要（2011—2020年）》等中长期扶贫规划，我国贫困人口大量减少，贫困地区面貌显著变化。

党的十八大以来，党中央把扶贫开发摆到治国理政的重要位置，提升到事关全面建成小康社会、实现第一个百年奋斗目标的新高度，纳入“五位一体”总体布局和“四个全面”战略布局进行决策部署。党的十八届五中全会提出“贫困人口全部脱贫、贫困县全部摘帽”的目标任务。2015年底，中国提出“十三五”（2016—2020年）脱贫攻坚的总体目标：到2020年，稳定实现农村贫困人口不愁吃、不愁穿，义务教育、基本医疗和住房安全有保障；实现贫困地区农民人均可支配收入增长幅度高于全国平均水平，基本公共服务主要领域指标接近全国平均水平；确保现行标准下农村贫困人口实现脱贫，贫困县全部摘帽，解决区域性整体贫困。2016年3月，《中华人民共和国国民经济和社会发展第十三个五年规划纲要》发布，对全力实施脱贫攻坚总体目标作出战略部署。为实现上述目标，根据2014年底贫困人口统计数据，分别制定了不同的脱贫方案。第一，通过产业扶持，帮助有劳动能力和生产技能的3000万贫困人口脱贫。第二，通过转移就业，帮助1000万贫困人口脱贫。第三，通过易地搬迁，帮助“一方水土养不起一方人”地区的约1000万贫困人口脱贫。第四，通过全部纳入低保覆盖范围，实现社保政策兜底脱贫。

二是努力改善贫困地区发展环境。2012年以来，中国政府继续支持贫困地区基础设施建设，切实加大投入力度，进一步改善贫困地区的基本生产生活条件。加大中央财政对贫困地区通信设施建设的支持，扎实推进贫困村信息化工作，有效提升农村及贫困地区的通信基础设施水平；加大贫困地区水利建设力度；实施农网改造升级工程，加大对贫困地区，特别是西藏、新疆及四川、云南、青海、甘肃四省藏区等西部偏远少数民族地区农村电力建设的投资支持力度，大幅提升贫困地区的供电能力和电力普遍服务水平；加快贫困地区交通建设速度，实施交通扶贫脱贫“双百”工程；启动农村危房改造工程。

三是不断加大财政扶贫投入力度。2012年以来，中国政府积极调整财政支出结构，持续加大投入力度，完善财政扶贫政策体系。积极创新财政扶贫体制机制，加强财政扶贫资金管理。发挥财政投入的杠杆作用，通过市场化机制撬动金融资本支持易地扶贫搬迁工程。

四是创新发展金融扶贫方式。精准对接脱贫攻坚融资需求与贫困地区发展规划，满足特色产业扶贫、易地扶贫搬迁、贫困人口就业就学的金融需求。创新发展扶贫小额信贷，为建档立卡贫困户提供“5万以下、3年以内、免担保免抵押、基准利率放贷、财政扶贫资金贴息、县建风险补偿金”的扶贫小额信贷产品，支持贫困户发展产业，增加收入。大力推进贫困地区普惠金融发展，完善农村支付服务环境，推进支付服务进村入户。完善精准扶贫金融支持保障措施，设立扶贫再贷款，实行比支农再贷款更优惠的利率，发挥多种货币政策工具作用，引导金融资源向贫困地区、贫困人口倾斜配置。探索保险扶贫的路径。

五是完善扶贫开发用地政策。调整完善土地利用总体规划，充分考虑扶贫开发及易地扶贫搬迁需要，统筹安排建设用地规模、结构和布局，优先安排脱贫攻坚用地。出台更加灵活的国土资源管理政策。按照应保尽保要求，加大对扶贫开发及易地扶贫搬迁地区城乡建设用地增减挂钩指标支持，符合条件的节余指标可在省域范围内流转使用。增减挂钩收益按照工业反哺农业、城市支持农村的要求，及时全部返还贫困地区。对中西部少数民族地区和集中连片特困地区利用荒山、荒沟、荒丘、荒滩发展休闲农业，建设用地指标给予倾斜。

六是鼓励广大民营企业、社会组织、公民个人广泛参与扶贫。2014年，国家将每年的10月17日设立为“扶贫日”，在扶贫日前后组织开展系列活动，以募集资金。启动民营企业“万企帮万村”精准扶贫行动。建设社会扶贫网，着力打造社会扶贫参与平台。

七是健全完善扶贫工作机制。实行中央统筹、省（区、市）负总责、市（地）县抓落实的领导责任制，分工明确、责任清晰、任务到人、考核到位。各级党委和政府层层签订脱贫攻坚责任书，将脱贫攻坚任务完成情况作为考核贫困县党政领导的重要指标。建立年度脱贫攻坚报告和督察制度，实施省市县乡村逐级督察问责机制，对落实不力的部门和地区严格追责。建立贫困退出机制，制定严格、规范、透明的贫困退出标准、程序和核查办法，贫困村、贫困县以贫困发生率为主要衡量标准，中部地区下降到2%以下、西部地区下降到3%以下才能退出。

八是实施精准扶贫精准脱贫基本方略。2013年习近平总书记提出精准扶贫重要思想，这是以习近平同志为核心的党中央治国理政方略中对新时期扶贫工作新挑战的积极应对和正确指引，是中国政府当前和今后一个时期关于贫困治理的指导性思想。实施精准扶贫方略，旨在找到“贫根”，对症下药，靶向治疗。坚持分类施策，因人因地施策，因贫困原因施策，因贫困类型施策，通过扶持生产和就业发展一批，通过易地搬迁安置一批，通过生态保护脱贫一批，通过教育扶贫脱贫一批，通过低保政策兜底一批。广泛动员全社会力量，支持和鼓励全社会采取灵活多样的形式参与扶贫。

走出中国特色扶贫开发路

在长期实践中，中国不断完善国家扶贫战略和政策体系，成功走出了一条以经济发展为带动力量、以开发扶贫为根本途径，政府主导、社会帮扶与农民主体作用相结合，普惠性政策与特惠性政策相配套，扶贫开发与社会保障相衔接的中国特色扶贫开发道路。

一是解放思想，实事求是。立足农村实际、掌握贫困实情、分析致贫原因、凸显脱贫需求、讲求脱贫实效，切实解决贫困地区迫切需要、贫困群众热切期盼的问题。

二是坚持立足基本国情，充分发挥制度优势。中国是世界上最大的发展中国家，发展是解决中国所有问题的关键。中国通过“党的领导、政府主导、社会参与”的工作机制，形成跨地区、跨部门、跨行业、全社会共同参与多元主体的社会扶贫体系。

三是坚持加快发展经济，扎实推进减贫事业。将减贫作为发展经济的重要内容，以发展经济促进减贫，发挥扶贫开发与经济社会发展相互促进作用。

四是因地制宜，发挥各地比较优势。立足贫困地区的资源禀赋状况、市场机遇与潜力、人文旅游等优势，因地制宜找准脱贫出路。

五是坚持多种形式减贫，注重提高实际效果。坚持开发式扶贫方针，注重扶贫先扶智，增强贫困人口自我发展能力，阻断贫困代际传递。坚持普惠政策和特惠政策相结合，在加大对农村、农业、农民普惠政策支持的基础上，对贫困人口实施特惠政策。

六是分类施策，重在精准。将精准扶贫、精准脱贫作为基本方略，分类施策，重在精准，做到“扶贫对象精准、项目安排精准、资金使用精准、措施到户精准、因村派人精准、脱贫成效精准”。

我国扶贫开发事业必将迎来新的更大发展。在以习近平同志为核心的党中央的坚强领导下，坚持精准扶贫、精准脱贫基本方略，中国特色扶贫开发道路将越来越宽广，中国的减贫事业将更加辉煌，中国人民必将谱写人类反贫困历史上的辉煌篇章。

（作者为北京大学新结构经济学研究院院长、北京大学国家发展研究院名誉院长）

延展阅读

何谓“贫困陷阱”？“贫困陷阱”通常指这样一种情况：处于贫困状态的个人、家庭、群体、区域等主体或单元由于贫困而不断地再生产出贫困，长期处于贫困的恶性循环中而不能自拔。

发展经济学中的“贫困陷阱”，指由于经济中存在恶性循环，使发展中国家陷于贫困落后之中难以摆脱。“贫困陷阱”可分为两种：技术陷阱和人口陷阱。

20世纪50年代有三位经济学家揭示了“贫困陷阱”的产生根源：纳克斯于1953年提出贫困恶性循环论，纳尔逊于1956年提出“低水平均衡陷阱”理论，缪尔达尔于1957年提出循环累积因果论。这些理论认为发展中国家总是陷入低收入和贫困的累积性恶性循环之中，用纳克斯的话说：“一国穷是因为它穷。”

但也应看到，在先决条件并不占优势的贫困国家和地区，虽然物质和人力资本匮乏、制度基础薄弱，只要保持发展定力，经济增长与转型也有可能发生，也能创造经济繁荣的奇迹。

作为世界上最大的发展中国家，中国一直是世界减贫事业的积极倡导者和有力推动者。改革开放以来，中国高度重视扶贫开发，成功走出了一条具有中国特色的扶贫脱贫之路。近年来，随着农村经济改革的不断深入和国家“精准扶贫”力度的不断加大，中国贫困人口逐年减少，成就举世瞩目，中国的扶贫经验正在被越来越多发展中国家借鉴。

中国找到跨越“中等收入陷阱”之道

◆ 贾　康　苏京春

依目前的发展态势测算，中国很有希望在2025年或稍后，决定性地跨越“中等收入陷阱”。

中国是否面临“中等收入陷阱”？能否跨越？近年来对此众说纷纭。我们于研究中形成的基本认识是，绝不认同“中等收入陷阱”是伪问题的“否定派”观点，也不赞成认为跨越陷阱毫无悬念、指日可待的“乐观派”观点。

虽然中国拜改革开放之功已成功跨越“下中等收入陷阱”，但当前站在“上中等收入陷阱”边缘，“黄金发展期”特征正在消退，“矛盾凸显期”特征日益显著，近年来经济增长正步入新常态，形成一系列的纠结和两难：现阶段中国经济必须守住“可接受区间”的速度底线，严防“翻车”危机；同时在“去杠杆、稳物价”和“保就业”之间、“去产能、去库存”和“保稳定”之间权衡，在“有效市场”和“有为、有限政府”之间兼顾与结合。

在“改革”和“社会矛盾累积”这两只老虎的赛跑中，我们唯有坚定不移地推进改革保证它跑在前面，从而化解种种矛盾和风险的威胁，才能引领新常态而力求跨越“上中等收入陷阱”。

本文刊载于2016年3月23日《参考消息》。

以“五位一体”为依托框架

以经济建设为中心是改革开放后党的基本路线，但“坚持以经济建设为中心”，绝不意味着孤立地搞经济建设。在实践中，这一基本路线的内容不断得到丰富，指导方针从经济、政治、文化的“三位一体”推进到加上社会的“四位一体”，再推进到加入生态的“五位一体”。

从“三位一体”“四位一体”到“五位一体”总体布局，党中央不断总结社会主义建设经验，深化对社会主义建设规律的认识，不断提高驾驭经济社会发展的能力，治国理政的方针与思路趋于丰富，社会主义现代化事业的实践升级优化。从全能型无限政府转向服务型有限政府，从粗放增长转向集约增长，从强调国内生产总值（GDP）的关键性指标作用到告别“GDP崇拜”、倡导和推进全面协调可持续发展，中国的发展导向更加适应“人的全面发展”的客观要求，政府的职责更加明晰、工作更加高效，党的执政能力稳步提升。

在应对国际金融危机冲击中，中国成为全球表现最好的主要经济体，这固然得益于中国处于经济快速发展阶段多种力量的综合支撑、城镇化空间较大以及市场回旋空间大等因素，但更关键的是由于中国经济发展有社会主义建设总布局为依托，因而更为稳固、坚韧。这种“五位一体”总体布局，将继续成为中国跨越“中等收入陷阱”的全局性依托框架。

以“四个全面”为起跳器

党的十八大以后，在新的历史起点上，为把中国特色社会主义事业全面推向前进，习近平总书记代表党中央提出了全面建成小康社会、全面深化改革、全面依法治国、全面从严治党的战略布局。“四个全面”战略布局与跨越“中等收入陷阱”这一重大问题的关联极为密切，具有形成动力机制转型升级的起跳器的关键意义。

第一个全面是在2020年实现全面小康，这是引领全国人民的阶段性奋斗目标，不仅人均GDP比2010年要再翻一番，而且在“共享发展的水平上要全面升级”。

与之紧密相关的是全面改革在2020年要取得决定性成果。第二个全面的内容比第一个全面要更为深刻，意义更为深远——在全面小康的同时，如不结合改革取得决定性成果，全面小康的价值要大打折扣，因为全面小康只是实现伟大民族复兴“中国梦”的一个节点目标，必须在实现这一目标的同时形成继续发展的后劲，必须依仗有效制度供给为龙头，使全面改革取得决定性成果，从而进一步解放生产力。

体现提升物质文明的生产力进一步解放，又必须合乎规律地匹配法治化、民主化的政治文明，因而必须匹配第三个全面即全面依法治国。

加之，在中国的现代化进程中，既然历史决定了中国共产党是执政党，那么别无选择，必须有第四个全面即全面从严治党，解决好共产党执政的“合法性”问题。这里的合法性主要并不是指有白纸黑字规定其合法，而是指“人心向背”、人民群众是否衷心拥护其执政地位这种意义上的自然法性质的“合法性”问题。

把“五位一体”总体布局推进到“四个全面”战略布局，中国跨越“中等收入陷阱”可生成更为充沛有力的动力支撑，便有了进入关键位置后“决定性跃升”的起跳器。

以“供给侧结构性改革”为动力源

基于“五位一体”总体布局和“四个全面”战略布局，习近平总书记代表党中央又明确提出了“供给侧结构性改革”战略方针。可以说，在中国引领新常态、跨越“上中等收入陷阱”之路上，“供给侧结构性改革”就是新旧动力转换与升级的引擎，即动力源。

经济学理论分析表明：经济增长动力机制的转型升级主要基于社会需求而卓有成效地在供给侧实现，原有“三驾马车”认识框架下所强调的消费、投资和出口需求三大方面的动力体系认知，只有联通至基于结构优化的消费供给、投资供给和出口供给，才可能形成完整认知并支持宏观调控的优化。供给结构的优化机制，又必须依托于以改革为核心的制度供给，从而提供最大红利。

目前，我国一般产品市场已基本放开，但要素市场和大宗基础能源、资源市场比价关系和价格形成机制仍然存在严重扭曲，人为压低要素价格，导致粗放地（高能耗、高污染）促进经济增长。对生产者和投资者实际上的非规范补贴，又使经济增长严重依赖投资和形成大量落后的过剩产能，结构失衡矛盾迟迟不能有效化解，甚至趋于突出。因此，必须依靠有效市场优胜劣汰机制的力量，加上有为、有限政府理性的政策供给，对经济结构进行“升级版”为取向的调整改造，实现向可持续增长路径转变的动力机制转型升级。

最为关键的要领在于，支持科学决策和优化政策设计，面对中国改革深水区重大现实问题寻求解决之道，深化企业改革，消除不当垄断，充分发挥市场资源配置作用，打开“制度红利”这一转轨中最大红利源的释放空间，形成激发经济社会活力、潜力的有效制度供给长效机制。

中国独特的市场发育和经济赶超正是改革中最难处理的一项基本矛盾：国际竞争的基本现实已不允许我们再常规地、跟随式地经历和等待以平均利润率机制主导的市场发育及经济结构优化的自然过程，需要从供给侧得到一种比自发的市场配置更强有力的机制——政府“理性主导”机制，并使之与市场机制“1+1>2”式地叠加，才能逐渐接近并最终实现“追赶—赶超”的现代化战略目标。

以“一带一路”和自贸区为助推器

习近平总书记代表党中央提出“一带一路”倡议，具有重大的全球效应和全局意义，并将产生久远的历史影响。

在具体实施中，需要基础设施先行：在向西的“一带”上，可具体分为西南、西西、西北三路走向，大兴相关基础设施和公共工程，打造“硬件环境”（不排除局部“连片开发”），并培育“软件配套因素”；在向南再向西的海域，需在以三沙市辖区为代表的广阔海域加紧兴建永久居民点、后勤补给基地和通信、管理网点等，一直发展、联通到多条航路上，各类船只可据此与多大洲、多个经济体频繁通航通商。

同时，经历深圳特区、上海浦东和加入世界贸易组织三轮开放之后，中国从上海开始的自由贸易试验区（以下简称“自贸区”）已成为第四轮开放。建立自贸区的核心之意是“改革”而不是“政策”，是以上海自贸区“先行先试”而广东、福建、天津等多地跟进的改革来“清理文件柜”，修改一些与国际通行做法相悖的法律法规，从而更积极地形成循序渐进的法治建设，并在未来的国际谈判中自然形成中国的话语权和影响力。

中国选择“再入世”，是要向更高标准靠拢，在合作与竞争中与外部世界摒弃你输我赢的旧思维而积极充分地互动合作。自贸区确立的“准入前国民待遇和负面清单”，开拓了我国对外开放、深化改革的新模式新领域，使企业在市场竞争中“法无禁止即可为”。相应于此，政府管理则实行正面清单，“法无规定不可为”，而且跟上“责任清单”，“有权必有责、必问责”，从而以高标准法治化营商环境极大地促进全面改革开放。

“一带一路”和“自贸区”，将为中国经受历史性考验而跨越“中等收入陷阱”，形成强有力的助推器。

依目前的发展态势测算，中国很有希望在2025年或稍后，决定性地跨越“中等收入陷阱”。

（作者贾康为华夏新供给经济学研究院首任院长、首席经济学家，苏京春为中国财政科学研究院副研究员）

延展阅读

何谓“中等收入陷阱”？“中等收入陷阱”是世界银行2007年根据20世纪后半期100多个进入中等收入阶段经济体的发展轨迹概括而成的形象化概念。根据世界银行定义，人均国民总收入在1005美元至12275美元之间的国家是中等收入国家。这个收入区间并不是固定不变的，而是根据全球经济变化作出调整。

“中等收入陷阱”是指不少中等收入国家经济长期停留在中等收入阶段，原有的增长机制和发展模式中的矛盾显露，原有的发展优势渐渐消失，迟迟不能进入高收入国家行列。亚洲的菲律宾、马来西亚、印度尼西亚，拉丁美洲的墨西哥、阿根廷等，都长期陷入了“中等收入陷阱”。

2015年中国人均国内生产总值（GDP）已达8000美元，根据世界银行的标准属于上中等收入国家。中国能否跨越“中等收入陷阱”？如何跨越？观察人士认为，改革开放40年来取得的经济成就，以及“顶层设计”对社会经济发展保持动能提供的保障等，为中国成功跨越“陷阱”创造了良好条件，尤其是近年来新发展理念和供给侧结构性改革日益深入人心，将引领中国经济走向发展方式转变、经济结构优化、增长动力转换的新的更高形态。中国正在走出一条有自身特色的跨越之路。

以科技创新实践回应“李约瑟之问”

◆ 张柏春

近年来，中国科技创新实践对“李约瑟之问”做出了另一种形式的回答。

英国学者李约瑟曾提出这样的疑问：为什么在公元前1世纪到公元15世纪期间，中国文明在获取自然知识并将其应用于人的实际需要方面要比西方文明更有成效？然而，为什么近代科学蓬勃发展没有出现在中国？

对于这个“难题”，李约瑟和其他中外学者的答案仁者见仁，智者见智。许多学者对中国传统文化进行了反思和批判，指出传统知识体系的缺陷以及古代社会存在的妨碍科学发展的各种因素。例如，缺少探索自然的热情和实验科学。近年来，中国科技创新实践对“李约瑟之问”做出了另一种形式的回答。

2012年，党的十八大提出实施创新驱动发展战略。2014年6月，习近平总书记在中国科学院第十七次院士大会、中国工程院第十二次院士大会开幕会上发表重要讲话强调：实施创新驱动发展战略，最根本的是要增强自主创

本文刊载于2017年9月22日《参考消息》。

新能力，最紧迫的是要破除体制机制障碍，最大限度解放和激发科技作为第一生产力所蕴藏的巨大潜能。紧紧抓住新一轮科技革命和产业变革的重大机遇，国家部署一系列重大科技专项，开创了创新驱动发展的新局面。

深入探索自然本质

中国科学家在探索自然的本质和规律方面屡创辉煌，中微子振荡、量子反常霍尔效应等研究成果受到国际科技界的广泛关注。

2012年大亚湾中微子实验国际合作组宣布发现第三种中微子振荡模式，并精确测量到其振荡几率。这项科学发现提升了中国相关领域的科研水平，为物理学家们设计下一代中微子实验，测量中微子振荡中的宇称和电荷对称性奠定了基础。中国科学院的实验团队因这项成果获得2016年基础物理学突破奖。

2013年初，中国科学院物理研究所、清华大学物理系组成的实验团队与中科院物理所、美国斯坦福大学组成的理论团队在量子反常霍尔效应的实验研究方面也取得决定性的突破。他们克服了薄膜生长、磁性掺杂等多道难关，逐步实现了对拓扑绝缘体的电子结构以及拓扑绝缘体能带结构的精密调控，在极低温输运测量装置上观测到量子反常霍尔效应。

建造世界领先观测装备

现代科学研究通常要借助先进的观测装备和实验设施。随着科技和经济的快速发展，中国有能力建造世界领先的观测装备，从而在探索自然奥秘方面发挥引领作用。中国科学院主持建造了大天区面积多目标光纤光谱天文望远镜（LAMOST，即郭守敬望远镜）和500米口径球面射电望远镜（FAST），这两项重大科学工程可将科学家们引向天文观测研究的最前沿。

2012年正式巡天观测的LAMOST是目前世界上口径最大，而且光谱获取率最高的望远镜，在主动光学、光纤定位等方面达到世界领先水平，用于观测大量天体目标的光谱，以深入认知更多目标天体的物理性质。迄今，LAMOST已获得近700万条光谱，这比国际上其他光谱巡天项目获取的光谱数据总和还要多。借助如此丰富的数据，中国天文学家陆续发现各种各样的特殊天体，构建了一批具有研究价值的恒星样本，为研究银河系的结构和演化奠定了基础，并在恒星演化、银河系化学动力演化和暗物质分布方面取得重要成果。

2016年启用的FAST实现了中国大科学工程由跟踪模仿到集成创新的转变。由于实现了多项重要创新，这个有“中国天眼”之美誉的装置可以进行大天区面积和高精度的天文观测，在射电望远镜口径、灵敏度、分辨率、巡星速度等关键指标上达到国际领先水平。利用它的强大功能，天文学家将进行一系列的科学观测和研究，并且和中国其他5座射电望远镜一起构成“天眼”群，形成主导国际射电领域的低频测量网，以认知天体超精细结构。2016年9月，科研人员在进行FAST试验观测时，就接收到1351光年外的脉冲星信号。可以预期，FAST将为科学家在射电天文学及相关领域的重大科学发现提供机会。

空间科学迈出新步伐

中国的科学探索继续向太空发展。“嫦娥三号”落月探测器在2013年12月发射成功，实现了中国航天器在地外天体软着陆和巡视勘察的零突破，并且在世界上首先使用月基光学望远镜、极紫外相机和测月雷达。“天宫二号”空间实验室于2016年9月发射升空，10月17日至11月18日与“神舟”十一号飞船进行对接飞行，完成卫星在轨释放，考核面向长期飞行的乘员生活、健康和工作保障等相关技术，开展航天医学、空间科学实验和空间技术应用。至此，中国载人航天工程已经完成“三步走”发展战略的前两步，实现了发射载人飞船、突破航天员出舱活动技术、空间飞行器的交会对接技术，发射空间实验室，解决有一定规模的短期有人照料的空间应用问题。

利用火箭和卫星等先进技术手段，中国科学家在空间科学领域迈出了新的步伐。2015年12月，作为中国空间科学系列首发星，暗物质粒子探测卫星“悟空”在酒泉卫星发射中心升空。它是迄今为止观测能段范围最宽、能量分辨率最优的空间探测器，轨道高度为500千米，其科学目标是通过探测宇宙中高能粒子的方向、能量以及电荷来间接寻找和研究暗物质粒子。到2016年12月，“悟空”已探测18亿多高能粒子。中国科学卫星系列的第二颗，即“实践十号”返回式科学实验卫星于2016年4月6日升空，18日顺利返回。这是我国第一颗微重力科学实验卫星，安排了10项微重力科学实验和9项空间生命科学实验。

中国的量子通信研究和应用已处于国际领先水平。中国科学技术大学的科研团队建成国际上首个规模化城域量子通信网络，自主研制的量子通信装备已经为国家重要政治活动提供信息安全保障。2016年8月，中国利用“长征二号”丁运载火箭发射世界首颗量子科学实验卫星“墨子号”，使量子信息研究又迈出重要一步，即率先探索星地量子通信的可能性。这颗卫星搭载了量子密钥通信机、量子纠缠发射机、量子纠缠源、量子实验控制和处理机等实验设备，还带有两套独立的有效载荷指向机构。

深海科技获得突破

人类对海洋奥秘的探索永无止境。海洋探索和开发对国家的经济社会发展和国家安全十分重要。中央大力支持海洋研究和开发。

“蛟龙号”载人潜水器在2002年立项，2012年6月在西太平洋马里亚纳海沟进行了海上深潜试验，最大下潜深度达7062米。“蛟龙号”使中国成为世界上拥有最大潜深作业型载人潜水器的国家，其工作范围可覆盖全球99%以上的海域。4年后，即2016年6月22日至8月12日，中国科学院“探索一号”科考船在马里亚纳海沟开展综合性万米深潜科考活动，船上搭载着国产的“海斗号”万米级自主遥控潜水器、“天涯号”深渊着陆器、“原位实验号”万米级原位试验系统等深海探测和科研设备。在这次科考中，“海斗号”下潜深度达10767米，成功获得深度序列完整的海底沉积物样本和马里亚纳海沟水样及大量数据，在世界上首次在万米深度进行深渊底部氮循环的原位培养实验，单次获取大于100升的海底水样。这些突破有力促进了深海深渊科学研究的发展，标志着中国成为世界上个别具备万米深渊科考能力的国家之一，宣示中国深海科技创新能力正在由跟踪向领先转变，有能力为海洋环境探索和海洋资源开发作出重大贡献。

生命科学“三志”接近完成

中国在生命科学领域也有诸多突破，其代表性工作包括经过长期积累才接近完成的《中国植物志》《中国动物志》和《中国孢子植物志》的研究和撰写。

《中国植物志》于2013年完成英文版（*Flora of China*）。《中国孢子植物志》在2014年9月已刊出88卷。《中国动物志》到2016年底出版了154卷。“三志”是全国几代生物分类学家不断努力的协作科研成果，收录全国85%以上已知的生物种类及其区系、演化、地理分布、物种生物生态特性和经济价值。它们的问世不仅为中国和世界生物学的发展作出重大的基础性贡献，还为国家生物资源的保护和持续开发及有害生物控制等提供了科学依据，对于解决人类面临的资源、环境、粮食和人口等全球性问题也有十分重要的战略意义。

总之，中国科学技术已经取得举世瞩目的长足进步，以上所举的只不过是大量科技突破中的几个典型创新事例。美国科学基金会发布的《科学与工程指标2016》表明，中国在科技论文产出、研发投入等重要指标方面已位列世界第二，某些科技领域甚至居于世界首位。例如，中国发表纳米科技SCI论文数量在2009年就超过美国，跃居世界第一，SCI论文引用次数居于世界第二位。在2012—2016年间，中国科学院已连续五年高居自然指数排行榜的全球首位。屠呦呦因发现青蒿素而获得2015年诺贝尔生理学或医学奖，这意味着国际科学界对中国科学家作出重大贡献的高度尊重。

中国古代的众多发明创造和当代的科技成就表明，中华民族并不缺少创新的基因。以“墨子”命名世界首颗量子科学实验卫星，是正视和尊重传统文化的一种表现，也是以一种特殊的方式来回答“李约瑟之问”。

（作者为中国科学院自然科学史研究所所长、研究员）

延展阅读

何谓“李约瑟之问”？20世纪30年代，研究中国科技史的英国著名学者李约瑟首次提出这样一个问题：在近代以前的漫长岁月中，中国人在应用自然知识满足人的需要方面，曾经胜过欧洲人，那么为什么近代科学和工业革命没有在中国发生呢？这就是著名的“李约瑟之问”，曾经引发国内外学术界对中国近代科学技术落后原因的广泛探讨。

对于这个问题，李约瑟本人提供了一些解释：一是中国没有具备适宜科学成长的自然观；二是中国人太讲究实用，很多发现滞留在经验阶段；三是中国的科举制度扼杀了人们对自然规律探索的兴趣，“学而优则仕”成了读书人的第一追求，等等。进入21世纪，今日之中国已绝非古代之中国。在科技创新迅猛发展的信息时代，中华民族能否破解“李约瑟之问”，对现代人类社会科技发展、知识积累、文明传播作出一个大国应有的贡献？

经过60多年尤其是近40年的发展，中国已成为世界第二大经济体。经济的快速发展，为科技创新注入了强劲的动力。尤其是当创新驱动发展成为国家战略，中国的科技发展更是走上了快车道，不仅有量的积累，也实现了质的飞跃：在一些重要领域，中国已跻身世界先进行列；在某些领域，正从跟跑向并跑、领跑转变。古老的东方之邦正以科技强国的崭新面貌回应着“李约瑟之问”。

第二章

国家治理之问

以全面从严治党应对“塔西佗陷阱”

◆ 戴焰军

中国共产党已经用全面从严治党的实际行动和成就，向世人昭示了应对“塔西佗陷阱”方面的显著成效。

中共中央总书记习近平在2014年3月18日河南省兰考县县委常委扩大会上的讲话中，提醒全党注意“塔西佗陷阱”。回顾中国在中共十八大以后所走过的不平凡历程，中共已经用全面从严治党的实际行动和成就，向世人昭示了应对“塔西佗陷阱”方面的显著成效。

所谓“塔西佗陷阱”，就是指当执政者的公信力受到严重损害时，其说真话、做好事也很难为人们所相信，很难取得应有的效果。习近平为什么把这样一个问题提到全党面前，要求全党注意？就是因为在以前的现实中，我们一些地方的党组织和政府机构、一些党员领导干部工作中的官僚主义、形式主义等不正之风，干部队伍中的以权谋私、贪赃枉法、贪污受贿等腐败现象，党组织和政府工作人员中一些不负责任、不讲诚信、不守规矩等违纪行为，在群众中造成极为不良的影响，严重损害了党和政府在

本文刊载于2017年9月20日《参考消息》。

人民群众中的形象和公信力。因此，中央的政策方针在一些地方难以很好地贯彻落实，正常的工作很难在一些地方顺利开展，往往一些真正是为老百姓谋利益的好事，做完以后也很难得到老百姓的满意和赞扬。面对这种情况，一些真正做了好事的工作人员也觉得委屈、无奈，有人甚至埋怨老百姓不领情。

习近平以敏锐的洞察力及时发现这样的问题，提醒全党注意这个问题，当然也就是要下决心解决这个问题。而解决这个问题，自然要从党和政府、从党员领导干部自身做起。那么，5年来，以习近平同志为核心的党中央，在推进全面从严治党方面都采取了哪些重要举措，做了哪些方面的重要工作，使得党和政府的公信力不断得到提升呢？下面我们做个简单的梳理。

狠抓作风建设

首先，以“踏石留印、抓铁有痕”的劲头抓党的作风建设。党的作风，对内体现的是党组织和党员的工作生活态度，对外代表的是党的形象。现实中，群众对一些地方党组织和政府工作不满意，主要就是对其作风不满意。而抓作风，又必须从领导干部抓起。如果领导干部不带头，作风建设是搞不好的。所以，党的十八大以后，习近平首先强调，打铁还需自身硬，中共中央采取的第一个重大举措，就是中共中央政治局委员的“八项规定”。这“八项规定”，现在在中国几乎是妇孺皆知，尽管一般老百姓可能说不清它的每一项具体内容，但都知道这是管党员干部特别是领导干部作风的，特别是管奢侈浪费、大吃大喝的。这样一个“八项规定”，迅速在中国政治层面、社会层面，特别是在官场发挥出一般人未曾料到的强大效应，包括很多以前设在政府机关附近靠政府工作人员公款消费的高档酒店、饭店，也都在很短的时间内难以为继，很快关门。

紧接着，中共中央决定在全党开展以克服“四风”为主要内容的群众路线教育，从克服群众反映比较强烈、与群众生活密切相关、对党员干部工作生活有直接影响、在党内长期得不到有效解决的形式主义、官僚主义、享乐主义、奢靡之风入手，扎实推进作风建设。总结作风建设的经验教训，把握作风建设的内在规律，习近平对抓作风建设提出一系列明确要求，如徙木立信、防止反弹、常抓不懈、领导干部以身作则、用制度规范作风、作风没有小事、弘扬优良传统作风，等等。这些要求在抓作风建设中发挥了十分重要的指导作用，并收到了明显的成效。作风建设的成就，带来了各级党和政府工作中的新气象，对增强党和政府的公信力起到了重要作用。

反腐力度空前

其次，以壮士断腕的决心抓反腐败斗争。如今在中国的街头巷尾问问老百姓，对中共近几年管党治党感受最深的是什么，可能大多数人都会回答，是抓贪官反腐败。5年来，中共反腐败的力度和成果，恐怕在历史上也是不多见的。有关方面的资料显示，5年来，仅省部级及以上官员，即老百姓所说的“老虎”，先后落马的就达138人。

由于推进改革开放和发展社会主义市场经济，中国共产党的执政环境发生了巨大变化。这种新环境，把大量新的挑战、新的考验、新的诱惑摆在各级各类执掌权力的大大小小的领导干部面前。而在环境发生巨大变化的情况下，各项对权力进行有效监督和制约的国家法规制度和党内规章制度本身又不可能一下子就十分健全和完善，很多领域对权力的监督和制约不能及时到位。所以，党内腐败现象呈现多发高发状态，从而引起广大人民群众的不满，严重影响到党和政府的公信力。不以极大的决心和有力的举措开展反腐败斗争，有效遏制腐败蔓延现象，就很难让群众满意。所以，以习近平同志为核心的党中央，顺从民意，对腐败采取零容忍的态度，形成高压态势，坚持“老虎”“苍蝇”一起打，在5年时间内，查处惩治一大批腐败分子，使反腐败取得压倒性态势。因此党心振奋，民心振奋，广大老百姓真正认识到，中国共产党与腐败现象是水火不容、不共戴天的，是一心一意为老百姓谋利益的，它对党内腐败现象绝不护短，对任何侵吞国家利益、损害老百姓利益的人，都决不留情。

重视思想建党

再次，把思想建党放在党的建设首要位置。重视思想建党，是中国共产党自身建设的一个优良传统，也是中国共产党能够在长期的革命和建设中保持自身先进性的重要原因。新条件下，作为一个在市场经济和改革开放环境中长期执政的政党，如何通过思想建党保证自己党员和干部思想上的纯洁性，并把这种纯洁性体现在执政党为民执政的各项工作中，是党获得人民群众拥护要解决的根本性问题。

5年来，习近平一再强调加强思想建党，全党开展的“三严三实”教育、“两学一做”教育，就是针对党员干部思想实际有针对性地在全党进行的普遍教育。新形势下的思想建党，当然首先要从新的实际出发，使思想教育的内容更加适应于党在新条件下执政的要求和党员干部思想实际需要。5年来，党内思想教育体现的就是这一点。学习马克思主义与中国当代社会主义建设和改革开放实际相结合形成的最新理论成果，用这一理论武装全党，指导党的工作，是保证各项工作顺利开展的根本条件。所以，习近平总书记系列重要讲话的学习，自然成为这一时期全党思想理论建设的首要内容。另外，根据党员干部思想实际，加强理想信念教育、思想道德教育、纪律意识教育、权力观政绩观教育，等等，也都是保证党在新条件下为人民掌好权、用好权，党员干部在自己工作中更好地贯彻党中央大政方针，更好地为人民谋利益的基本要求。正是贯彻以习近平同志为核心的党中央对思想建党的一系列明确要求，5年来，思想建党的成效使得党在人民群众中赢得了更多的信任和支持。

健全完善制度

第四，健全完善制度，用制度治党、管权、治吏。制度具有根本性、全局性、长期性、稳定性。全面从严治党，关键是用制度治党。十八大以后，制度建设一直被放在十分重要的位置。十八届四中全会提出全面依法治国的目标和任务，同时党内各项法规制度建设也不断得到健全和完善。根据中央统一部署，首先对党在执政以后几十年来的党内法规制度进行系统清理，在此基础上，提出制度建设五年规划，按照这个规划，在不到5年的时间内，中央一级新制定、修订的党内法规达80部，而且，总结党的制度建设的历史经验。这些制度的修订、制定更注重制度的程序、制度的体系、制度的现实针对性。像《中国共产党廉洁自律准则》《中国共产党纪律处分条例》《中国共产党党内监督条例》《关于新形势下党内政治生活的若干准则》等党内法规制度，都体现出新形势下管党治党的鲜明时代要求。更为重要的是，适应制度落实的现实需要，党内组织机构设置、工作运行体制机制在很多方面都进行了改革。特别是按照习近平总书记系列重要讲话精神，思想建党和制度治党在现实中相互结合、同时发力，收到良好效果。制度的健全完善，使党和政府的领导和各级工作人员在工作的制度化、规范化方面有很大改观，使党组织和政府的公信力得到进一步增强。

强化组织建设

最后，提高组织建设水平，使党的各项工作的组织基础更加稳固。组织建设是一项基础建设。5年来，中共在干部队伍建设、基层组织建设、党员队伍教育管理等方面所取得的成果，是党的各级组织和各级政府工作取得成效的组织保证。特别是基层党组织在基层社会治理中作用的发挥、服务性功能的体现，广大党员在实际工作中各方面模范带头作用的发挥、示范作用的体现，广大干部工作态度、工作方法的改进，工作能力的增强和水平的提高，都对增强党在群众中的影响力、凝聚力、号召力起到重要作用。很多地方特别是在一些新经济组织、新社会组织、新城镇社区，群众对基层组织从不了解到了解，到现在的高度认同，都是广大基层党员干部在实际工作中付出艰辛努力花费大量心血的结果。他们的工作实际证明，只要党的组织和政府部门把工作做到家做到位，群众对党和政府的信任和信心就一定能够始终保持。

5年来，中共在以习近平同志为核心的党中央领导下，已经用治党治国特别是不断推进全面从严治党的行动和工作实绩为应对"塔西佗陷阱"交出了一份为老百姓所认可的答卷。5年的实践也证明，对于一个勇于进行自我革命的政党，只要保持高度的清醒，采取正确的举措，所谓"塔西佗陷阱"，是可以避免的。

（作者为中共中央党校党建教研部教授）

延展阅读

何谓"塔西佗陷阱"？"塔西佗陷阱"是古罗马历史学家塔西佗提出的一个政治观点，即当权力失去公信力时，无论是说真话还是说假话，做好事还是做坏事，社会都会给出负面评价。这个见解在实践中不断地被证明富有合理性，西方政治学将其定名为"塔西佗陷阱"。

2014年3月18日，习近平总书记在河南省兰考县县委常委扩大会议的讲话中，提到"塔西佗陷阱"。他说，如果群众观点丢掉了，群众立场站歪了，群众路线走偏了，群众眼里就没有你，真的到了那一天，就会危及党的执政基础和执政地位。习近平提醒全党注意"塔西佗陷阱”，反映了中央领导集体对从严治党的高度重视和深刻思考。

塔西佗是古罗马历史学家，曾出任古罗马执政官，并得出这样的执政感受：“当政府不受欢迎的时候，好的政策与坏的政策都会同样地得罪人民。”这个卓越的见解后来被称为“塔西佗陷阱”。

“塔西佗陷阱”的场景，大家并不陌生。在一些突发事件中，一些地方政府或者政府部门的舆情应对，经常性掉入这个陷阱：无论说什么，老百姓就是“老不信”。这就使我们不得不思考，如何切实做到执政为民、公开透明，培育政府公信力，树立政府良好形象，从而避免“塔西佗陷阱”的出现。

党的十八大以来，以习近平同志为核心的党中央从关系党和国家生死存亡的高度，作出“打铁还需自身硬”的庄严承诺，坚定不移全面从严治党，深入推进党风廉政建设和反腐败斗争，党心民心为之一振，党风政风为之一新，党的执政基础和群众基础更加巩固，为应对“塔西佗陷阱”交出了一份老百姓认可的答卷。

践行依法治国 跳出历史周期率

◆ 燕继荣

依法治国，不仅成为中国共产党提高自身执政能力和水平的抓手，也是以习近平同志为核心的党中央实现国家治理能力现代化的路径，以及打破兴亡历史周期率、实现长治久安的答案。

早在2012年12月习近平总书记走访民主党派时，就谈到毛主席和黄炎培在延安窑洞关于历史周期率的一段对话，称至今对中国共产党仍是很好的鞭策和警示。毛泽东和黄炎培的这段对话已过去70多年，中国和世界都发生了巨大变化。苏联解体、东欧剧变以及近些年的“颜色革命”，加上国内腐败现象，都使我们必须重新审视这个问题，反思我们是不是已经完全解决了问题，化解了危机。近年来习近平总书记多次重提“其兴也勃焉，其亡也忽焉”的历史周期率问题，显示了强烈的危机意识、忧患意识，目的是要居安思危、知危图安，寻求国家的长治久安之策。

习近平总书记指出，全面推进依法治国，是着眼于实现中华民族伟大复兴中国梦、实现党和国家长治久安的长远考虑。从党的十八大强调法治是治国理政的基本方式，到十八届四中全会提出全面推进依法治国，中华

本文刊载于2017年9月21日《参考消息》。

民族实现伟大复兴的征途迈进到全新的“法治时间”。依法治国，不仅成为中国共产党提高自身执政能力和水平的抓手，也是以习近平同志为核心的党中央实现国家治理能力现代化的路径，以及打破兴亡历史周期率、实现长治久安的答案。

以法治为治国理政基本方式

执政党进行国家治理的目的是实现国家的善治，即寻求合理的制度安排，将国家送入长治久安、繁荣发展的轨道，使之不至于因为政治领袖的变更和政权的更替而陷入混乱，或者使国家的发展势头被迫中断。

党的十八大以来，党中央从实现国家治理体系和治理能力现代化的高度提出全面依法治国的重大战略部署，法治中国建设驶入“快车道”。

2013年11月，中国共产党十八届三中全会通过《中共中央关于全面深化改革若干重大问题的决定》(以下简称《决定》)，设定全面深化改革的总目标为“完善和发展中国特色社会主义制度，推进国家治理体系和治理能力现代化”，“到2020年，在重要领域和关键环节改革上取得决定性成果”，“形成系统完备、科学规范、运行有效的制度体系，使各方面制度更加成熟更加定型”。《决定》把“全面深化改革”落实到现代“国家治理”的制度层面，希望通过制度的合理安排，实现国家长治久安的目的，并设想通过15大领域的60项具体改革，逐步实现“国家治理体系”和“国家治理能力”的现代化。

2014年10月，十八届四中全会通过《中共中央关于全面推进依法治国若干重大问题的决定》。全会决定鲜明提出了“建设中国特色社会主义法治体系，建设社会主义法治国家”的命题，这是中国共产党历史上第一次以法治为议题的中央全会，是在十八届三中全会提出全面深化改革、推进国家治理现代化的基础上，进一步强调依法治国这一主题。

中国作为一个后发展国家，经济发展是首要任务。因此，以往的中央全会主要围绕“以经济建设为中心”来设定改革的目标和任务，这是很自然的事情。但是，在物资短缺和温饱问题不再作为人们首要和唯一关切的时候，国家建设必须步入新的阶段——那就是保持已有的成果，争取更大的进步。什么是更大的进步？就是要解决国家未来发展的制度障碍。近些年来，中共中央关于依法治国的法律文件逐渐增多，对于依法治国的理解也逐渐深入。十八届四中全会更是以依法治国作为中央全会的主题，这在执政者观念变化过程中具有里程碑意义。

在政治学者看来，依法治国是现代国家的一个重要特征和基本原则。中国共产党全面肯定法治的作用，把依法治国上升到党领导人民治理国家的基本方略的高度，把法治上升到治国理政的基本方式的高度，这一点符合政治学中现代国家治理的标准。法治是现代国家的基础，是中国梦的基础，十八届四中全会将依法治国列为主要议题，也是要解决这个基础性问题。

不断完善社会主义法治体系

从国家治理的角度看，国家的发展可以类比为汽车的驾驶，需要动力系统和制动系统。动力系统是由个体的公民、有组织的政党、利益团体、社会组织、企业等各种社会角色所构成的。他们在社会活动中不断产生需求，通过直接或间接的方式表达诉求，提出各种动议，全面推动国家的发展和变化。制动系统的类型则更为多元，首先是负责维持国家秩序的军队和警察系统，其次是文官系统，此外还有一个重要的制动系统。那就是由法官、检察官、陪审团、律师等角色组成的国家法治系统。其责任就是打消“超速”行驶的冲动，对于违章行为进行裁决和惩罚。国家治理就是“动力系统”和“制动系统”的平衡。

法治作为“制动系统”发挥着重要作用。首先，法治为国家的发展提供必要的轨道。所有的“动力系统”，如政党政治、利益集团，都必须纳入既定轨道中运行，才可保证国家的动力机车平稳运行，保持国家的稳定持续发展。其次，法治作为一种手段，可以为社会矛盾和冲突提供最终判决。法治的重要作用是将社会问题和政治问题转化为司法问题，从而避免成为军事问题（如决斗、内战等）。人类社会发展的事实证明，依法治理是最可靠、最稳定的治理。法治兴则国家兴，法治衰则国家乱。

从当代中国的情况看，相对而言，我们的动力十足，油门经常踩到底，但刹车片薄，制动系统不灵，甚至制动系统也经常扮演动力系统角色而发挥作用。现在，改革开放已经进行了40年，目前的改革也面临许多重要抉择。改革方向需要调整，工作重心面临转移，国家运行状态需要改变。在这样的历史拐点下，“全面推进依法治国”的提出无疑是指出了下一步改革的方向，使社会的各方面工作找到了重新调整、定位的机会，符合现代政治基本原则。

要真正促进中国的法治，一方面要看法律制度的供给是不是充足，有没有提供相应的制度规则，另一方面要看法律制度的执行如何。近年来，党和国家进一步完善中国特色社会主义法律制度：制定民法总则，为民法典编纂翻开关键的“第一页”；修订大气污染防治法、预算法等一批关系国计民生的法律法规；废止劳动教养法律规定，更好保障公民自由权利……可以说，法律法规更加符合社会发展和人民意愿。

法律的生命力在于实施，法律的权威性也在于实施。基于此，就要破除阻碍司法公正的藩篱，促进社会公平正义。近年来，“让审理者裁判、由裁判者负责”的司法责任制改革全面铺开，以审判为中心的刑事诉讼制度改革加快推进，减轻群众诉累的便民利民改革不断深化……司法体制改革逐步展开，人权司法保障不断完善，公平正义也日益成为人民群众的切身感受。

可以说，处于全面建成小康社会决胜阶段的中国，法治的力量正在为党和国家长治久安奠定坚实基础。

党的领导是法治最根本保证

中国共产党是中国现代国家治理体系构建的主导者。办好中国的事情，关键在党。全面推进依法治国，关键靠党。可以说，依法治国对中国共产党提出了更高的要求。在很多西方国家，利益集团通过游说，推动立法程序。在中国，是由作为执政党的共产党来引领、推进法治进程。在人民代表大会里，共产党是最大的党团，中国共产党在立法过程中起的作用是决定性的，责任也更大。党领导国家来制定国家的行为准则、执政党的行为准则、国家各个机构的行为准则，以及老百姓的行为准则。党的领导是社会主义法治最根本的保证，这是我们建设法治国家最大的特色和优势。党的十八届四中全会决定，对在党的领导下推进全面依法治国做了系统阐述，那就是坚持党领导立法、保证执法、支持司法、带头守法。

从国家治理的角度概括而言，法治至少涵盖两个方面的问题：一是规范普通民众的行为；一是规范当权者的行为，使其用好权力。用法律制度规则规范在位者的行为，把权力关进制度的笼子里。

党的十八大以来，各级党委和政府将权力运行纳入法治轨道。党的十八大把"法治政府基本建成"确立为2020年全面建成小康社会的一项重要目标，推动政府依宪施政、依法行政，用法治思维和法治方式履行职责。同时，党中央制定或修改一系列党内法规，同时更加注重运用法律手段惩治腐败，法治对全面从严治党的保障作用进一步凸显。党内法规体系日趋完善，约束"关键少数"标准更严。例如，对于党员领导干部的八项规定，广大民众能够切身感受到的成果之一就是官场的风气为之一变。这样具有全社会效应的移风易俗的做法，以往仅靠一两个单位、一两个机构很难实施并坚持下去，现在全党从顶层设计上制定规则，不许再大吃大喝，请客送礼，并严格执行，这将有力推动全社会风气的转变。

可以说，党的十八大以来，从"把权力关进制度的笼子里"到"提高立法科学化、民主化水平”，从“凡属重大改革都要于法有据”，到“让人民群众在每一个司法案件中都感受到公平正义”等等重大论断和重要举措，既有对多年来党的治国理政思想的一脉相承，也是中国共产党适应新常态、依法治国的一系列创新实践，成为持续推动中国现代化进程的基本保障。

伟大的民族总能在历史中汲取经验教训。今天，中国共产党站在新的历史起点上，以实践来交出一份答卷。全面推进依法治国，以民主机制和法治途径将权力关进制度的笼子里，推动现代国家治理的形成和巩固，使法治成为人们日常生活的一部分，进而实现国家长治久安，是跳出历史周期率的唯一出路。

（作者为北京大学政府管理学院常务副院长、教授。本文由本报记者田宝剑、李颖采访整理）

延展阅读

何谓“历史周期率”？1945年7月，到延安考察的爱国人士黄炎培与中共领导人毛泽东有一段非常著名的谈话，历史上称为“窑洞对”。黄炎培坦率地说，“其兴也勃焉，其亡也忽焉”，一人，一家，一团体，一地方，乃至一国，不少单位都没有跳出这周期率的支配。

黄炎培表达了他的忧虑：一个朝代大凡初时聚精会神，没有一事不用心，没有一人不卖力，既而环境渐渐好转了，精神也就渐渐放下了。一部历史，“政怠宦成”的有，“人亡政息”的有，“求荣取辱”的也有。总之没有能跳出这周期率。中国共产党能否走出一条新路，打破历史周期率的魔咒？

自1949年新中国成立、中国共产党执政近70年，我党能否跳出“历史周期率”、实现长期执政？如何实现党和国家长治久安？

站在历史和未来的交汇处，肩负全面建成小康社会的历史重任，以习近平同志为核心的党中央给出了坚定而明晰的答案：全面推进依法治国，是着眼于实现中华民族伟大复兴中国梦、实现党和国家长治久安的长远考虑。全面建成小康社会，全面深化改革，推进国家治理体系和治理能力现代化，必须坚持依法治国，为党和国家事业发展提供根本性、全局性、长期性的制度保障。

中国民主政治模式终结“历史终结论”

◆ 房　宁

中国的探索丰富了人类民主政治建设的经验，提供了民主政治建设的中国方案。中国的民主政治建设是对西方资本主义民主的扬弃，是一种伟大的制度创新。从一定意义上可以说，中国现代民主政治宣告了“历史终结论”的破产。

20世纪80年代末，美籍日裔学者弗朗西斯·福山提出了所谓“历史终结论”，把冷战结束看作“历史终结”，认为西方自由民主制度自此取得了决定性的胜利。然而，国际政治的现实发展证明了源于西方中心主义的历史终结论的严重偏差。西方民主制度不仅没有获得所谓胜利，而且次贷危机、美国在中东移植民主带来的中东乱局、2016年美国大选等一系列事件，还进一步引发了西方社会及广大发展中国家对西方民主的广泛质疑与反思。与此同时，世界上越来越多的人为中国经济的飞速发展发出由衷赞叹，也有一些人开始关注、探寻“中国奇迹”背后政治制度的原因。

事实上，民主政治是人类社会进入工业化时代后政治发展的普遍趋势，民主政治是适合工业化、现代化社会进程的政治制度。在普遍趋势之下，

本文刊载于2017年9月25日《参考消息》。

各个国家走向民主政治的道路多种多样，需要根据自身的发展阶段和具体国情，选择和建构适合自身发展要求的民主政治制度。中国的民主政治建设在历史文化传统和基本国情的深刻影响下，在追求民族独立、国家富强和社会进步的长期奋斗和探索中，形成了既体现民主政治基本价值和普遍原则又具有中国特色的民主制度。

中国的探索丰富了人类民主政治建设的经验，提供了民主政治建设的中国方案。中国的民主政治建设是对西方资本主义民主的扬弃，是一种伟大的制度创新。从一定意义上可以说，中国现代民主政治宣告了“历史终结论”的破产。

西方民主制度弊端显现

“9·11恐怖袭击事件”之后，美国先后发动阿富汗战争和伊拉克战争，雄心勃勃地要在那里建立符合美国标准的民主模式。然而，无论是小布什总统的“大中东民主计划”，还是奥巴马未执行即已夭折的所谓“新丝绸之路”计划，美国声称的“民主”只落得把中东化作满目疮痍。

在西方以外的广大地区和众多国家，西方式的民主模式并没有像它的兜售者所鼓吹的那样，也没有像当地人民所期待的那样，带来普遍的繁荣、幸福，反而处处水土不服。这是因为西方的民主模式并不是普世的。民主，还是要靠各国人民自己探索，还是要走自己的路。

与此同时，西方社会自己也在反思。尤其是金融危机后，西方社会普遍认识到，长期的选举政治造成西方政策短期化和功利化，政客选前被利益集团捆绑，为了眼前利益开出空头支票，很难顾及一个国家整体和长远利益。即使是福山自己，在2014年也曾在美国双月刊杂志《外交》上撰写《美国正在腐朽中》。福山不得不承认，利益集团深入把控决策过程，美国两党为否决而否决，已令美国民主政治制度陷入僵化。

2016年的美国大选更是引发了美国国内尖锐政治分歧与争拗，大选暴露出来的问题深刻揭示了西方政治制度中选举与民主的内在矛盾，即金钱政治、派阀政治和民粹政治对人民主权原则的颠覆与否定。这不能不引起人们对西方民主政治的反思。

在反思西方民主的同时，国际社会和国际舆论也越来越关注中国的民主政治模式及其所蕴含的重要理念和重大意义。

现代民主政治的中国探索

中国的现代民主政治既是对人类有益政治文明成果的借鉴和发展，也是中国特色的社会主义民主政治模式。这种民主是社会主义的，是符合中国国情、符合中国优秀文化传统、符合中国社会发展进步要求的政治制度。

经过长期反复的实践探索，中国已经形成适应发展阶段、符合发展要求的独具特色的民主政治体系，其特征主要表现在四个方面：

一、保障人民权利与集中国家权力相统一

中国的民主政治实践体现了对广大人民群众经济社会权利的保障，中华人民共和国成立以来尤其是改革开放以来，中国人民的基本权益得到了普遍保障。中国的民主政治在广泛保障人民权利的同时，还有另一方面的重要机制，这就是中国民主政治制度与体制具有集中资源的功能，包括调控市场经济行为、制定经济发展战略规划、协调区域发展、推动基础设施建设等。以中国共产党领导、人民当家做主和依法治国有机统一为基本内容的政治制度，提供了保护权利和集中力量的双重功能。

相比之下，现代资本主义政治体制具有一定程度权利保障的功能，但同时开放竞争性选举，造成了扩大社会分歧以及政党、利益集团相互排斥攻讦的“否决政治”的困境。在富裕稳定的西方国家，这些弊端还能控制在一定范围和程度，而对于那些处于工业化、现代化进程中社会矛盾多发期的发展中国家，西方政治制度的缺陷表现得尤为突出。在工业化阶段的社会矛盾多发期，以竞争性选举为社会矛盾的爆发点，许多发展中国家“一选就乱”，导致了频繁的政治冲突，有的使社会陷入长期动荡。

二、协商民主为民主政治建设重点

考虑到我国当前的经济社会条件、面临的主要任务以及国际环境，也考虑到西方国家以及一些发展中国家民主政治发展的经验教训，党的十八大把协商民主确定为现阶段发展中国特色社会主义民主政治的方向和重点。

中国现阶段民主政治的一大特点正是以协商民主作为实施和发展民主政治的主要形式。中国的协商民主是覆盖社会各个阶层群体，运行于政党、国家、社会、公民各个层面的民主治理体系。中国在工业化阶段重点发展协商民主的主要价值在于：其一，有利于减少社会矛盾，扩大社会共识。协商民主的本质是寻求社会利益的交集和最大“公约数”，照顾各方利益，促进妥协和共同利益形成。其二，有利于提高民主质量。协商民主与选举民主、多数决定的民主机制不是对立的，协商民主可以让各种意见充分发表，在交流讨论中取长补短，避免片面性，尽可能趋于一致，也有助于把“服从多数”和“尊重少数”统一起来。其三，有利于提高决策效率，降低政治成本。协商民主是求同存异，有利于达成妥协和共识，降低达成妥协的交易成本。

三、循序渐进扩大人民权利

西方的权利观，或认为权利是先验、与生俱来的，即所谓“天赋人权”；或认为权利是法律赋予的，法定权利神圣不可侵犯。但西方自身政治发展的经验证明，权利的实现是长期的社会进程，宪法和法律的确立仅仅是权利的起点而非终点，宪法和法律本身就是一部权利实现的历史。以美国为例，美国以奉行和倡导自由平等精神立国，但在美国宪法中却保留了奴隶制。在美国建国80多年之后，美国通过宪法修正案方式才在宪法层面否定了奴隶制。而在美国被宪法确认的公民平等原则全面转化为各个联邦主体，即美国各州的法律时已经是20世纪60年代的事情，这意味着美国的宪法原则落实为法律走过了上百年的道路。美国历史表明，权利的实现是一个漫长的历史过程。而当今世界上，许多照搬西方以及美国政治制度的发展中国家遭遇了“民主失败”，一个重要原因是人民权利的扩大超过了政治制度和体制的承载能力，形成了权利超速现象。

在中国的意识形态和社会实践中，从未把权利神圣化、绝对化，从未以先验的、教条主义的态度对待人民权利问题。权利是伴随经济、社会、文化的发展而不断扩大和增长的，而非与生俱来或单纯靠政治斗争争取来的。中国发展人民权利的根本之道是以经济建设为中心，大力发展社会生产力，通过不断促进经济、社会、文化发展来为人民权利的发展创造条件，逐步地发展和扩大人民的权利。这是中国在经济社会快速发展，在人民权利意识不断上升的复杂的社会环境中依然保持社会稳定的重要经验之一。

四、采取“问题推动和试点推进”策略

中国根据自身实践和长期探索，形成了推进民主政治建设的中国策略：一是“问题推动”。从现实中的问题出发，从解决实际问题中选择突破口，实为明智之举。解决了现实问题，证明做法的正确和取得了初步成功。积小胜为大胜，可以减少因主观认识的局限和判断失误带来的风险。二是“试点推进”。试点是用实践检验政策和理论的方法，可以给人们纠正错误的机会，具有分散风险的作用。政治建设和政治体制改革最忌“一揽子”方案，一旦失误，满盘皆输。经过试点就不会有大错，即使是出现设计错误，甚至改革的失败，也会把风险和损失控制在试点范围内，而避免了更大的全局性、颠覆性的错误。三是“统筹兼顾”。政治问题“牵一发而动全身”，政治建设的局部成功未必具有很大的价值，有些政治建设与改革可以带来某一方面的效益，但却可能在其他领域引发新问题。因此，政治建设和政治体制改革重在评估其整体的效应。通过不断的局部实验与试点，可以观察和评估其整体效果，最终形成全局性的稳妥的解决方案，形成比较成熟完善的政治制度。

中国的“问题推动和试点推进”的政治发展策略，保证了世界上最大的发展中国家平稳的工业化、城镇化的发展进程。对比西方历史上以及发展中国家在现实中因工业化引发的灾难性的社会冲突与动荡，中国的工业化进程不得不说是一个奇迹。

基于中国历史文化传统和现实国情，经过长期实践探索形成的具有中国特色的社会主义民主政治制度，为中国的工业化和现代化提供了政治保障。中国的民主政治制度体系为当今世界所有发展中国家实现国家工业化和现代化历史阶段的政治建设提供了重要参照，同时也为困于内在缺陷和面临重重问题，引发重要争执的西方社会提供了启示与参考。中国民主政治建设的实践与探索不仅具有中国价值，也具有世界价值。

（作者为中国社会科学院政治学研究所所长）

延展阅读

何谓“历史终结论”？冷战结束以后，如何评价资本主义制度和社会主义制度及其命运，成为东西方理论界普遍关注的现实问题。在这样的大背景下，日裔美籍学者弗朗西斯·福山抛出了所谓的“历史终结论”。这一论断最早出现在福山1988年所作的一次题为“历史的终点”的讲座。1989年，美国新保守主义期刊《国家利益》刊载福山在讲座基础上扩充的论文《历史的终结？》。福山认为，苏联解体、东欧剧变和冷战结束标志着共产主义的终结，历史的发展只有一条路，即西方的市场经济和民主政治。他认为，自由民主制度是“人类意识形态发展的终点”和“人类最后一种统治形式”。

然而，过去数十年的政治实践表明，西方国家特别是美国在全世界多个地区和国家推销民主遭遇水土不服，均以失败告终。不仅如此，席卷西方社会的金融危机、民粹主义潮流和选举乱象使得包括福山本人在内的西方政界学界开始广泛反思西式民主的种种弊端。

与此形成鲜明对照的是，基于本国的历史文化传统和现实国情，在中国共产党的领导下，经过长期实践探索，中国形成了具有自身特色的社会主义民主政治制度。中国的民主政治制度体系为当今世界发展中国家进行国家治理、社会建设提供了重要参照，也为陷入重重困境的西方社会提供了启示与参考。焕发出强大生机活力的中国特色民主政治充分证明，历史并未“终结”。

第三章

全球化之问

新型大国关系跨越“修昔底德陷阱”

◆ 于洪君

坚持不懈地构建不冲突不对抗、相互尊重、合作共赢的新型大国关系，是中美两国永久规避“修昔底德陷阱”的唯一出路。

2016年美国举行新一届总统选举以来，国际上关于中美关系可能陷入“修昔底德陷阱”的言论骤然增多，其主要代表是美国哈佛大学国际问题专家格雷厄姆·艾利森。按照他的说法，古希腊历史学家修昔底德关于后起的新兴大国与居于霸权地位的守成大国必有一战的观点是国际关系的“铁律”。特朗普入主白宫后，两国关系变数增大，国内有关中美关系的悲观看法也多了起来。中美关系究竟有无可能跌入“修昔底德陷阱”，的确是当前国际社会普遍关注的大问题，需要从历史与现实、当前与长远、双边与国际、地缘战略与全球治理等诸多方面进行观察、研究和思考。

本文刊载于2017年9月29日《参考消息》。

中国率先倡导大国关系新模式

美国是当今世界最大的发达国家，是世界第一大经济体和第一大军事强国。由于它拥有当今世界任何国家无法比拟的全球影响力，因而也是目前唯一的超级大国。中国是当今世界最大的发展中国家，是世界第二大经济体，目前正以前所未有的速度接近全面复兴的伟大历史目标，接近世界舞台的中心。

早在新世纪到来前夕，中美双方已充分意识到，中美关系是当今世界最重要的双边关系。中美关系走势不但事关两国根本利益，也事关整个国际关系和世界格局。2009年，中美建立了战略与经济对话机制，后来发起人文交流高层磋商。两国关系在摩擦不断、对话不已、反复定位与折冲樽俎中曲折发展。

党的十八大以来，随着中国成长为全球性大国的步伐大大加快，中美两国在国际事务中利益重合又冲突、立场接近又相左的情况越来越普遍。在这种形势下，精准定位中美关系并明确其内涵，引导中美关系超越可能出现的“修昔底德陷阱”，成为中国特色大国外交的重中之重。

习近平主席高度重视中美关系。2013年3月他就任国家主席当天，即与美国总统奥巴马通电话，就两国关系交换看法。随后，他多次对来访的美国人表示，中美双方要从大处着眼，从战略高度认识当今时代形势，始终把握两国关系的正确走势；同时，两国还要从小处着手，积微成著，通过一点一滴的实践和积累建立新型大国关系。

当年6月，中美两国元首举行的安纳伯格庄园会晤，是中美关系史上具有里程碑意义的重大事件。习近平主席在这次会晤中将中美新型大国关系界定为“不冲突不对抗、相互尊重、合作共赢”，提议双方“从两国人民根本利益出发，从人类发展进步着眼，创新思维，积极行动，共同推动构建新型大国关系”。他表示，面对经济全球化迅速发展和各国同舟共济的客观需求，中美应该也可以走出一条不同于历史上大国冲突对抗的新路。

2014年11月，中美两国元首在北京举行“瀛台夜话”，习近平主席着力突出中美关系合作共赢这一主旋律。他指出，我们不能让它停留在概念上，也不能满足于早期收获，还要继续向前走。

2015年9月，习近平主席访问美国，为中美共建新型大国关系注入强大动力。他提出了正确判断彼此战略意图，坚定不移推进合作共赢，妥善有效管控分歧和广泛培植人民友谊四点新主张。在这次访问中，他旗帜鲜明地指出，中美之间本不存在“修昔底德陷阱”，但如果双方出现战略误判，就有可能造成“修昔底德陷阱”。

中方为构建中美新型大国关系进行了不懈的努力，但美方却经常背道而驰，做出令人失望之举。在这种形势下，2016年二十国集团（G20）峰会在杭州举办时，习近平主席借机与美方交换意见。在台湾问题上，他敦促美方恪守一个中国政策，以实际行动维护两岸关系和平和中美合作大局。在涉藏问题上，他要求美方恪守承诺，不支持“藏独”势力反华分裂活动。在南海问题上，他强调中国将坚定维护自身领土主权和海洋权益，希望美国在该地区发挥建设性作用。在朝鲜半岛问题上，他重申中国的一贯原则和立场，反对美国在韩国部署“萨德”系统，要求美国切实尊重中国的战略安全利益。

将中美关系拉回健康发展轨道

2016年美国大选以来，作为候选人的特朗普大量发表不负责任的对华言论，引起国际社会广泛关注。入主白宫后，他打破美国外交传统，与台当局领导人通电话。此后，他连发推文，一方面承认中美关系重要，表示要和中国搞好关系；另一方面又激烈指责中国，诬称中国为汇率操纵国，抨击中国在南海的维权行动，甚至表示要对华开展贸易战。中美关系向何处去，一时牵动了整个世界的神经。面对“特朗普现象”对中美新型大国关系建设造成的严重冲击，中国冷静观察，沉着应对，调动各种外交资源和手段进行反制，充分表现出中国特色大国外交刚柔并济、进退有术的成熟性和有效性。首先，对特朗普在大选中胜出及正式就职，习近平主席均第一时间致电祝贺，同时表达中方对中美关系未来发展的建议和主张。其次，习近平主席多次与特朗普通话，同时派主管外事的国务委员赴美，就稳定和发展两国关系与美方交换意见。最后，对美国新政府触及中国核心利益、伤害两国关系大局的错误言行，进行公开敲打，毫不迟疑地表达中方的原则立场和主张。

中国应对中美关系新变化的策略和做法相当成功。特朗普起初对华气势汹汹的架势已有明显改变，那些对华不友善的言论和主张并没有完全付诸行动。在台湾问题上，他也不得不表示，美国将继续遵循“一中政策”。更重要的是，在与习近平主席通话时，特朗普对中方发展两国关系的良好意愿，作出总体上较为积极的回应。3月19日，美国新国务卿蒂勒森来华访问时，一字不差地使用了中方关于中美新型大国关系的标准提法，称美方愿本着不冲突不对抗、相互尊重、合作共赢的精神发展对华关系，不断增进美中相互了解，加强美中协调合作，共同应对国际社会面临的挑战。这番超乎寻常的表态，意味着中美关系有望回归沟通协调、交流对话的正常轨道。

2017年4月，习近平主席与特朗普在美国举行海湖庄园会晤，双方宣布建立四个高级别对话机制，开展外交安全、全面经济、执法和网络安全、社会和人文对话，促进中美经济关系健康稳定向前发展。

此后，习近平主席在G20汉堡峰会期间与特朗普再次会谈。特朗普表示，美方愿同中方拓展各相关领域的对话和互利合作，在重大国际和地区问题上保持沟通协调。至此，扑朔迷离的中美关系出现拨云见日的新景象。

构建新型大国关系是唯一出路

中美关系这一轮深刻变数，是冷战结束以来最突然、最复杂、最不可测也是最难以把控的。对于构建中美新型大国关系、打造世界新格局和国际新秩序而言，甚或是生死攸关。中国在这场前所未有的博弈中因势利导，趋利避害，较好掌握了中美关系发展的主动权，把握住了中美关系前进的大方向。这不仅是中国特色大国外交的一个重要成就，同时也是中国为稳定整个国际关系作出的一份重要贡献。

与此同时，我们也要清醒地看到，中美两国社会制度不同，发展道路不同，价值观体系不同，结构性矛盾根深蒂固；中国处于综合国力迅猛增强的上升通道，美国处于国运不济持续走低的下行区间，双方战略利益冲突几乎无处不在。从这两种情况看，有人预言中美两国将面临“修昔底德陷阱”，并非全无道理。

纵观人类社会发展进程，历史上确实也不乏新兴大国与守成大国剧烈冲突的例证。据西方学者统计，欧洲中世纪发生过一百多场大国之战，其中后起大国与守成大国作为对立双方同时参加的战争，占半数以上。某些人坚持认为中美关系发展终将导致历史性对决，就是从这些历史事件中推导出来的消极结论。这种带有冷战遗痕的旧思维，实际上已大大落后于时代。

我们所处的时代，是以和平发展、合作共赢为基本诉求的新时代，世界各国早已成为你中有我、我中有你的命运共同体。中国不是历史上的斯巴达，强国只能追求霸权的主张不适用于中国，中国没有实施这种行动的基因。美国也不可能单凭武力和强权来维持它在世界上的所谓“领导力”。中美两国要避免大国冲突的历史覆辙，除义无反顾地构建新型大国关系，没有其他出路。

中美两国是对人类和平与发展负有特殊责任的国家。保持中美关系健康稳定地向前发展，是时代的要求，也是国际社会的期盼。双方登高望远，加强合作，不断前行，坚持合作，避免对抗，既可造福两国，又可兼济天下。换言之，坚持不懈地构建不冲突不对抗、相互尊重、合作共赢的新型大国关系，是中美两国永久规避“修昔底德陷阱”的唯一出路。

中美建立新型大国关系，是前无古人、后启来者的伟大事业，同时也是完全没有经验可循的历史创举，因而不会一蹴而就，不会一帆风顺。双方在求同存异、聚同化异的过程中，要坚持从战略高度和长远角度出发，以积水成渊、积土成山的精神，加强沟通，增进互信，拓展合作，不断扩大利益共同点与合作契合点，共同为全球及地区和平、稳定和繁荣作出贡献。只有这样，不断成长和成熟的中美新型大国关系，才能真正服务中美两国根本利益和长远利益，符合时代发展潮流和人类进步的共同需要。

（作者为中共中央对外联络部原副部长）

延展阅读

何谓“修昔底德陷阱”？是指一个新崛起的大国必然要挑战现存大国，而现存大国也必然会回应这种威胁，这样战争变得不可避免。此说法源自古希腊著名历史学家修昔底德。他认为，当一个崛起的大国与既有的统治霸主竞争时，双方面临的危险多数以战争告终。

中国担当化解“金德尔伯格陷阱”

◆ 沈丁力

中国正向世界输出合作理念与资源，竭力回馈世界。这样的中国，正以自身的发展为世界创造空前机遇。

美国著名世界经济史学家、霸权稳定理论的奠基者之一查尔斯·金德尔伯格在其名著《1929—1939年世界经济萧条》中指出，以市场为主体的世界经济体系的稳定运行需要成本；由于市场本身无法自发承担这一成本，而且各国鉴于收益有效之考虑又往往不愿主动覆盖稳定市场的成本，因此需有一个领导型国家愿意不计收益而付出维护世界市场稳定的“公共成本”。

那么，在历史性崛起的当下，中国愿意为维护当今世界发展和稳定而作出贡献吗？在西方一些人看来，随着中国崛起，既要防范“修昔底德陷阱”，即由于中国可能谋求权势而与守成大国发生冲突；又要防范“金德尔伯格陷阱”，即中国通过示弱而非示强，不愿承担根据能力本应担当的责任。事实真的如此吗？

本文刊载于2017年9月28日《参考消息》。

中国由分享者变成贡献者

显然，那些人士想多了。中国处于现有的国际体系之中。现有的国际体制尽管并不完善，但它还是提供给各国予以适应、遵循、改善、提升的起点。中国在改革开放之后曾长期奉行与国际体系“接轨”，就是这样一个学习、仿效、借鉴、提高并超越的过程。

在临近第二次世界大战结束之前，中国与当时的国际社会曾共同缔造联合国系统。但在冷战期间我国曾长期身处与苏联等国在一起的社会主义阵营，客观上受到西方阵营的遏制和孤立。即使中国愿意与世界各国普遍平等往来，也往往不得其门而入。但自改革开放以来，中国逐步接触并先后加入了世界银行、国际货币基金组织以及世界贸易组织等，成为既有国际体系的一个新的重要成员。

中国改革开放以来融入了这一体系，在客观上尊重了其所处国际环境的现实。在中国与世界接轨的过程中，中国接受了现有国际体系的规范与准则，自身也从先前的对旧国际体系的反抗者转变为对现有体系的合作者，并从中脱胎换骨，通过国家创新，逐步从现有体系所提供的国际公共产品的分享者，走到了经由完善现有体系，通过承担稳定并推进现有国际体系的成本，使之获得更大发展动力的推动者。这方面的例子不胜枚举。

提出全球治理新理念

在全球治理上，中国近年提出了包容、开放、合作、共赢的新理念，并坚决身体力行。10年前的全球金融危机，中国和世界主要经济体共同协力，通过促进资本流动以及扩大国内市场予以克服。鉴于全球依赖的日益加深，各国已经普遍认识到对于任何全局性的国际问题，已非单一国家或者几个国家就能有效应对。

相反，新兴经济体的群体性崛起，在世界经济中的分量以及对全球经济增长的贡献日益重要。中国主张在国际事务中更加重视新兴国家的作用，更多听取它们的意见，从而在广泛的跨边界议题中形成传统大国与新兴国家的合力，并使治理成果更多在全球形成普遍分享。十年来，中国大力打造金砖国家体系，不仅塑造金砖国家之间广泛合作的机制，而且力推金砖国家在国际事务中发挥更为重要的作用。中国的这些积极主张，已经在地区与全球安全、经济、金融、气候变化等领域得以实践，这使“金德尔伯格陷阱”之说不攻自破。

承担更多安全责任

在安全领域，中国在改革开放后逐步承担起联合国维和使命。多年来，中国所承担的联合国维和任务的数量和派遣军人的数量，在联合国安全理事会的五个常任理事国中，均名列首位。为驰援联合国维和使命，中国已设立维和常设力量，开设维和常备机制，一俟联合国召唤并获中国政府批准，中国军队就将开赴维和现场。

相比之下，目前的守成大国或对联合国维和兴趣索然，或者索性越过联合国，直接对主权大国伊拉克发动“先发制人”打击，粗暴践踏《联合国宪章》。一个对国际稳定不负责任的国家，是不愿将本国资源提供给联合国作为国际公共物品的。

还是在安全领域，美国二战后在世界范围组建了庞大的军事同盟网络，为其数十个军事伙伴提供安全保护。尽管美国为此承担了安全成本，但亦收获了通过威慑而增进安全并进而促进繁荣的重大利益。但在近期，伴随着中国的快速发展，美国国内民粹主义上升，狭隘的“美国优先”思潮久经潜伏已喷薄而出，在特朗普总统竞选与施政期间不断有所发育，这对其亚太以及欧洲盟国皆非利好。

相比之下，中国军队应反海盗、反恐怖的时代要求走出国门。在近十年的亚丁湾护航中，人民解放军正彰显中国维护地区与世界安全稳定的全新面貌。就中国的实践而言，“金德尔伯格陷阱”论再次成为无稽之谈。

推动全球互联互通

在经济领域，中国基于自身发展的成就，尤其愿意与世界分享经验，传播发展资源，践行共赢理念。在过去30多年的发展中，中国基础设施发展日新月异，不断刷新世界纪录。中国高铁发展不到10年，就已取得拥有世界高铁发展半个世纪所积累的总里程之六成的辉煌成绩。在此基础上，中国在过去5年来系统提出与周边国家开展基础设施的互联互通，进而将这一进程拓展至欧亚大陆乃至非洲。在2016年杭州举办的二十国集团峰会上，中国成功地推动峰会核准启动“全球基础设施互联互通联盟倡议”，力图将此作为中国发展的新起点以及全球增长的新蓝图。

中国力图推动全球基础设施互联互通，绝非只是为了自身经济增长取得活力，更有保护全球持续增长的深远考虑。中国推动基础设施互联互通，提出“一带一路”的宏伟倡议，奉行“共商、共建、共享”的平等理念。人们确实可以看到，美国已不复当年之勇，华盛顿已不再积极为世界经济发展提供更多更新公共产品，但中国横刀立马，勇于在新时代为世界经济振兴作出担当，绝不为“金德尔伯格陷阱”所困。

提供金融支持促发展

在金融领域，中国也早已不是当年那个竭力招商引资的贫穷之国，而已走上中等收入的康庄大道，成为资本净输出国家。曾几何时，美国召集布雷顿森林会议，确定了战后国际金融秩序。美国在为稳定世界经济和金融秩序而付出公共成本的同时，确立了美元作为世界首个国际储备货币，从而一举奠定美国的世界金融强国地位。然而，世界的不断发展迫使美国为维护其对国际社会持续的美元提供，放弃了美元与黄金的确定性对应，这本身造成了美元乃至美国从巅峰地位下降。

由国际货币基金组织所确定的一揽子主权货币所构成的混合型国际储备货币体系，从2016年起已涵盖人民币。这既是对中国国力的高度肯定，也是中国金融对世界的最新贡献。近年来，中国积极发起金砖国家新开发银行，从而使金砖国家的合作发展获得更具保障的金融支持。此外，中国在2014年提出亚洲基础设施投资银行的概念，并在一年内取得广泛支持。这一银行契合了亚洲地区对于基础设施投资的迫切需要，获得了全球范围的热切反响。可以说，金德尔伯格先生不必多虑，随着中国的崛起，中国逐步增强的金融能力，正在快速转化为中国对于亚洲乃至更为宽广范围区域发展的支持。

倡导打造增长新模式

在环境领域，中国正在践行另一种引领世界的庄严使命。近年来，中国确立绿色发展的新理念，正大力发展环境友善的能源战略。经过长期谈判，国际社会于2015年达成艰难共识，取得了巴黎气候变化协定的里程碑发展。中国为此推出自主减排目标，承诺从2030年起实现总量碳排放逐年下降，为世界环境的永续发展作出贡献。

尽管美国新政府出于“美国优先”的理念已宣布退出上述协定，但中国在近年的达沃斯世界经济论坛上表示，将坚定支持全球化时代的国际合作。中国要坚持创新驱动，打造富有活力的增长模式；要坚持协同联动，打造开放共赢的合作模式；要坚持与时俱进，打造公正合理的治理模式；要坚持公平包容，打造平衡普惠的发展模式。

通过创新、开放、公正以及普惠的新理念，中国提出了关于国际社会增长、合作、治理以及发展的四种模式，在理论上对世界经济进步展现了中国图景。无数事实表明，中国不仅是经济全球化的受益者，也逐渐成为对于人类发展日益重要的贡献者。

作为对1929—1939年世界经济萧条原因的总结，“金德尔伯格陷阱”准确指出了当年的崛起大国美国不愿为维护世界经济的稳定而承担成本，部分导致了此后世界动荡的后果。在当今世界，在“美国优先”的旗号下，华盛顿正在渐失对于维护世界稳定的兴趣与动力，这恰恰也是金德尔伯格的担忧。但是人们可以告慰金德尔伯格，中国的崛起既非示强与美国争夺霸权，也非示弱不负责任。相反，根据中国发展取得的经验与能力，北京正向世界输出合作理念与资源，竭力回馈这个使中国取得进步的星球。这样的中国，正以自身的发展为世界创造空前机遇。

（作者为复旦大学国际问题研究院教授）

延展阅读

何谓“金德尔伯格陷阱”？查尔斯·金德尔伯格是美国著名世界经济史学家、国际政治经济学和国际关系学的霸权稳定理论奠基者之一。他认为20世纪30年代的灾难起源于美国取代英国成为全球最大强权，但又未能像英国一样承担起提供全球公共产品的责任。美国尽管取代英国成为世界最大经济体，但未能接替英国所扮演的角色，结果导致了全球经济体系陷入衰退、种族灭绝和世界大战。对全球化而言，就缺少了全球公共品的提供者。

2017年1月，美国政治学家约瑟夫·奈在欧洲新闻网发表的文章里提出“金德尔伯格陷阱理论”，引起学术界和媒体的关注。该陷阱论逆向思考，告诫美国人：中国崛起以后的动向可能不是“示强”，而是“示弱”，即不愿承担目前美国无力负责的重要国际公共产品的供给，从而使世界陷入领导力空缺、危机四起的险境。

中国以“合作共赢”破解“文明冲突”

◆ 袁 鹏

“合作共赢—和平发展道路—人类命运共同体”三位一体，是一套完整的思想体系。这是一种完全不同于“文明冲突论”的思想体系、价值体系乃至文明体系。

党的十八大以来，以习近平同志为核心的党中央，丰富和完善了新时期中国国际战略思想，形成以“合作共赢—和平发展道路—人类命运共同体”为引领的一整套思想、理论、理念、倡议，呈现出完全不同于西方“文明冲突论”的中国主张和中国方案。

“文明冲突论”一度误导国际政治

就对当代国际政治思潮的影响而言，已故哈佛大学教授塞缪尔·亨廷顿的“文明冲突论”恐无出其右者。冷战结束后，一批乐观的美国思想精英按捺不住内心的狂喜，迫不及待地宣称共产主义和社会主义彻底失败，自

本文刊载于2017年9月26日《参考消息》。

由资本主义最终胜利并将一统天下，代表人物和思想是福山及他的“历史终结论”。实践证明，“历史终结论”与其说是严肃的学术结晶，毋宁说是应景之作，不仅论题和结论过于仓促和鲁莽，而且结论经不起实践的检验，因而最终昙花一现。另一批思想家则对后冷战时代国际政治新的主要矛盾进行了深入分析和思考，其中，亨廷顿教授的“文明冲突论”脱颖而出，成为人们观察后冷战时代世界主要矛盾最具影响力的论断之一。亨氏在冷战甫一结束，便给如何观察后冷战世界政治提供了一个既简洁明快又颇具煽动力的思维范式，取代冷战时期意识形态冲突的旧框架。这一思维范式就是所谓“文明冲突论”。

亨氏的主题及结论很简单，那就是，随着意识形态这一主要矛盾的终结，世界范围内并存的七八种主要文明之间的冲突很可能取而代之，成为世界政治的主要矛盾，尤其是西方基督教文明同伊斯兰教和儒教文明之间的冲突将成为最主要矛盾。对惯于从矛盾对立或寻找敌人角度思考国际政治，急于寻找后冷战世界主要矛盾而又不得要领的西方政治精英和政客而言，亨氏此论可谓恰逢其时且正中下怀。政治家的偏好激励着亨氏朝“文明冲突论”方向越走越远，而“文明冲突论”又反过来潜移默化地影响着西方政治家们的思维，彼此互为因果，推波助澜，终使“文明冲突论”不胫而走，登堂入室，成为美国乃至西方当政者的某种政治哲学，以致影响其战略决策。

“9·11恐怖袭击事件”后，小布什曾发出著名一问，“他们为什么恨我们？”这个问题本来问得挺好，无奈小布什们没来得及深入思考，便很快以两场战争的方式完成了答题。接着，美国军事打击范围从恐怖分子延伸到恐怖主义、恐怖主义庇护国、“邪恶轴心”“暴政前哨”，最后直指极端伊斯兰主义。如此这般，反恐战争最终异化为西方文明对伊斯兰文明之间的某种较量，亨氏的“文明冲突论”好似被实现的预言，找到了最好的现实注脚，一时风光无限。

然而，伊拉克战争之后中东乱局接踵而至，国际金融危机、经济衰退祸不单行，全球恐情愈演愈烈，美欧内部政治社会问题积重难返，凡此种种，怎是“文明冲突论”所能解释？！相反，恰恰是“文明冲突论”之滥用，才导致西方政客以简单粗暴的方式解决异常复杂的国际政治经济问题，结果旧的问题没解决，新的问题又产生，如此相互缠绕，剪不断理还乱。作为出类拔萃的国际政治学者，亨廷顿无疑是成功的，但其“文明冲突论”对当前国际政治造成的思想混乱和观念误导，进而最终成为美国打击极端伊斯兰的理论依据，亨氏的“文明冲突论”是危险的，对中东某些国家而言，更几乎就是灾难。

亨廷顿学术建设性和政治破坏性并存的两面性特质还在延续。他在去世前出版的《我们是谁？》一书中，把非西方文明挑战西方文明之间的“文明冲突”移植到解释美国国内的族裔矛盾，认为不久的将来，随着人口结构的变化，美国白人将沦为少数，而“白种盎格鲁—撒克逊新教（WASP）”价值观将面临空前挑战。这一观点一方面道出了美国族裔分化的现实，另一方面则彰显其毫不掩饰的“白人至上主义”理念，活脱脱就是“文明冲突论”的美国国内翻版。

中国秉持“多彩平等包容”文明观

对于亨氏的“文明冲突论”，中国一开始就抱持谨慎怀疑的态度，一方面从学术上肯定其价值和一定的创造性，另一方面从政治上质疑其背后的战略考量，总体上对其敬而远之。其中根本原因，在于其所渲染的“文明冲突”同中华文明所倡导的“和合”理念相悖，和中国历来倡导世界各种文明相互包容、兼收并蓄的精神相悖。诚如习近平主席所说，各种人类文明都各有千秋，没有高低、优劣之分，人类文明因包容才有交流互鉴的动力。一切文明成果都值得尊重，一切文明成果都值得珍惜。只有交流互鉴，一种文明才能充满生命力，只要秉持包容精神，就不存在什么“文明冲突”，就可以实现文明和谐。

正是秉持这种“多彩、平等、包容”的文明观，十八大以来，以习近平同志为核心的党中央在思考和谋划新时期中国国际战略时，在继承新中国国际战略思想成果基础上，着意汲取中国传统文化的有益养分，将之与新时期中国的时空定位、国际角色、战略目标相结合，更加注重把握国内国际两个大局的系统联动及发展安全两件大事的动态平衡，从而形成一系列具有鲜明时代特色、中国气象和世界影响的国际战略新思想。

其中最具特色也具有引领性的思想是“合作共赢”与“人类命运共同体”，前者是新时期中国国际战略的重要思想基础，后者则是新时期中国国际战略的愿景目标。2012年中共十八大报告指出，“合作共赢，就是要倡导人类命运共同体意识，在追求本国利益时兼顾他国合理关切，在谋求本国发展中促进各国共同发展”。“合作共赢”思想之所以一经提出即引起国内外高度重视，是因为它超越了社会制度差异、意识形态对立和价值观念分歧，尤其是西方战略界一再渲染的“文明冲突”，以更加宽广包容的胸怀看待世界、看待中国和世界的关系，体现了新时期中国的战略自信。此后，“合作共赢”几乎成为新时期中国国际战略各个方面的最重要思想指引和核心理念，比如推动建立“以合作共赢为核心的新型国际关系”，构建“相互尊重、合作共赢的新型大国关系”，“一带一路”倡议所确立的“共商共建共享”原则体现的也是“合作共赢”思想。

如果说“合作共赢”是新时期中国国际战略的思想起点，那么，打造“人类命运共同体”则是新时期中国国际战略追求的最终目标，二者互为支撑，实为一个体系的两端或双核。从十八大报告正式提出要“倡导人类命运共同体意识”以来，习近平主席在多个国际重大场合反复提及这一重要思想。2015年9月，习近平主席在第70届联合国大会演讲中指出，我们要继承和弘扬联合国宪章的宗旨和原则，构建以合作共赢为核心的新型国际关系，打造人类命运共同体。2017年1月18日，习近平主席在联合国日内瓦总部发表题为《构建人类命运共同体》的重要演讲，进一步明确提出“构建人类命运共同体，实现共赢共享”的中国方案。2月10日，联合国社会发展委员会第55届会议协商一致通过“非洲发展新伙伴关系的社会层面”决议，“构建人类命运共同体”理念首次被写进联合国决议。至此，“打造人类命运共同体”成为新时期中国国际战略最响亮的口号和最鲜明的符号，成为中国对未来国际秩序的一种期许。其所体现的和平、合作、包容、共赢理念，呈现出大异于“文明冲突论”的文明观，成为推动世界文明进步的独特的中国智慧。

中国坚持走和平发展道路

在由合作共赢理念达至人类命运共同体愿景之间，中国坚持的是走“和平发展道路”。中国始终强调“通过争取和平国际环境发展自己，又以自身发展维护和促进世界和平”，同时，基于国际局势的新变化和中外互动的新发展，以习近平同志为核心的党中央对新时期中国如何走和平发展道路提出了一系列新见解。习近平指出，和平发展道路能不能走得通，很大程度上要看我们能不能把世界的机遇转变为中国的机遇，把中国的机遇转变为世界的机遇。这里强调的是既要科学把握中国面临的战略机遇，又要发挥主观能动性实现世界机遇与中国机遇的相互转换。他还指出，我们要坚持走和平发展道路，但决不能放弃我们的正当权益，决不能牺牲国家核心利益。这里强调的是如何把握坚持和平发展道路与捍卫国家核心利益之间的辩证关系。最后，习近平还强调，中国走和平发展道路，其他国家也都要走和平发展道路，只有各国都走和平发展道路，各国才能共同发展，国与国才能和平相处。这里强调的是走和平发展道路并非一厢情愿的事，而是需要各国心心相印、遥相呼应，走共同和平发展之路，否则“一个巴掌拍不响”。在上述思想指导下，中国和平发展道路作为中国的国际大战略，论述更全面，内涵更丰富，意义更重大，因而也更加落地生根具有现实性和操作性。

由此，“合作共赢—和平发展道路—人类命运共同体”三位一体，形成一套完整的思想体系。这是一种完全不同于“文明冲突论”的思想体系、价值体系乃至文明体系。其中，合作共赢是思想基础，和平发展是战略选择，人类命运共同体是追求目标，三者环环相扣、互为联系，体现的是中国特色，表达的是时代精神，传递的是世界意义。

（作者为中国现代国际关系研究院院长）

下　篇

世界之变
与强国之道

当今世界正处于大发展大变革大调整时期，国际力量对比日趋平衡，国际秩序变革加速推进。国际格局以西方占主导、国际关系理论以西方价值观为主要取向的“西方中心论”难以为继。与此同时，中国前所未有地走近世界舞台中央，为解决人类问题不断贡献中国智慧、提供中国方案。面对全球变局和中国崛起，西方的焦虑和担忧日益加剧，新一轮“中国威胁论”出炉，与中国对抗的论调涌现。面临复杂国际环境中的各种挑战，中国如何才能走好强国之路？本篇“世界之变与强国之道”，围绕应对新版“中国威胁论”、跨越“金德尔伯格陷阱”与构建人类命运共同体三大主题展开思考与探讨。

第一章

应对新版“中国威胁论”

赢了什么，醒来作甚？

——改革开放四十年国际环境变化的思考

◆ 詹得雄

赢了什么？准确地说，是中国在政治、经济和思想上赢了又一个回合，今后的路还很长很长。醒来作甚？中国要做的是继续走好中国特色社会主义道路，以“人类命运共同体”为理想和行为准则，共谋世界的和平与发展。

100多年来，中国人民挨打、挨饿、挨骂，却在逆流中昂然挺立、在逆风中茁壮成长。环顾全球，还找不到可以与之媲美的第二个大国。20世纪90年代末，西方开始有人问：“中国是怎么挺过这100多年的？”本世纪第一个十年，西方又有人问：“中国是怎么强大起来的？”到2017年中共十九大召开的时候，西方舆论陡然一变，美国《时代》周刊和德国《明镜》周刊不约而同地在封面上用中文和拼音惊呼：“中国赢了”“醒来”。这种变化说明世道真的变了，人们的认识也不得不变。很值得对“赢了什么？”“醒来作甚？”做一番深入思考。

本文刊载于2018年3月5日《参考消息》。

赢了什么？

2017年11月13日美国《时代》周刊杂志在封面上用中文和英文两种语言印上“中国赢了”，这在该刊历史上还是首次。

与封面相呼应的是美国著名政治学者伊恩·布雷默的文章《中国经济是如何做好赢得未来的准备的？》。文章说，西方曾预言要么中国按西方的理念改革，否则一定无法在全球自由市场中生存，“如今，中国的政治和经济制度已经更为完善，甚至可能比美国的制度更具可持续性。……尽管美国仍是全球最大的经济体，但中国利用国有企业增强中国共产党国内影响力的能力，使得这个新兴大国有望在2029年超越美国的经济总量”。

赢了什么？准确地说，是中国在政治、经济和思想上赢了又一个回合，今后的路还很长很长。

首先，在政治上赢了。中国没有走一条改旗易帜的邪路，而是坚持走中国特色社会主义道路，充分发扬中国共产党领导一切的政治优势，充分体现了我们的制度优势。

回顾过去三四十年，中国可以说经历了一段凶险的时光。那段时间，有的刊物公然鼓吹改变社会制度，打的旗号是“要民主”。他们攻击党的领袖，篡改历史，污化英雄人物，嘲笑拥护党的言论。我们要以苏联改革的失败为镜鉴，主要教训就是怀疑乃至彻底否定自己的社会主义制度，推翻重来，全盘“西化”，结果苏联人民遭了殃，一大批开始跟着手舞足蹈的知识分子，等到残酷的现实来临时，醒来已晚。

几十年来的事实证明，思想上松一松，对方就攻一攻。万幸，中国共产党的回答是斩钉截铁的：既不走封闭僵化的老路，也不走改旗易帜的邪路。这就断了很多人的妄想，从而保证“中国赢了”。若是在这生死存亡的大问题上我们糊涂、让步，绝不会有中国今天扬眉吐气的一天。

其次，我们在经济上赢了。不仅仅是国内生产总值（GDP）跃居第二，而且在人类历史上闯出了一条新路，那就是以公有制为主体、多种所有制共同发展，形成了社会主义初级阶段的基本经济制度。这一点正是西方极为反感而又无可奈何的事情。

改革开放之初，正是西方新自由主义盛行之时，也正是进入金融资本主义阶段的时候。什么是新自由主义？用波兰前副总理格泽高滋·科勒德克的话来讲就是："新自由主义是一种意识形态，一种经济学派，也是一种经济政策，一种依靠自由、自主选择、民主、私有制、企业家精神和竞争等关键因素的自由主义理念，并偏向以大多数人的利益为代价，令少数人致富的经济政策。"

把这种学派变为政策的始作俑者是撒切尔夫人和里根，他们的继任者一个个变本加厉，特别是在金融领域。在资本忘形狂欢的20多年里，虚拟资本达到了令人咋舌的天文数字。正当华尔街陶醉在赚钱的疯狂中，2008年，一场大危机突然爆发。有名望的西方经济学家几乎没有人预见到。科勒德克最近写道："距离2008年金融危机已经过去十年了，业内人士几乎一致认为新自由主义正是那场危机的根本原因。"

最后，也许更可贵的是，我们在思想上赢了。我们抵制了政治上全盘"西化"，经济上照搬西方理论与制度，用自己的探索取得了令世界惊讶的经济成果，西方舆论承认中国"创造了人类历史上的奇迹"，更令他们觉得可怕的是中国人自信了，在道路、理论、制度和文化上都有了前所未有的自信。

在民族危亡的时候，"黄河之滨，集合着一群中华民族优秀的子孙"，他们在中国共产党领导下，从根本上扭转了亡国灭种的衰败趋势，领导人民站起来了，富起来了，现在正在强起来。我们的自信来自共产党的正确领导，来自广大人民的艰苦奋斗，来自我们知道从哪里来向哪里去。

改革经过40年的努力，成绩斐然，进入了新时代。有一个具有象征意义的例子：詹天佑从美国学来了修铁路的技术，历尽艰险修了中国的第一条铁路，但几十年来，他的家乡婺源，没有一条铁路。近10年来，不止一条铁路修到婺源，而且是高铁。今天我们要到外国修高铁。如果美国放下架子，我们也可以在美国修高铁。抚今追昔，我们就会明白，今天的自信来自哪里。

醒来作甚？

德国《明镜》周刊2017年11月11日的封面上印了两个大大的拼音字："xǐng lái"（醒来），还打了一个惊叹号，底色是中国国旗的红色。细观全文，其实作者的重点不是说中国醒来了，而是中国醒来后，西方得快快醒来。他提醒，中国的了不起或可怕不仅仅在于中国经济迅速发展，而在于"中国政治制度模式是伟大的创造，是其他国家可以效仿的对象"。这一点更令西方担忧。一直以为自居"山巅之城"的傲慢的白人，忽然发现山下有一大群也很优秀的人在一条更合理的道路上做着出色的事情，仿佛地震了，山也摇动了。

英国著名学者马丁·雅克写道："中国作为一个全球大国的崛起，关系到一切。西方习惯于这样的思维，即世界是它的世界，国际社会是它的社会，国际机构是它的机构……普世价值观是它的价值观……今后情况将不再如此。"

于是，所谓的"修昔底德陷阱"的说法流行了，硬说中国要挑战美国，要争夺美国的霸权。最新的《美国国家安全战略报告》给中国扣了两顶帽子——"战略竞争者"和"修正主义国家"。无法改变的现实是，中国人说：我并不想挑战你，不想当头儿；但美国人说：你强大了，本身就是在挑战我、威胁我。

找不到上帝来做裁判，中国唯一能做的是行动。十九大报告向世界宣示了中国在国内今后几十年要做的事情，也告诉世界我们在世界上要做的事情。习惯了冷战思维的西方总怀疑社会主义国家也会像它们推广西方民主那样，把自己的制度和意识形态强加到它们的头上，同它们之间存在你死我活的矛盾。

社会主义掌握政权100年的历史证明：用强力搞所谓的“赤遍全球”是行不通的，各国的事情要由各国人民来办。美国的资本主义搞了200多年，有过自己的辉煌（当然美国人民和世界人民付出的代价也很大），今天遇到了很多难题，如何解决，不决定于中国，而是决定于美国人民。上次大选中，桑德斯主张社会主义，落选了；特朗普主张恢复旧式的资本主义，正忙着。前途如何，大家都很关心，但大家都不会越俎代庖。中国的主张是和平、发展、合作、共赢，追求的远大目标和行事的指导原则是“人类命运共同体”，这些我们都说得明明白白、诚诚恳恳。至于美国和西方信不信，愿不愿意大家一同发展，也不取决于我们。近来，中国的一些企业到美国投资和收购，美国以安全理由拒绝。中国的基金会向美国学术机构捐点小款子，美国人惊呼中国人要“和平演变”他们。美国人历来给人的印象是：虽然粗一点，但也还大气。为什么现在这么小气起来了呢？美国对中国的“和平演变”是公然进行的，美国国家民主基金会每年都发钱，这算不算威胁中国呢？

中美矛盾，说到底是两种思想、两条道路、两种制度的矛盾。中国很大气，早就不喊“打倒美帝国主义”的口号了，也不会代替美国人民来改革美国。美国何去何从，是不是也该“醒来”了？

中国要做的是继续走好中国特色社会主义道路，以“人类命运共同体”为理想和行为准则，共谋世界的和平与发展，朋友越多越好，谁要来挑衅，我们也不客气。

几点思考

1. 从20世纪初到21世纪初，人类经历了资本主义从兴旺到衰落的过程，其中包括两次世界大战、“9·11恐怖袭击事件”、金融和经济危机，以及社会主义苏联的诞生和瓦解。人类对美好生活（包括物质、精神和社会公平正义）的不懈追求伴随着科技推动的生产力的发展而呈波浪形前进。人类是带着一个大问号进入21世纪的：“这个世界会好吗？”

2. 我国改革开放之初，正遇上资本主义的新自由主义狂欢和苏联的瓦解，西方陶醉在“历史终结”的虚妄之中，满有信心地要把中国引入“世界主流”，俯视我们，往往流露出一种“怜悯”和“仁慈”，关系似乎好处一些。现在西方惊呼对中国犯了大错误，比如让中国加入世贸组织，所以说什么也不肯承认中国的市场经济地位。西方正在琢磨如何对付一个它们不喜欢却又已经开始强大起来的中国。是硬一点还是软一点？可是中国似乎软硬不吃。

3. 美国现在已认定中国是“战略竞争者”，是对既有秩序的“修正主义者”，打算处处同中国竞争，设法遏制中国。生意还是要做的，但希望占便宜越多越好。我国今后改革开放的道路上会遇到更多的困难。但是，今天的中国已经进入了新时代。我们拥有两股气，即正气和底气。中国主张“人类命运共同体”，相比于霸权，这是正气；中国有改革开放40年发展的伟大成就，早已不是“小米加步枪”，这是我们的底气。因此，今天中国抗拒风险的能力已大大提高，不怕任何风浪。

4. 今后几十年，世界的变化取决于资本主义如何演变和社会主义如何发展。西方的一人一票能否推动社会变革？是变得福利越来越高、政府债台高筑、政局持续动荡，还是理性占了上风，出现一个中兴？现在西方知识界的回答是不知道，前途黯淡。按传统的理论，资本主义会在一场革命中变为人民掌权，目前看来不可能。西方国内矛盾激化时，有可能将人民不满引向国外，中国常常是它们转移矛头、嫁祸于人的最好对象。我们要有思想准备。这就是我们今后改革开放的外部环境。

5. 世界的变化往往与地球上人类的新老更替密切相关，目前有“一老一少”的问题。一个是人口老龄化，特别是发达国家，我国是未富先老，这对各国来讲都是巨大挑战。另一个是青少年问题，似乎各国都在担心年轻人贪图娱乐，胸无大志，超越道德底线。还有一个新动向，西方青年忽然觉得社会主义好，资本主义弊病太多。这些倾向都值得重视。继续往前走的，永远是年轻人。随着高科技的突飞猛进，他们会思考和解决新的问题。

6. 中国是人类的希望。伊恩·布雷默的文章说："2018年后的世界将悬而未决，继续对中国模式和世界模式进行比较。"对美欧来说，中国模式乏善可陈；而对其他多数国家来说，中国模式提供了一种可靠的选择。中国过去40年学了西方很多好东西，但也深受西方腐朽文化的影响，今后要扎扎实实地改正过来，把传统美德和革命传统大大地发扬起来，才能担当"人类命运共同体"的伟大重任。

（作者为新华社世界问题研究中心研究员）

西方“新中国威胁论”来势凶猛

◆ 郑永年

“中国威胁论”始终是以西方国家为主体的国家群（即西方国家和它们的盟友）的一条对华外交主线。冷战结束之后，“中国威胁论”已经经历了好几波。每一波“中国威胁论”浪潮轻则曲解和诬蔑中国，损害中国的国际形象，重则影响所在国的对华政策，阻碍甚至围堵中国的崛起。2018年，正当中国在积极准备新年主场外交的时候，新一波“中国威胁论”浪潮扑面而来，并且比以往来得更凶猛和广泛。

这一波“中国威胁论”浪潮覆盖整个西方世界和它们的盟友，包括美国、欧洲的德国、亚太地区的澳大利亚、日本和印度等国。一些国家的政府官员公开出来“警告”中国，而另一些国家则政府在背后，民间人士在前，指责中国。这些国家的政界和学界尽其所能，已经制造了一大堆的新名词，例如“锐实力”“债权帝国主义”“新帝国主义列强”“修正主义者”，等等。尽管西方在创造概念方面一直被视为严肃认真，但在攻击中国时，造词却一点也不科学了。一些人试图想用学术的态度和方法来分析这些概念，但白费心思，因为这些根本就不是像样的学术概念，在学术上不值得推敲。

本文刊载于2018年3月6日《参考消息》。

西方发现无法改变中国

说穿了，西方的“反华”力量所要做的就是营造一种新的冷战环境。和中国发生一场新“冷战”甚至热战，一直是西方“反华”力量梦寐以求的。简单地说，西方的新一波“中国威胁论”是建立在西方近年来流行起来的至少三种新“冷战思维”之上。

第一，西方对中国发展过程中的政治制度抱冷战思维。近代以来，政治制度的不同往往是国家之间对抗和冲突的重要根源之一。在这方面，西方和中国的价值观全然不同。中国相信不同政治制度和谐共存，而西方往往把具有不同政治制度的国家视为竞争者甚至敌人。长期以来，西方相信随着中国改革开放政策的实施，中国会演变成西方那样的自由民主制度。但当西方看到中国不仅没有走西方式“民主道路”，而且发展出了自己的政治模式的时候，西方就莫名其妙地感觉到了“威胁”。

今天，西方基本的判断是中国的“威权主义”趋于永久化。对西方来说，更为严峻的是，中国的“威权主义”政治体制已经对非西方国家产生很大影响，越来越多的国家会仿照中国的体制。在西方看来，这是对西方自由民主制度的最大挑战和最大“威胁”。

第二，对中国经济制度的冷战思维。改革开放以来，中国经济制度渐趋成熟，形成了具有自己特色的“混合经济模式”。近年来，西方一直在炒作中国“国家资本主义”的概念。今天西方所认为的中国“国家资本主义”的内外部影响，主要包括如下几个层面：(1)“国家资本主义”导致中国内部市场的不开放，西方企业在中国失去竞争力；(2)中国国有企业在国际市场上政治原则高于经济原则，影响西方企业的竞争力；(3)“国家资本主义”是中国“外部扩张”的主要政治工具。正如苏联经济模式是对西方自由资本主义模式的最大威胁，今天中国的“国家资本主义”已经成为西方自由资本主义的最大经济威胁。

第三，对所谓中国“新帝国主义”的冷战思维。改革开放以来，西方对中国的战略基本上包括三个方面：围堵和遏制中国崛起，至少防止中国挑战西方的霸权；鼓励中国进入西方主导的世界体系，不想失去中国，即不想让中国成为另外一个“苏联”；把中国改变成为一个类似西方的国家。

但现在这些选项都没有了。西方的新冷战思维是：西方既没有能力围堵遏制中国，也没有能力改变中国。因此，一个可行的选择就是中国变成另一个“苏联”，这样西方至少可以团结起来尽最大的努力遏制中国的扩张，并且也能孤立中国，和西方进行一场新的“冷战”。特朗普政府2017年12月以及美国国防部2018年1月分别发表的《国家安全战略报告》与《国防战略报告》，都直接称中国和俄罗斯是美国的主要战略竞争对手，并声称美国将聚集资源应对中俄的挑战。

再者，一些西方国家对“一带一路”倡议有了新的冷战思维，认为这是中国国际扩张主义的体现。德国外长西格马·加布里尔最近的言论可以视为西方国家态度的变化。在慕尼黑安全会议上，这位外长指中国借“一带一路”倡议打造有别于自由、民主与人权等西方价值观的制度，自由世界的秩序正在解体，西方国家应当提出对策。这位外长还警告欧洲被中国和俄罗斯分化的危险。欧洲国家包括德国早先对“一带一路”倡议持积极态度，但现在立场出现变化，且这种变化并非仅限于德国。

这些互为关联的思维加在一起，成为西方对中国发起“冷战”的依据。正在形成中的“中国威胁论”浪潮覆盖西方世界和它们的盟友，“反华”情绪和行为表现在各个方面，可以说是全方位的，涵盖经贸、安全、文化教育与人文交流等领域。

“反华”情绪涵盖诸多领域

在经贸方面，美国已经发起了和中国的贸易战。中美之间的贸易战对中美两国都必然会造成重大损失。特朗普政府聚焦的是美国的经济。为了美国经济，特朗普政府正在采取诸多非常举措，尤其是贸易方面。历届美国政府在考量对华贸易政策时会把贸易政策和其他政策联系在一起，并且抱有以贸易政策改变中国的企图。但特朗普政府没有任何这样的企图，其对华贸易表现得更为直接，就是看贸易平衡数据。这种对单一因素的考量，使得特朗普政府趋向于采取强硬的对华贸易政策。当然，特朗普政府对其他国家也是如此。

其他主要西方国家包括美国的盟友，如澳大利亚和日本尽管对中国的贸易依存度非常高，它们从对华贸易过程中获得了巨大的利益，但这些国家的一些政治力量宣称要对中国采取强硬举措，并声称要做好准备为此付出“代价”。以日本为核心的新版《跨太平洋伙伴关系协定》（TPP）起死回生，同时这些国家向美国开放，随时欢迎美国的回归，而宣布退出TPP的特朗普近来在这方面也开始松口。

在安全方面的问题更多。中国经过这些年的努力稳定了南海局势，但美国正在推动南海问题重新“回归”安全议程。在核扩散问题上，因为朝鲜核问题，中国不仅面临巨大的国际压力（主要来自美国），而且中国本身的确也面临日益增长的核威胁。更复杂的是，美国、日本、韩国等相关国家在朝鲜核问题上，以各种形式拖延核危机，而把压力转移给中国。

中国的“一带一路”倡议本意是为了带动发展中国家的经济发展，并且中国一直抱开放的态度，欢迎各国参与这个倡议。不过，西方并不这么看。美国和日本一直持怀疑态度。这尤其表现在美日对中国主导的亚洲基础设施投资银行（亚投行）上，它们一直相信亚投行是想取代美日主导的亚洲开发银行。

日本、澳大利亚、印度等国为了应对中国的“一带一路”倡议，提出了“印度洋—太平洋战略”（“印太战略”），而美国特朗普政府也接受了这种思路。这一战略大致会从两个方面进行，即军事战略和经济战略两方面。在围绕核武器、南海、东盟等问题上，美、日、印、澳都把中国视为威胁，并且逐渐找到了“共同安全利益”。这些国家之间的军事合作已有多年，渐趋成熟。2017年，美、日、印、澳四国重启“四方安全对话”，确保印度洋和太平洋的“自由开放”。“四方安全对话”被视为是亚洲版“北约”的开端。

现在美、日、印、澳又开始转到经济战略层面。最近，这些国家初步达成对付中国“一带一路”倡议的“另外选择”，即这些国家共同推出一个区域基础设施建设计划。在这方面，这些国家既有共同利益，如果合作起来也有相当的实力。对美国来说，它所担心的是，中国的“一带一路”倡议会促成一个以中国为中心的地缘政治势力范围，从而抗衡美国。因此，美国必须力所能及地破解这个被认为是形成中的中国势力范围圈。这也是美国接受“印太战略”的理由，认为这一战略可以维持“自由开放的亚太区”。印度对“一带一路”倡议始终抱非常负面的看法。这些年来，印度提出“东进战略”，积极投资建设连接邻国的道路和铁路。

在安全方面，台湾因素也在变得越来越重要。近来美国一直在提升和台湾的关系来制约中国大陆。台湾当局主动配合。在两岸情势紧张之际，台湾的强硬派走上台面，他们希望中美之间陷入一场“冷战”，相信“冷战”局面有利于维持台湾的现状，并企图在这个过程中寻找“独立”的机会。

可以预见，无论是“印太战略”还是“四方安全对话”或者其他的组织，一旦针对中国的联盟或者网络形成，那么其功能会不断扩展，包括网络安全、外太空安全、核安全等领域。“北约”的历史就说明了这一逻辑。

甚至在文化和人文交流方面，一场无硝烟的战争也已开始。

欧美亚太多国拉帮结伙

和从前几波“中国威胁论”浪潮不同的是，从前都是美国在挑头，鼓动其他国家加入。但这次是其他国家在挑头，鼓动美国来参与。实际的情况是，当美国挑头时，这些国家不见得一定要参加，因为它们觉得有美国在行动就足够了，它们自己不仅不用参加（至少不要那么起劲参加），而且可以和中国做生意。但这次，因为美国的特朗普要美国逐渐从国际事务中撤退，这些国家感觉到了要挑头应付中国。如果这些国家成功游说美国加入，那么这一波“中国威胁论”浪潮要远超从前。

美国一直是西方世界秩序的核心。现在，特朗普不想做世界秩序的组织者和领袖了，很多国家就担心忧虑起来。很多事情，这些中等国家本身做不了，但一结合美国它们就可以做了。或者说，这些国家各自的力量太分散，美国能够起到一个组织者的作用。美国是否和它们站在一起，对它们来说至关重要。今天，这些国家开始采取两种方案。第一，继续邀请美国回来成为它们的领袖。它们的努力也有成效，特朗普开始不那么坚持“美国优先”了，至少对美国的盟友来说是这样。在一些方面，特朗普也不那么坚持双边主义了，而是强调和盟友合作的重要性。第二，这些国家自己开始行动起来，通过把中国视为“竞争者”和“敌人”把自己组织起来。TPP 是这样，“印太战略”是这样，“四方安全对话”也是这样。从前是美国倡议，这些国家再加入；现在是这些国家先倡议，再鼓动美国加入。

新一波“中国威胁论”声音到处可见。不同的反华力量正聚集在一起，构成对中国更大压力。在国际政治和外交关系上，A 国对 B 国的外交政策是基于 A 国对 B 国的基本判断之上的，是“朋友”，还是“敌人”？一旦 A 国判断 B 国为“敌人”，那么 A 国就会动用所有的力量来对付 B 国。二战结束之后，美苏之所以形成冷战就是因为美国所做的这样一个判断，而两大阵营之间全方位的竞争也从此开始了，直到苏联解体。今天，中国也要警惕这样一种形势的形成。

（作者为新加坡国立大学东亚研究所所长）

中国为何采取防御性国防政策

◆ 王卫星

中国军事的防御思想是战略文化的具体表现。中国农耕民族强烈的守土意识、中国历史文化特有的“和合”思想，以及其他大国称霸必衰的历史教训，让中国选择采取防御性国防政策。中国绝不会走所谓“国强必霸”之路，这既是对传统大国兴衰历史的总结，也是中国政府明智的战略选择。坚持自卫立场，就是不主动挑事，但也不怕事。

中国作为一个拥有超过13亿人口、持续快速发展的大国，正在以更加开放的和平姿态走向世界舞台中央。未来中国走什么样的道路，奉行什么样的国防政策，会不会重蹈近代以来“国强必霸”的历史覆辙？这是当前一些国家重点关注的问题。

本文刊载于2018年3月7日《参考消息》。

传统战略文化主张“和合”

历史上溯到1200多年前，中国唐朝诗人杜甫有一首很著名的诗，其中的诗句“杀人亦有限，列国自有疆。苟能制侵陵，岂在多杀伤”深刻反映了中国人的战略文化，中国军事的防御思想正是这种战略文化的具体表现。

中国人为什么会有这样的战略文化呢？

首先，源于中国农耕民族强烈的守土意识。历史上，中国一直是一个典型的农业社会，农业文化天然具有“保守性”。眷恋故土，安土重迁成为古代中国人的普遍心态。此外，自给自足的生产方式，使中国人在物质生活上无需外求。这些反映在军事上就形成了固土自守、以德怀远的战略防御思想，对外侵略战争在古代中国不具备其原始驱动力。矗立千年、横亘于中国北疆的万里长城，既是抵御北方游牧民族入侵的军事屏障，也是中国传统战略防御思想的物化和缩影。

与此相对，游牧民族和海洋民族以放牧和贸易为生，大范围的迁徙和流动成为其生存所必需的主要方式，战争成为其获取生活必需品和争夺海上贸易份额的主要手段，侵略和征服在其文化传承中被视为荣耀之举。不同的生产和生活方式，产生了不同的战略文化。概括来说，中国的军事理论是内向型、防御性的，更注重军事谋略的运用；从战略层面上讲，谋略主要是强调防患于未然，避难于无形。西方的军事理论是外向型、进攻性的，更强调军事技术的发展。

其次，缘于中国历史文化特有的“和合”思想。历史是一个远从“过去”透过“现在”而直达“将来”的过程，有着它的“一贯性”。研究历史有两个要点：一个是从“现时代中找问题”，一个是在“过去时代中找答案”。可以看到，数千年的中国文化没有侵略性，中国文化本质上是一种和平的文化。中华民族历来热爱和平，强调“和为贵”。早在2000多年前，中国的哲人就把“和而不同”视为“天下之达道”，把“天人合一”视为人与人、人与自然相处的最高境界，把“兼爱”“非攻”视为实现人际和谐与国际和平的根本途径。历经千载的丝绸之路被世界公认为友好交流之路，给沿路各国带去了中国的友善和文明；明代郑和舰队七下西洋，携带的国书宣示：“天之所覆，地之所载，一视同仁，不能众欺寡、强凌弱。”给所经国家及横跨亚非的海上航线带去了和平与繁荣。而百年之后，西方舰队到来时，却到处跑马圈地，将亚非拉国家划入各自势力范围，郑和曾经到过的国家全都成了西方列强的殖民地。

中国的儒家主张“以德服人”，反对“以力服人”。道家的创始人老子提出“不敢为天下先”即后发制人的防御思想。“百世兵家之祖”孙子告诫明君良将“主不可以怒而兴师，将不可以愠而致战”，“非利不动，非得不用，非危不战”。他将“不战而屈人之兵”置于战略理论金字塔的最顶端。可以说，中国自古提倡“慎战”思想，一以贯之的防御性国防政策发端于中华民族的历史文化基因，具有深厚的理论和实践基础。时至今日，已成为中国处理与世界各国关系的价值取向和行为准则。

最后，缘于对其他大国称霸必衰历史教训的借鉴。纵观世界古代史，一种文明的毁灭往往源于兵连祸结、外战频繁。历史上，许多大国在崛起时期，都曾试图通过对外战争来改变原有格局，建立符合本国利益的新的国际秩序。历史表明，“大国力量增殖于地区性守成，消释于世界性扩张”，超越力量的扩张只会造成国家的衰落。坚持侵略扩张型国防政策的国家，不但没有实现和延续其霸主地位，反而会元气大伤，遭受严重挫败。正是应了英国历史学家阿诺德·汤因比那句名言：“文明的死亡原因永远是自杀，而不是谋杀。”那些曾经辉煌一时的帝国失败的关键，在于它们只求一味扩张，不知战略守成，中国绝不会重蹈覆辙。

正是基于这些历史教训，中华人民共和国成立后，尽管在多次保家卫国、自卫反击作战中，中国都曾凭借战场优势深入对方腹地，但战争结束时，我们都主动回撤到中国境内。中国从未打算通过战争解决与他国的领土主权和海洋权益争端，更没有侵略他国的意图，中国绝不会走所谓“国强必霸”之路。

国家发展需要和平环境

除了上述对历史的继承和借鉴，当代中国采取军事防御思想，也考虑了以下三个重要的现实因素。

一是中国的国家发展战略。中国人口众多，经不起折腾。中国犹如巨型列车，行进车速必须均衡，道路平稳，刹车也不能太快，快了就容易翻车。中国乱，则地区乱，世界必乱。和平发展是中国的国家发展战略，其核心就是在维护世界和平中发展中国，在保持中国发展中促进世界和平。安徒生讲，“没经过苦难，就不能理解弱者的痛苦”。中国饱受了苦难，知道苦难的滋味，决不会把自己遭受过的苦难再强加于人，决不会走武力崛起这条害人害己的死路绝路。

中国从来没有称霸世界、领导世界的战略意图。中国从自己的历史文化中汲取智慧营养，从别人的经验教训中总结充实发展，从现实国际环境中学会成熟行稳致远。中国的发展需要很长的时间，需要经过多少代人的努力奋斗。将来中国发达了，也不会称霸。关于中国坚持和平发展战略的问题，习近平主席在各种国际场合均作了深刻阐述。国家发展战略决定国防政策，因此，和平发展的本质特征决定了中国国防政策的防御性质。

二是中国对安全环境的判断。当前，中国周边安全环境基本稳定，但稳中有忧。中国没有完成统一大业，台湾问题还没有根本得以解决，台湾岛内的分裂势力从未停止公开的分裂活动，对中国的核心利益构成了现实威胁；中国疆域广阔，周边地区安全的复杂因素多、热点问题多，对中国的安全产生了直接或间接的影响，加之美国进行战略围堵、牵制、干扰，对中国形成了较大压力；中国还与少数国家存在历史遗留的领土和海洋权益争端，包括钓鱼岛、南海岛礁归属及海洋权益之争，对中国的安全产生了严重影响；非传统安全威胁突出，恐怖主义、能源安全、粮食安全、信息安全、网络安全、公共卫生安全等全球性问题在中国都严重存在，特别是恐怖主义暴力化的趋势越来越明显。

未来一个时期，中国面临大规模战争的可能性不大，但爆发有限规模武装冲突的可能性仍然存在。为此，中国坚持“亲诚惠容”和“与邻为善，以邻为伴”的方针，致力于发展与周边国家的睦邻互信与友好合作关系，但也做好应对现实和潜在安全威胁的准备。

三是中国奉行的总体安全观。总体安全观是一种基于平衡辩证的认识方法并以“人类命运共同体”为理念的新安全观。人类生存在同一个地球上，风雨同舟，命运与共，地球是人类的共同家园，也是人类到目前为止唯一的家园。每个民族、每个国家的前途命运都紧紧联系在一起。2017年11月30日至12月3日，世界120多个国家近300个政党和政治组织领导人围绕“共同构建人类命运共同体、共同建设美好世界：政党的责任”的主题在北京进行对话交流。会上，习主席对“人类命运共同体”进行了深刻阐述，其核心内容，就是与各国广泛合作，努力建设一个远离恐惧、普遍安全的世界，一个远离贫困、共同繁荣的世界，一个远离封闭、开放包容的世界，一个山清水秀、清洁美丽的世界。世界好，中国才能好；中国好，世界才能更好。这一理念，来源于中国传统文化的理论结晶，来源于中国数千年治国理政的经验总结，来源于当代中国对世界发展的认识和实践，充分展示了中国决心与世界各国安危与共、守望相助的责任担当。

国防政策聚焦四个方面

中国防御性的国防政策到底是什么？我认为，主要包括四个方面：

一是维护国家主权、安全、领土完整，保障国家和平发展。与世界各国一样，这是宪法和法律赋予我国武装力量的神圣职责。中国武装力量坚决遏制和打赢战争，坚决保卫边防、海防、空防安全，维护国家海洋权益和在太空、网络空间的安全利益，坚决维护中国特色社会主义，维护国家发展的重要战略机遇期，维护地区稳定与世界和平，为全面建成小康社会、实现中华民族伟大复兴提供坚强保障。

二是贯彻积极防御的军事战略方针。其核心是强调战略上的防御、自卫和后发制人。战略上的防御就是，强调遏制战争，同时做好军事斗争准备，确保有打赢战争的能力。坚持自卫立场，就是不主动挑事，但也不怕事。中国始终奉行不首先使用核武器的政策，中国拥有少量核武器完全是出于自卫的需要，根本目标是遏制他国对中国使用或威胁使用核武器。也就是说，不是为了打人而是为了避免挨打。能用和平手段解决的，绝不诉诸武力。坚持后发制人，就是当有人胆敢将战争强加于我们时，必须奋起还击，不给入侵者以任何可乘之机。

三是加快推进国防和军队现代化。当前，我军现代化水平与国家安全需求与世界先进军事水平相比还存在较大差距，要求国防和军队现代化建设适应世界新军事革命发展趋势和国家安全需求，提高建设质量和效益，建设强大的现代化陆军、海军、空军、火箭军和战略支援部队，打造坚强高效的战区联合作战指挥机构，构建中国特色现代作战体系，担当起党和人民赋予的新时代使命任务，确保到2020年基本实现机械化，信息化建设取得重大进展，战略能力有大的提升。同国家现代化进程相一致，全面推进军事理论现代化、军队组织形态现代化、军事人员现代化、武器装备现代化，力争到2035年基本实现国防和军队现代化，到本世纪中叶把人民军队全面建成世界一流军队。

四是维护世界与地区和平稳定。中国的安全和发展与世界和平息息相关。中国军队始终是维护世界和平与地区稳定的坚定力量，深化国际安全合作，参加联合国维和行动、国际反恐合作、国际护航和救灾行动，举行中外联演联训，积极承担相应的国际军事安全责任和义务，为国际安全提供更多的公共产品。中国已与150多个国家开展军事交往，每年有近400个中外军事代表团互访。目前，中国累计派出3.6万人次维和人员，成为联合国维和行动的主要出兵国和出资国。

中国人民解放军已经走过了逾90年的历程，中国军队从自身经历中形成了走和平发展道路、坚持防御性国防政策的自觉选择。我们也真诚地希望世界各国都走和平发展道路，希望各国军队共同维护世界的持久和平发展！

（作者为军事科学院研究员、首席专家、少将）

讲好中国故事 改进国际传播

◆ 傅 莹

我们在对外传播中不仅讲“中国不是什么”“中国不做什么”，而且开始更多地讲述“我们是什么”“我们要做什么”，以及“我们会成为什么”。

一段时间以来，国际战略和安全界以及国际学者发表、出版了大量关注中国的文章和书籍，考察和分析这个新兴大国将如何影响世界。我还记得1985年在英国留学时，经常在图书馆里翻看各国报纸，难得偶尔能找到一篇涉及中国的“豆腐块”文章。现在关于中国的文章和著述已经多得看不过来，然而，一个基本事实并没有大的改变，这就是，在国际出版物当中，仍然不多见中国人写的关于中国的第一手信息。

总体看，在国际知识和信息库里面，源自中国大陆的现代知识一直是比较匮乏的，更谈不上系统性和完整性。例如我在英国参观知名大学图书馆时注意到，虽然在藏书中有关中国的书籍不算少，但多是历史类的和民国时期的出版物。访问美国时，我在国会图书馆亚洲部看到书架上摆放着

本文刊载于2018年3月12日《参考消息》。

多份杂志，细看都是来自日本或者中国台湾和香港地区，源自中国大陆的一手信息不多。由此可见，外界关于中国的“资讯赤字”是相当严重的。而信息的缺乏往往导致媒体和公众依循旧的逻辑去推断今日中国，使得政界人士在不完整的资料基础上构建看法。

我从事外交工作的那些年就深切体会到，当国际上出现涉及中国的热点问题并且引发广泛关注时，中国人的声音相对而言比较薄弱和单一。而且，由于受到冷战政治隔阂的影响，中国的形象受到西方有偏见的媒体和人士不断歪曲和涂抹。面对外界的指责和猜测，中国人一直在苦苦解释。

最近几年在国外访问和参加国际会议，可以感觉到中国的快速发展和建设治理的成功正带动外部世界对中国的看法发生快速变化。一个明显的印象是，各方普遍感受到国际格局和秩序的变革压力，而影响这个趋势的中国话题越来越受瞩目。经常听到人们花很多时间讨论中国近年来的内外政策，特别是中国共产党第十九次全国代表大会对外释放的信息。外界想知道日益发展强大的中国将在世界上发挥什么样的作用，将影响世界走向何方。

随着中国日益走近世界舞台的中央，外界对中国的看法呈现多元态势。一方面，大多数人意识到中国崛起势不可挡，看到中国带来的机遇。对许多发展中国家来说，中国的成功道路值得它们思考，中国提供的帮助和支持为它们克服发展难题提供了新机会。中国提出的全球治理主张和提供的公共产品在日益固化和保守的世界中，让国际社会感受到东方吹来的清新之风，为国际秩序朝更加公正合理的方向变革带来新的希望。另一方面，不乏有人担心中国搞“新殖民主义”，通过盘剥其他国家滋养自己的利益，甚至像历史上曾经的列强那样走上争霸的道路。最明显的是，现存的世界强国和传统势力对中国的警惕和防范上升，试图构建围堵和阻碍中国崛起的思维和部署。

我与许多国家的议员和学者经常讨论这些问题，向他们介绍中共十九大对时代的基本判断，谈到中国人清醒地认识到自身发展的路还很长，也仍然艰苦，需要集中精力办好自己的事。同时，中国也要承担必要的国际责任，我介绍了习近平主席倡导的构建“人类命运共同体”理念及共同安全等观念，强调中国将始终致力于基于相互尊重和互利共赢的国际安全合作，期待在相互尊重和互利的基础上与世界各国建立牢固的、可以适应新形势的伙伴关系。很多人愿意认真倾听，也非常重视。

让世界更好地了解中国

“联接中外、沟通世界”，是习近平总书记亲自提出的党的新闻舆论工作在外宣方面的职责和使命。他明确指出，“在全面对外开放的条件下做宣传思想工作，一项重要任务是引导人们更加全面客观地认识当代中国、看待外部世界”。党的十八大以来，以习近平同志为核心的党中央高度重视对外宣传工作，做出了一系列重要工作部署和理论阐述。习总书记多次强调，要加强国际传播能力建设，精心构建对外话语体系，增强对外话语的创造力、感召力、公信力，讲好中国故事，传播好中国声音，阐释好中国特色。

近年我国对外叙事的意识和方法都有了很大的提升，也正取得越来越好的效果。中国有了更多的自主平台和新媒体工具，硬件不断完善，将国家发展和人民的面貌更加鲜活地展现在世人面前。我们在对外传播中不仅讲“中国不是什么”“中国不做什么”，而且开始更多地讲述“我们是什么”“我们要做什么”，以及“我们会成为什么”。中国在过去40年间一步步走向成功，不管世界如何风云变幻，始终如一地坚持自己的方向，坚持共产党的领导。进入21世纪的第二个十年，中国的大国地位更加稳固，在世界事务中占的分量越来越重。中国的优质产品为外部世界所承认，中国游客遍布世界各个角落，中国在国际事务中的公正态度和响亮声音更加为国际社会所瞩目。中国不是靠照搬西方模式取得成功的，西方媒体无法再像过去那样简单化、程式化地报道中国了，越来越多的人希望了解中国、认识中国——有的是出于好奇，有的是出于事业发展的需要，有的则是出于对自身的反思。

但是舆论场有很强的惯性，外界多年积累形成的刻板印象不大可能短时间内彻底改变。国际上对中国仍存在诸多模糊和错误的认识，有些是基于一些人头脑中根深蒂固的地缘政治观念、冷战零和思维和意识形态偏见，有些是出于对世界权力转移的恐惧，有些则是因为中外语言文化和表达方式差异造成的理解上的偏颇。还有少数反华分子和他们背后的势力，常年靠攻击、抹黑中国谋生，大肆收集、编造和散布负面信息。近年随着中国的发展强大，美国和西方一些人极力鼓吹把中国作为首要的战略竞争对手，美国已经提出将全球战略重心从应对恐怖主义等非传统安全问题和全球性挑战向传统大国竞争重新聚焦。

这些变化使中国与世界沟通的话语环境变得更加复杂，如何向世界清晰、系统地说明自己，成为中国对外传播的一项艰巨任务。传播者需要不断学习和摸索实践，包括认真地了解自己的国家，跟上发展变化，在这个基础上逐步提升掌握和使用国际话语权的能力。我们自己也可以思考一下，在国际传播的操作上如何更加细致和精准，如何将外界的质疑转化为传播的机遇，如何以更有说服力的方式在世界上更好地传播中国的政治理念和文化精髓。

需要更多人参与国际沟通

作为新型世界大国，中国更多、更好地参与和影响世界事务的一个重要前提是，实现自身知识、信息和政策与国际社会的沟通，让世界更充分和准确地了解自己。我们需要努力改变旧的偏见，同时避免新的偏见生成和积累。国与国之间偏见的形成和人与人之间的情况类似，如果一个人的背上总是被人贴上标签，自己不做努力去摘除，就会越贴越多，容易成为“公认的事实”。

我们对外讲述中国故事的主要对象应是国际上的普通公众，他们是国际社会的基础，往往没有预先设定的立场，对中国的认识基于自己亲眼看到、读到的信息和与中国人交往的亲身体会。但很多时候，如果他们看不到来自中国的一手信息，就容易受到被歪曲的信息影响。我们需要提升国际传播意识，需要有更多的中国人通过在国际媒体上接受采访和撰文、参与国际论坛，阐释中国政策，需要中国媒体更多地向国际传播信息，需要更多的中国资料和书籍被翻译成高质量的外文，进入世界的知识传播渠道。为此，需要从政策上、程序上和财力上加快改革和调整，鼓励和培养这方面的人才，让更多的人更加积极主动地参与到国际传播中来。

这里要特别提及中国人参与国际论坛的必要性。每年在世界各地举办的以展望世界形势、探讨人类发展路径为主题的国际论坛多得不胜枚举，是沟通思想和信息的重要平台。与会的各国官员和专家学者多在本国和国际事务中比较活跃，直接或间接地参与外交决策。他们通过论坛听取各国对政策和战略意图的专业和权威说明，将这些信息带回到本国的学术圈和决策层进行更为系统的研究。中国的官员和学者如能多参加国际论坛，可以通过交流和交锋，比较客观地了解外部世界，掌握国际舆论关注焦点，为决策获得更多参考依据。同时，也能在这些国际平台上及时澄清事实，梳理潜在的合作和冲突点，以利于扩大战略判断的空间，降低外界对中国的误判风险。因此，参与国际论坛是我们加强国际传播的捷径之一。

不同类型的人构成不同的社会群体。国际传播面对的许多国家与中国的社会制度存在比较大的差异，这些国家的社会舆论和国际传播的构成也比较多元。例如美国，从白宫到国会、智库、院校乃至媒体，都有各自的影响方式和利害考虑，以好莱坞为代表的文化软实力也是美国舆论和国际影响力的重要组成部分。我们需要根据不同对象有针对性地开展传播工作，逐步培育多渠道传递信息的意识和能力，不仅需要在官方层面加强与世界各国的沟通，而且应在社会的各个层面构建传播的渠道，提升传播能力。

这些年，外界与中国打交道的主体人群在发生变化，越来越多的年轻人直接同中国人接触、交往。他们不是从冷战深处走出来的，过往的意识形态对他们的影响淡了许多。随着时间的推移，他们乃至更年轻的一代有条件摆脱冷战思维的羁绊。这对我们是契机。

对外传播要心里装着“人”

沟通和传播是有明确对象的。不论是对外演讲、接受记者采访还是出席国际论坛，对象虽然不同，但有一个基本共同点——面对的都是人，是有思想和各种文化习惯的人。我的体会是，开展国际传播心中始终要装着“人”，包括三个渐进的层次：了解、重视和尊重。

首先是了解。了解对象，特别是“第一现场”的听众，即在特定时间和空间下对话的具体人。如果是演讲，需要考虑台下的听众主要是学生、学者、业界人士，还是政策制定者，他们对中国哪方面的政策和情况更加关注或者有疑问。如果是采访，记者或主持人关心什么问题？相关的新闻机构有什么政治倾向，秉持什么立场？如果是国际论坛，主持人或者嘉宾也会有自己侧重的问题或者角度，应尽量多地了解他们的背景，论坛通常关注的重点是什么、讨论的主题又是什么？同台嘉宾是谁？他们关心哪些问题？对中国采取的立场是什么？所谓“知己知彼，百战不殆”，了解对方，才能进行有针对性的对话。讲中国故事，目的是让对方了解自己。重要的不仅是自己想讲什么，也需要了解对方想知道什么。“讲”和“听”这两个管道接通了，才能达到传播的目的。

其次是重视。这既包括重视同意自己观点的人，也包括重视那些反对或者不认同的人。遇到对中国误解和偏见比较深的人，需要考虑如何应对对方提出的挑衅性问题。例如在接受记者采访时，采访者与被访者之间是一场智慧的博弈，双方都是要赢取镜头背后公众的认可。尤其西方媒体不会轻易让我们利用它们的平台传播我们的主张，总是会试图抬高门槛、提升难度。而我们既然要登上它们的平台，就要做好打硬仗的准备，提升自己应对尖锐问题的能力。提尖锐问题的人，可能是出于偏见，也可能是想通过引起争论增加新闻性。尖锐问题既是挑战，也是机会，就像打网球，对方打过来的球越重，越有机会借力打力。应对尖锐问题，需要判断对方的质疑是基于错误的事实还是错误的逻辑。如果“事实”存在问题，那么真实情况是什么？如果逻辑存在问题，如何找到其破绽，釜底抽薪地化解掉？通过回答问题赢得理解，实现传播的目的。

最后是尊重。对人的尊重，对人性的尊重，这是我们作为发展中国家在国际行为中需要一直秉持的信念。2018年是周恩来总理诞辰120周年。周总理处理涉外事务的一个鲜明特色，就是他在与人交往时彰显的那种源自内心的尊重，使得与他打交道的人，无论是朋友还是对手，都对他充满敬意。2016年12月，我在美国纽约大学以《国际行为中“人”的因素》为题进行演讲时，表达过这方面的一些思考：“多年的实践让我观察到，在现代文明环境下，无论是多么富有激情的理念、无论有什么样的道义目的，对国际行为的最终判断，还是要看它对人和家庭带来什么样的影响。”确实，对人性的尊重正是我们与帝国主义和强权政治的国际理念重要的区别之处。

及时发声，讲“实在话”

新闻传播有一个先入为主的规律。现代社会信息媒介多，需求总是处于“饥渴”状况，当今世界舆论场上对涉华信息的需求是相当突出的。当发生某件事情时，能第一时间进入传播渠道的信息往往给人印象最深，很快就能在受众当中形成心理定势。政府部门和新闻机构需要主动和及时地提供第一手信息，走在舆论的前头。信息发布得越早、越快、越多、越准确，就越能抢占舆论制高点，越能赢得信任。而且最好能同步考虑国内外受众的需求。如果第一时间传播的信息是错误的、虚假的、片面的，会出现“三人成虎”的效果，而后投入数倍资源去澄清、矫正也不见得有效，甚至会引起舆论反弹。

对于什么是“真话”，不可避免会有主观判断的成分。而且“真话”往往需要时间去了解，也将受到时间的检验。因此，传播者最好讲有把握的真话，没把握的宁愿不说，或者等情况明朗了再说。有时出于国家安全或者政策考虑，真话也许不能全说或者马上说，但一个普遍适用的规则是，根据授权尽量说实在话。我观察在一些国际场合，有的大国发言者表达的内容并不那么充分，但他们出色的口才和自信以及参与讨论的积极态度往往能赢得一定的认可。

中国坚持走和平发展道路，奉行独立自主的和平外交政策，国防政策本质上是防御型的。我们与外部世界打交道，积极参与全球事务，推动构建“人类命运共同体”，目标和方式是坦坦荡荡的，不搞“当面锣背后鼓”，因此在国际上阐释自己的战略目标和政策趋向没什么可遮遮掩掩的。

我的体会是，无论在什么问题上，讲实实在在的中国故事，讲事实、讲数据、讲困难、讲作为，是最有说服力的。毕竟，真实的故事最能打动人、说服人。诚然，在这个充斥了大国之间打打杀杀历史的世界上，一个新兴大国的崛起难免引发外界的猜测、质疑甚至误解。如何超越长期以来我们与其他国家存在的语言文化、思维方式和利益差异，如何以让外界听得懂、能理解的方式阐释自己的意图，如何让我们的声音出现在所有有需求的地方，在这些方面，我们有许多需要学习和改善的地方。

新闻和舆论上的周全安排，是现代大国推行政策不可或缺的。在重大决策出台前，宜对可能的国际舆论反应做科学和平衡的预评估，以便于有所备案。信息时代，尤其对大国来说，国际传播和国内传播的边界相对模糊起来了，国际上的热点会即时反射到国内，国际政治中的许多故事也恰是源自一些国家的内部事务。这意味着，我们做对内传播要顾及国际影响，开展对外传播也要考虑国内老百姓的感受。换言之，作为大国，政策方面的言论和行为不仅要考虑如何赢得国内各界的理解和支持，也需要考虑如何说服国际社会。

总之，向国际社会进行有效传播，既要有“道”，也要重视“术”。这里所说的“道”，指的是沟通和传播中的理念和价值观，而“术”则是技术、技巧和方法，“讲好中国故事”就强调了“术”的重要性。“讲好”本身包含着对“术”的要求：讲什么？怎么讲？如何才能“讲好”？故事是讲给人听的，要让人听得进去，能够吸引人、打动人，进而说服人。要实现这样的目标，需要一定的方法、技巧，做足功课。

当然，“道”和“术”是相辅相成的，不能脱离“道”空谈“术”，“有术无道，止于术也”。许多方法和技巧的学习和培养是琐碎的，甚至是折磨人的，需要有信念的支撑。之所以有人肯吃这份“苦”，愿意去努力克服困难做这件事，相信他们都是因为有信念和责任感，希望把中国的故事讲出去、讲好，这何尝不也是一种“道”呢？

诚然，中国在世界上全新国际话语权的确立，除了靠更好的说，最终还是要看我们做得怎么样。在习近平新时代中国特色社会主义思想的指引下，我们国家日益走近世界舞台中央之际，将不断取得新的成就，也将不断赢得国际社会更好地了解和信任，为构建“人类命运共同体”奠定好的基础。

（作者为清华大学兼职教授、国际关系研究院名誉院长）

西方炮制中国“锐实力”说为哪般

◆ 王义桅

西方智库、媒体指责中国使用“锐实力”，西方政客们也不断煽风点火，背后的原因是西方不承认中国发展模式，不甘心自己对华政策的失败，不能正视世界的变迁。要反击西方不断演绎的“中国威胁论”，中国必须确立中国特色的软实力概念和理论体系。

不久前，美国国家民主基金会发表了一份题为《锐实力：崛起的“威权势力”》的研究报告，提出“锐实力”概念。接着，西方少数精英发文指责中国和俄罗斯两国使用“锐实力（sharp power）”影响其他国家的认知与决策，以谋取自身国家利益最大化。其中，英国《经济学人》周刊发表封面文章，称“中国通过破坏、胁迫和施压的联合作用发挥影响”。

有别于硬实力和软实力，“锐实力”指的是针对特定国家发动颠覆、渗透，以利刃般的外交手段达到在境外压制言论、扩张势力乃至操控意识形态等目的。硬实力的基础离不开军事及经济力量。没有炮弹与银弹作后盾，硬实力无从说起。软实力立足于价值观的吸引力、产业优势乃至文化影响力，配合积极主动的国际宣传，有助于提升国家形象及地位。西方一些

本文刊载于2018年3月8日《参考消息》。

人士认为，中国“锐实力”与俄罗斯运用“不对称战略”分化西方社会性质相似，中俄同被视为“锐实力”冲击全球民主的主要案例。

中国崛起触动西方神经

苏联解体后，俄罗斯仍算是举足轻重的国家，但其经济发展停滞不前，国力下降。在西方眼里，俄罗斯虽与中国一起被归类为具侵略性的“锐实力”大国，但俄罗斯只求在不触发军事冲突的前提下扭转国际舞台上的劣势，中国却是崛起中的巨龙，对世界经济的影响力远非“北极熊”可比。西方国家与中国经贸关系愈深愈广，舆论对中国渗透全球的惧意只会不断增加。这种戒心，从欧盟对中国“一带一路”倡议的反应可见一斑。就连德国总理默克尔日前也指责中国在巴尔干地区的渗透。

中国从站起来、富起来迈向强起来，触动西方世界神经不难理解。然而，就如《经济学人》所言，以中国经济规模之大，根本无需中国施压，企业便会自动自觉跟着北京的步调走；部分西方国家重视与中国经贸关系甚于对民主等普世价值的坚持，同样不足为奇。该刊在提醒西方社会慎防中国“锐实力”之余，不忘指出要确保中国和平崛起，欧美得为中国的“野心”腾出一点空间。

2017年底，中国加入世贸组织过渡期结束后西方坚持不承认中国市场经济地位，与“锐实力”同期出台，难道只是巧合？！西方近期不断表示对演变中国落空的失望——接触中国政策并没有把中国变成跟西方一样，中国有了“四个自信”，还可能输出“四个自信”——因此，不承认中国市场经济地位，是不承认中国发展模式，不甘心自己对华政策的失败，不能正视世界的变迁！

以“新软实力”应对“新威胁论”

过去，西方认为，中国力量上（国内生产总值）、技术上（科技研发投入）乃至制度上（中国模式）都在赶超西方，但道义上无法企及西方，因为不能提出像西方那样的普世价值体系。现在，“中国威胁论”的最新代表“锐实力”又在西方蔓延，认定中国威胁的真正源泉是走出西方之外的替代选择之路，并且刺破了西方普世价值的虚伪。

长期以来，西方心目中的“中国威胁论”先后演绎出以下不同版本：

——中国威胁论 I：中国发展不可持续，因为中国没有像西方那样的核心价值。因此西方对中国的人权、民主甚为关心，希望通过接触中国而塑造、输入核心价值体系。

——中国威胁论 II：中国存在自己的核心价值体系，但是不能普世化，并且否定普世价值的存在。中国于是成为西方普世价值的公敌。西方对华接触，就是要将中国纳入西方普世价值体系。

——中国威胁论 III：中国提出类似西方的普世价值观，如“一带一路”“人类命运共同体”及其承载的“中国模式”，并且极力推广，取代西方的统治地位。正如彭定康所言，中国的潜在威胁，不在于其廉价的出口货物，而在于民主的灭亡，在于中国传扬着不需要西方的民主也可以致富的理念，这是对西方最大的威胁。十九大报告提出，中国特色社会主义道路、理论、制度、文化不断发展，拓展了发展中国家走向现代化的途径，给世界上那些既希望加快发展又希望保持自身独立性的国家和民族提供了全新选择，为解决人类问题贡献了中国智慧和中国方案。西方人担心“中国统治世界”，主张西方须自强，继续占据道德高地。

在这种话语霸权体系下，中国便处于一种困境：无论有无核心价值，无论如何对待普世价值，都成为西方世界的威胁。不破除这种困境，解释清楚“价值普世性”与“普世价值”的关系，便无法让西方人对中国崛起放心，心悦诚服地接受中国崛起，也就不能消除西方担忧——中国崛起是否在重复历史悲剧？中国提出建立新型国际关系，就是针对于此。

如今，中国既同国际产业链底端的发展中国家竞争；又在与中端的新兴国家竞争；随着国际竞争力的提升，还开始与高端的发达国家竞争，导致中国处于“四面楚歌”的境地。这不是中国软实力的问题，而是中国发展打破了原有利益、权力格局的自然过程。

中国“锐实力”威胁论的流行再次表明，一方面说中国是“超级大国”了，另一方面又对中国指手画脚，没有把中国当作超级大国来敬畏，反映了西方的虚伪和彷徨。

要反击西方不断演绎的“中国威胁论”，中国必须确立中国特色的软实力概念和理论体系。

“中国特色”就是最大软实力

为何老强调中国特色？政治上，我们强调“中国特色”开始是针对苏联模式而言，后来上升到“不干涉内政”的原则和不输出“中国模式”的承诺，中国特色的时代内涵“特”在哪儿？

首先，中国是文明型国家。中华文明不仅连续不断，更重要的是一种世俗文明。

其次，中国是社会主义国家。坚持社会主义制度，是中国政治的鲜明特色。故此，我们强调社会主义核心价值观，自由、民主等是社会主义理解的自由、民主，不能等同于西方的自由、民主。价值有普世性，但普世价值只是西方的话语霸权。以所谓的普世价值，反对中国特色，是政治意识形态斗争的焦点。

再次，中国是超大规模社会、具有超长历史，正在走出一条有别于历史上其他国家的独特的现代化与民族复兴之路。中国崛起本身丰富了现代化与民族复兴的内涵，也在鼓励其他国家走符合自身国情的现代化与民族复兴之路。从这个意义上说，中国特色就是中国最大的软实力。

当今世界乃至人类历史上，能有资格称自己为特色的国家不多。中国文化是学习型、包容性文化，中国特色学习了其他国家特色，是兼收并蓄、融会贯通的结果，比如中国模式就学习借鉴了西方模式，又超越之。中国特色超越了一般国家的个性，具有鲜明的中国内涵与时代色彩。中国自古有天下情怀，并非狭隘的民族国家。中国特色是让别人也有特色，共同成就世界特色：多样性与和平性。强调中国特色，体现了中国的自信、自觉、担当。

先说自信。中国特色充分表明“四个自信”——中国特色社会主义道路能走通，中国特色社会主义理论能管用，中国特色社会主义制度能不断焕发活力，中国特色文化不仅几千年连续不断而且能苟日新、日日新。四个自信，折射的是文明自信。历史上，中华文明成功地将外来的佛教包容为佛学、禅宗，近代又将马克思主义中国化，这就是中华文明的包容特色与包容能力，现在完全能够以第五个现代化——治理能力与治理体系的现代化，将西方普世价值包容为人类共同价值——人类命运共同体。

再说自觉。170年前，美国开启了脱欧洲化进程。美国诗人爱默生1837年在哈佛演讲时说：“我们依赖的日子，我们向外国学习的漫长学徒期，就要结束。我们周遭那千百万冲向生活的人不可能总是靠外国果实的干枯残核来喂养。”爱默生说的外国指的是欧洲，表明美国自独立战争以来迈入精神立国阶段。现在的中国，强调中国特色，正是表明告别鸦片战争以来中西、体用的二元思维与接轨、转型的迷思，自觉践行社会主义，在国内外倡导公平正义，并结合传统“公天下”思想，实现中国的精神立国。

最后说担当。我们讲的中国特色，绝非排他，恰恰相反，是强调和而不同、和谐共生。中国特色是源于中国而属于世界，是全球化时代对“张载命题”的有力回答：“为天地立心”，就是去挖掘中华文明与中国价值的世界意义，探寻人类共同价值体系。“为生民立命”，就是全面建成小康社会，彰显中国的人权、国权；“为往圣继绝学”，就是实现人类永续发展，各种文明、发展模式相得益彰、美美与共；“为万世开太平”，就是推动建立持久和平、普遍安全、共同繁荣、开放包容、清洁美丽的世界，实现全球化时代的“天下大同”。

中国软实力三大资源

一般认为，软实力主要包括以下几种内容：一是文化的吸引力和感染力；二是意识形态和政治价值观的吸引力；三是外交政策的道义和正当性；四是处理国家间关系时的亲和力；五是发展道路和制度模式的吸引力；六是对国际规范、国际标准和国际机制的导向、制定和控制能力；七是国际舆论对一国国际形象的赞赏和认可程度。

结合中国国情，中国软实力资源主要有三：

一是博大精深的中华文化（历史）。当然，传统中国不能直接转化为现代中国。让传统中华文化塑造现代中国形象，还真得好好琢磨。

二是形成中的中国模式（现实）。正如“一带一路”倡议在世界上引发广泛而积极反响所显示的，中国模式越来越具有世界意义，成为中国软实力不断生长的来源。中国模式在不断形成中、不断完善中，具有极大的开放性、包容性和普遍意义，将不自觉地对其他国家，尤其是后发国家和新兴国家产生巨大的吸引力。越来越多的国家从中国成功中找到了西方现代化路径之外的选择，积极学习、借鉴中国模式。正所谓，桃李不言，下自成蹊。我们对此要有足够的耐心和信心。

三是融通各国梦的中国梦（未来）。中国梦给世界带来机遇、惊喜和希望。这是未来中国软实力的不竭源泉。这一过程，既是中国不断完善自身核心价值观、身份和认同的过程，也是外界不断理解、认同和接受乃至欣赏中国价值观的过程。中国梦表明中华民族是一个创造型民族、浪漫型民族，而不仅仅是传统的苦干、学习型民族。一切有赖于中国自身的转型，既要弘扬原生文明，又要实现文明的创新驱动、转型发展，任重而道远。

当然，中国的软实力并非纯粹中国的，而是源于中国属于世界。中国用了软实力这个概念，但已经将它中国化，这就是多从文化角度强调之，并与传统中国文化“和而不同”的理念等结合在一起，强调文化影响力、道德感召力、形象亲和力三大方面内涵，并且是国际影响力、感召力、塑造力的文化底蕴。因此，中国特色的软实力概念较具中国文化内涵，难以量化衡量，只能从结果感知。

（作者为中国人民大学习近平新时代中国特色社会主义思想研究院副院长、国际关系学院教授）

以理念创新回击西方舆论战

◆ 史安斌

“锐实力”的抛出揭开了蒙在“软实力”概念上那层温情脉脉的面纱，也给那些“言必称希腊”的人文社科学者敲响了警钟。“锐实力”与西方此前抛出的“软实力”“巧实力”等概念相似，体现的是根深蒂固的西方中心主义和美国国家利益，也是冷战思维的延续与升级。面对新一轮以“锐实力”为主题的舆论战所提供的契机，我们应当大胆破除以往对外传播工作中“不争论”“去政治化”的思维定式，积极开展意识形态领域内具有新的历史特点的“伟大斗争”。

近期，欧美智库、媒体和学界以“锐实力”（sharp power）概念为基本框架发动了新一轮舆论战，对中国、俄罗斯等国近年来为提升国家形象和国际影响力所做的各种努力横加指责。这场舆论战肇始自2017年12月，具有半官方背景的智库机构美国国家民主基金会（NED）炮制了一份题为《从“软实力”到“锐实力”》的报告。此外，这场舆论战中还不乏一些别有用心的政客，用中文讲出“某国人民站起来了”之类在社交媒体上的“刷屏直播”来为之造势。

本文刊载于2018年3月9日《参考消息》。

如果再联系到2017年早些时候，美俄之间就“外国代理人”问题而展开的“媒体新冷战”，我们便可以更清楚地认识到“锐实力”之争，也是世界进入“后西方”“后秩序”“后真相”时代的典型表征。

从概念的内涵来看，“锐实力”是指西方政治学界所认定的“威权势力”，采用操纵、混淆、分化和压制等“非常规手段”对目标国家或群体施加影响，其在主体、目的和手段上与人们熟知的“软实力”大相径庭，后者主要是使用公共外交、媒体传播、文化交流等方式，来赢得对象国的“民心公意”。

从其外延来看，此次“锐实力”之争与以往渲染中国对西方大国和主流社会所产生的各种“威胁”不同，更多聚焦于澳大利亚、新西兰、希腊等西方中小国家，拉美、中东欧等地区的“脆弱民主政体”和海外华人群体。

欧美精英焦虑加剧

此次以“锐实力”为缘起对中国的攻击和批判，是在西方主流精英阶层根深蒂固的、以麦卡锡主义为核心的冷战思维的延续和升级。这显然是西方媒体和学界在新的历史条件下试图调整话语策略，改用“边缘替代中心”的方式来争取国际舆论的同情，其根本目的仍然是进一步凸显“自我”与“他者”之间不可逾越的价值观和意识形态“鸿沟”，从而抗拒接受中国所倡导的以促进世界各国共同发展、不同文明交流互鉴为核心的“人类命运共同体”理念。

另一方面，“锐实力”的概念是在世界进入中国引领的“新全球化时代”的背景下提出的，其所体现的是西方知识界和精英阶层面对全球变局的“影响焦虑”。过去我们将西方学者提出的“软实力”概念纳入国家战略，体现了中华文化兼容并蓄的传统。但是，抱着冷战思维不放的一些西方学者却感到“惊讶和不安”，坚称“软实力”是“自由民主国家的专利”。

近年来，在西方一些智库和研究机构发布的各类“软实力排行榜”上，中国都处于最末几位，在“政治制度”“互联网环境”等指标上竟然可以低至零分，这充分说明“软实力”根本不是什么放之四海而皆准的普世范畴，而是具备事先设定的“准入资格”。换言之，只要中国不“变色”，根本不可能在“软实力”排名上获得实质性突破。

在2016年以来西方政治体制和主流价值观发生“内爆”的背景下，西方急于抛出“锐实力”的概念欲与我们“划清界限”。尤其是在中国领导人提出的“一带一路”倡议和“人类命运共同体”理念，得到了世界各国越来越多有识之士的衷心拥护之后，西方主流社会的这种“影响焦虑”就更为凸显。在此次“锐实力”之争中，中国围绕“一带一路”倡议开展的各种基础设施建设和文化交流项目，便成为西方所攻击的“非常规手段”的典型代表。

西方陷入时代困境

从话语脉络来看，“锐实力”与美国政界和学界提出的“软实力”“巧实力”等概念一脉相承。围绕“实力”（power）这个词，美国政界和学界里应外合，根据国际情势的变化进行政策与话语的相应调整。随着冷战格局的解体和美国主导的单极化世界体系的形成，曾在克林顿政府任职的哈佛大学教授约瑟夫·奈于1990年对“硬实力”（hard power）和“软实力”（soft power）进行了区分，以反对当时一度流行的“美国衰败论”。他指出，美国不仅是军事和经济等“硬实力”层面上首屈一指的强国，在文化、意识形态等“软实力”层面也无可匹敌。自此，这一话语便进入了官方与主流话语圈，成为界定国家实力的又一测量标准。

同时，在很大程度上，“软实力”也构成了后冷战时代美国推行以文化和价值观的隐形植入为核心、不强求实地占领或在场的“美式全球化”的理论基础，也成为“普世价值”和美式生活方式得以在全世界传播和推广的“正当性话语”。

2004年，美国学者苏珊娜·诺塞尔提出“巧实力”（smart power）概念，强调整合协同运用“硬实力”和“软实力”来实现美国外交目标。由于小布什执政期间，美国片面强调以“硬实力”为主的单边进攻性战略，致使国家形象受损严重，针对于此，2009年时任美国国务卿希拉里·克林顿将“巧实力”确立为奥巴马总统第一个任期外交活动的指导思想，将“软实力”层面利用社交媒体进行的意识形态渗透与“硬实力”维度上的经济制裁、军事干预等手段相结合，在中东、北非、中亚、东欧等地区策动“颜色革命”。

2014年，美国国防学院副院长迈克尔·马扎尔提出“分实力”（discriminate power）概念。需要指出的是，当时国内一些媒体曾将这个概念也翻译为“锐实力”，现在看来，这个译法显然不准确。“分实力”概念的提出适逢美国自身实力下滑、全球领导力陷入困境的状况，强调美国在发挥领导作用的同时应进行自我限制，根据美国在世界各地区的利益“有所为有所不为”，有区分、有选择、有针对性地使用实力。这一概念也很大程度上成为奥巴马第二任期“亚太再平衡”战略的理论支撑。

与以上概念一脉相承，“锐实力”概念呼应的是当下西方世界普遍陷入“后西方”“后秩序”“后真相”的时代困境。2016年以来，欧美政坛和社会遭遇动荡，极右翼势力崛起，“黑天鹅”频出。意识形态领域内的斗争激化，也波及国际传播领域。

2017年年底，美国司法部依据《外国代理人登记法》，将“今日俄罗斯”等媒体列作“外国代理人”；澳大利亚政府也于同期向议会提交法案，剑指中国媒体，要求必须向澳政府注册，否则便予以起诉。在此语境下，“锐实力”概念之提出可谓应时，也体现出西方主流社会对于中国之“影响焦虑”，以及对于自身民主体系条件反射般的自我维护，也将在未来一段时间里成为界定此类“媒体新冷战”的主要框架。

西方话语霸权延续

纵览从“软实力”“分实力”再到近期“锐实力”的话语流变，我们可以发现一条清晰的话语演进路径。总的来看，这套“实力”话语的内涵、外延始终在变，但其逻辑内核——西方中心主义和美国国家利益至上的基本原则——始终未变。学术话语先行，以其中和、包装乃至遮蔽政策举措，“合法化”意识形态建构行为的路径也始终未变。

如此以“学术话语”为载体建构合理性之谋略，印证了法国哲学家米歇尔·福柯关于“知识权力”的论断：“西方文化以人的名义建构了一种必须由同一理性游戏构成的知识的实际领域而不能是科学对象之存在。”这套关于“实力”的话语便是这种“知识权力”的重要表征，通过在世界各地的传播产生了“规范化”权力，可以通过排斥、禁忌、分割、抛弃等约束机制迫使人们接受和遵从，抵抗者往往会被冠以“反主流”“反智”“反科学”之名饱受压制。

美国国家民主基金会的报告将“锐实力”比作价值观攻击的“匕首”和意识形态渗透的“针筒”，此番譬喻极易让民众引起对中俄影响力行为的反感乃至恐惧，以达到污名化、妖魔化之目的。加之美国政界“旋转门”机制的存在，智库与政府间往往有着千丝万缕的联系，两者资金、人员互通互补，使得思想库的影响力渗透到政策制定的方方面面。无论从历史的视角，抑或话语的层面，再或实践的维度，“锐实力”都体现出冷战思维的延续与升级。从本质上看，这既非科学的概念，也非价值中立的判断，而恰恰是高度政治化和意识形态化的“话语霸权”。

跳出西方“议题设置”

西方从“软实力”到“锐实力”的理念嬗变，使我们进一步认识到加强自身理论和话语体系建设的紧迫性。“锐实力”的抛出揭开了蒙在“软实力”概念上那层温情脉脉的面纱，也给那些“言必称希腊”的人文社科学者敲响了警钟。我们如此热情地拥抱来自西方的概念和理论，对方却将“去政治化的政治”的严酷现实暴露无遗。

在中国进入“新时代”和世界开启“新全球化”模式的当下，如何破除人文社科理论建设和研究当中的西方话语霸权，推动哲学社会科学的“时代化、大众化、中国化”，成为我国思想界和理论界亟待解决的首要问题。

诚然，从实践和操作的层面来看，“锐实力”之争也有助于我们反思当前对外传播和公共外交工作中出现的一些问题和短板。据世界经济论坛最新发布的预测，2017—2019年中国对世界经济增长的贡献率将达到35.2%，遥遥领先于位居第二的美国（17.9%）。

有鉴于此，我们应当更为积极主动地向国际社会说明，中国为倡导建立更为公平、公正、合理的国际新秩序所作出的贡献与努力。

此次“锐实力”之争的焦点之一，是我国在世界各地开展的各种工程建设和文化项目等。我们应当建立定期的白皮书、新闻发布会、体验式采访等传播机制，加强与“一带一路”倡议相关的大型工程或孔子学院等备受国际舆论关注的文化交流项目的新闻发布和舆论引导，加大信息公开、决策透明的力度，及时回击部分西方媒体和学者的猜疑和指责。

此外，要提升驻外人员和海外华人的“全球胜任力”（global competence）。随着“一带一路”倡议的全面推进，越来越多的中资企业和机构在世界各地驻站布点。

近年来海外华人社群的影响力也持续增长，希望发挥自身的优势为提升祖国形象和国际影响力做些实事。他们中的大多数人虽然怀有赤子之心，但对西方主流社会的传播规则和受众习惯缺乏了解，所以一些做法容易被冠以简单、粗放的“锐实力”之名。这亟须主管部门与驻外机构和华人社群加强联系与沟通，通过咨询、培训等方式提升他们的全球胜任力——包括媒体素养、跨文化沟通能力、危机传播策略和公共外交技巧，等等。

面对新一轮以“锐实力”为主题的舆论战所提供的契机，我们应当大胆破除以往对外传播工作中“不争论”“去政治化”的思维定式，跳脱西方媒体和思想界的“议题设置”，以“构建人类命运共同体”理念为指导，按照“突破遏制、回应挑战、补齐短板”的原则，加强自身的理论建设和实践创新，积极开展意识形态领域内具有新的历史特点的“伟大斗争”，谋划新思路，施展新作为，呈现新气象。

（作者为清华大学新闻与传播学院副院长、特聘教授）

把握大国竞争新态势主动权

◆ 周方银

与中国相关的大国竞争出现了新的态势，比较突出的表现是，美国朝野新一轮“中国威胁论”声音高涨，这种论调也得到澳大利亚以及部分欧洲国家的呼应。当前西方国家存在的一些对中国的负面认识很难改变和消除，但在中美之间爆发新冷战的前景是可以避免的。把握大国竞争新态势主动权的最重要因素，在于中国保持自身实力的稳步增长。

过去几年，中国多方面的实力快速发展，国际地位和影响力明显提升。同时，国际社会在发生复杂、深刻的变化，国际体系中的不确定性有所上升，传统大国看待和处理与新兴大国关系时的方式和策略在发生转变，包括中美关系在内的大国关系出现了新的发展态势。

本文刊载于2018年3月13日《参考消息》。

美国单方面调整政策

近一两年，中国与西方国家特别是美国的关系，出现了一些新的发展态势，这一变化在很大程度上，是由美国单方面做出的一些重要政策调整带来的。

从2017年12月到2018年2月短短两三个月时间内，特朗普政府相继推出《国家安全战略报告》《国防战略报告》《核态势审议报告》。这三份重磅安全政策文件为中美关系确定了新的定位和基调。

美国《国家安全战略报告》认为中国和俄罗斯是修正主义国家，中俄要塑造一个与美国的价值观和利益相对立的世界，中国寻求把美国的影响力挤出印太地区。报告把中俄列在美国三大安全挑战的首位。

美国《国防战略报告》明确提出，国家间战略竞争已取代恐怖主义成为美国最重要的国家安全关切，并将中国定位为战略竞争对手。报告认为中国有一个举国长期战略，试图通过继续推进军事现代化在短期寻求印太地区的霸权，从长期则试图把美国的影响力挤出这一地区，并寻求建立全球优势地位。

《核态势审议报告》决定升级美国核武库和扩大核武器的使用范围，并将俄罗斯和中国视为主要威胁。报告的出台意味着，美国对中国的核战略从奥巴马时期的“核战略稳定”转向特朗普时期的“核战略威慑”，核武器作为大国争霸的重要工具再次被美国政府加以使用。

把这三份战略文件联系起来看，美国显然已确立中国、俄罗斯为主要战略竞争对手，试图采取全方位措施赢得与中俄的战略竞争。在中俄两国中，美国认为俄罗斯是在走向衰落的大国，其国际影响力呈下降趋势。虽然在美国看来，俄罗斯的行为方式更具冒险性，但从长期来说，它不可能对美国领导地位形成根本性挑战。相比之下，中国的实力蒸蒸日上，政治、经济、安全等方面的实力发展更加均衡，而且中国有着长期和连续的发展战略，专注于伟大复兴，对美国国际领导地位的冲击更大。

在从战略上把中国确定为主要对手的同时，美国在经济上也逐渐加大对中国的政策力度。这样的政策也符合特朗普的执政风格。特朗普的核心政治口号是“让美国再次伟大”。他们认为，从国际上看，中国是让美国不再伟大的关键因素。在美国媒体中，充斥着“中国抢走了美国的就业机会”“中国通过盗取美国的知识产权损害了美国经济”等等论调。美国贸易代表办公室在2018年1月提交国会的报告中称，美国当初“错误地”支持中国加入了世界贸易组织。美国《国家安全战略报告》明确提出“经济安全就是国家安全”，因为美国的权力是靠强大的经济来支撑的。

在很短的时间内，美国在经济上采取了不少针对中国的举措。2018年2月28日，美国贸易代表莱特希泽向国会提交关于总统贸易议程的年度报告，报告表示美国将使用“所有可用的工具”向中国的贸易施压。

当前，美国国内在对中国采取强硬态度方面，从政府、媒体、智库等层面，都具有很强的基础。很多美国政府高官对中国的不信任程度之高、敌意之深，超出中国人的想象。2月13日，美国6家情报机构：中央情报局、联邦调查局、国家安全局、国家情报局、国防情报局、国家地理空间情报局的负责人，同时到参议院情报委员会听证，详细汇报中国对美国的战略威胁。在听证会上，联邦调查局局长克里斯托弗·雷称，“中国间谍”正在蔓延美国各地，甚至包括美国的学术机构。在他看来，整个华人社会都对美国构成了威胁。

部分国家对美亦步亦趋

在没有明显征兆的情况下，美国一连串具有消极影响的重要政策在短期内出台，让很多中国人感到不明所以。由于美国是当前国际体系中最强大的国家，它的行为在国际上有很大的外溢性，对部分国家的行为具有重要影响。

作为美国长期以来的坚定盟友，澳大利亚在对华政策上也亦步亦趋地跟着美国。澳大利亚外长朱莉·毕晓普2017年多次发表讲话，呼吁美国更多参与亚洲事务，以抗衡中国的强势崛起。她表示，大多数国家都不希望看到除美国之外的其他国家在这个世界上发号施令。她还声称，如果中国希望完全释放自己的经济潜力，就必须接受西方民主制度。2017年6月，澳大利亚总理特恩布尔在新加坡香格里拉会议上说，“中国版的门罗主义意在形成对本地区的主导”，号召本地区国家联合起来，反制中国。虽然中澳经贸关系依然紧密，但经济问题被政治化的征兆在澳大利亚也有出现。澳大利亚国防部发言人2018年2月称，澳国防部以前采购过中兴和华为的产品，但现在决定用其他生产商的产品取代它们。

在距离更为遥远、与中国并无实质性安全利益矛盾的欧洲，中国企业的收购活动，尤其是涉及高技术领域的收购活动，受到了比过去更大的阻力，并往往被冠以有害于国家安全的名义。

在中国周边，美国、日本、澳大利亚、印度积极推动“印太战略”，构筑在美国领导下的海洋联盟体系和以海洋为中心的地区伙伴关系网络，对冲在这个地区快速推动的海上丝绸之路建设，在印度洋地区抑制中国影响力的上升。“印太战略”的中心目标，是维护美国主导下的国际秩序，防范中国崛起对既有秩序的冲击。在“印太战略”的推动下，美、日、澳、印的军事安全合作进一步加快，“亚洲版北约”的可能性前景似乎在慢慢浮现，不过其发展仍有很多变数。

西方对华实施双重标准

当前，与中国相关的大国竞争出现了新的态势，比较突出的表现是，美国朝野新一轮“中国威胁论”声音高涨，这种论调也得到澳大利亚以及部分欧洲国家的呼应。这一波“中国威胁论”在性质上不同以前，它不只是少数人存在认为中国构成了威胁的认知，而是具有更直接的政策影响，并在相关国家的一些政策举措中得到体现。这种情况不是加强沟通、加强政策说明等常规增信释疑的做法能够解决的。特别是，现在西方国家对与中国有关的议题，出现了经济问题安全化、社会问题政治化、小问题扩大化、事实根据不足的问题情绪化的情况。在这样的心态下，心平气和的说服努力，很容易被各种杂乱的声音所淹没。

当前，西方这样一种具有更广泛政治和社会影响的“中国威胁论”，其核心驱动因素是对中国未来主导国际秩序可能性的担心和抵触。在西方一些人士看来，只要中国达到了国际领先的实力地位，就会动用这一实力来影响和塑造国际秩序，而这很可能要以牺牲他们的利益为代价。这种“中国威胁论”关注的重点，不是当前中国是否真对西方国家构成了威胁，它对于寻找真凭实据并不是很在意。

要理解和应对这样的“中国威胁论”，中国人自身的思维也要有所调整，但现实情况很可能不是这样的。很多中国人认为，我们坚持和平发展，试图实现不同国家的共同发展，希望实现大国关系的“不冲突、不对抗”，只要中国坚持这么做，并且把自己的想法向国际社会包括西方国家讲清楚，很多问题就迎刃而解了。不仅是中国人，一些澳大利亚学者和前政府官员也一再指出，澳大利亚舆论场中当前盛行的不少关于“中国威胁”“中国间谍”的说法捕风捉影，没有真凭实据。但澳大利亚的政治生态依然故我。澳大利亚媒体对中国的行为与美、英等西方国家在澳大利亚的行为采取了十分明显的双重标准。如果是在澳大利亚的英国人在英国与澳大利亚比赛时为英国人助威，这不会构成任何问题。如果是意大利人、希腊人、印度人这样做，也不是问题。但如果华人在中国与澳大利亚的体育比赛中为中国助威，就成了问题，他们就好像有了是中国间谍或者是不忠诚的公民的嫌疑。2018年初，澳大利亚安全情报局称，澳面临的外国渗透和间谍威胁史无前例，其危害程度远超冷战时期，并把来自中国的渗透和间谍威胁列为五个威胁级别的最高等级，即“极端威胁”，这显然是一种非常夸大其词的说法。

这种行为背后体现的是这样一种思维：中国为什么构成威胁？不是因为中国做了什么真正威胁别人的事情，而是因为中国这个国家的性质。同样的事情，其他国家做就不是威胁，中国或者中国人做就构成威胁。也就是说，这一轮“中国威胁论”主要是对人而不是对事的，因而它基本上无法通过澄清一个个事实来消除。

中美可以避免新冷战

对于被动卷入大国竞争新态势，中国需要进一步反思与一些西方国家的关系，并在此基础上加以应对。

首先，这种局面的出现，以及它非常可能中长期化的前景，清楚地显示中国试图在国际体系中实现和平崛起、实现中华民族伟大复兴的复杂性和艰巨性。中国崛起面临的国际阻力是多方面和深层次的，远不像解决一个个具体的障碍和挑战，在一些具体的问题上寻找合作点那么简单。这种阻力在当前的出现和增大，是以另一种形式对中国过去一些年取得的成就的肯定，它意味着中国崛起越来越被西方国家严肃地看待了，虽然其反应方式出乎中国人的意料。

其次，虽然以美国为代表的西方国家做出这样的反应，但在总体稳定的国际体系中实现和平崛起，符合中国的长期和根本利益。这不是说，中国在面对不合理的行为时要处处忍让；而是说，中国在坚定和有策略地维护自身利益的同时，不轻易做对国际体系的稳定具有较大破坏性的事情。中国还是要努力维持中美关系的战略稳定。虽然美国极不愿意接受中国崛起，但维持大国关系的战略稳定，依然符合中国的根本利益。

再次，继续积极推进中美战略对话合作。美国将中国确定为战略竞争对手，并不意味着中美无法推进战略对话与合作。正是因为战略竞争强化才更需要沟通对话，以防止战略竞争失控，转向战略对抗甚至爆发武装冲突。在这种背景下的战略对话，也许并不能解决根本的问题，但有助于管控中美关系的发展进程，延缓战略竞争升级的过程，而这就可以为双方关系未来的积极变化保留有利条件。

近期，虽然有一些西方国家媒体在渲染所谓的新冷战，但在中美之间爆发新冷战的前景是可以避免的。仔细考察一年多来的美国对华政策，可以发现它一方面“雷声很大”，因为这是其真实意愿的体现，而不是策略性的虚张声势，但另一方面它的“雨点”并不是很大，因为中美各方面利益的相互依存达到了非常深的程度，如果中国奋起反击，也会给美国造成非常大的伤害，并会对国际局势产生重要的长期影响。从长期来说，中美还是有比较大的战略妥协空间。随着中国实力进一步上升，战略妥协的基础会变得更加坚实。把握大国竞争新态势主动权的最重要因素，在于中国保持自身实力的稳步增长。在此基础上，积极拓展在国际上的朋友圈，处理好与周边国家的关系，也有助于扩大中国外交的战略空间和回旋余地，增强危机状态下的应对能力，为中国在国际上的长期发展构筑更坚实的基础。

（作者为广东国际战略研究院教授）

“竞争性共存”将成中美关系新态势

◆ 赵明昊

国际秩序大变革的背景下，中美关系也在经历过去几十年来最为深刻的转型。美国战略界日益从“竞争”的视角看待和处理对华政策，这是不应否认的新现实，但对此也不必过于紧张。中国需要凝神聚气、保持定力，更加深入研判所谓“竞争”问题，从“良性竞争、深度合作”的角度积极塑造中美关系的新态势，进一步加大中国对中美关系的理念引领、战略引领。

美战略界形成新“中国观”

未来一个时期，在中国不断推进“强国方略”的背景下，中美关系能否实现稳定健康发展，对于我国国际战略环境具有决定性影响。美国总统特朗普上台执政以来，中美关系总体实现平稳过渡，但值得注意的是，“竞争”日益成为美国高级官员和战略界人士谈论对华政策时的一大“热词”。王毅外长在两会记者会上也就此表示：“如果说中美之间有竞争的话，那也

本文刊载于2018年3月14日《参考消息》。

应该是良性和积极竞争，这在国际交往当中也是很正常的。换句话说，中美可以有竞争，不必做对手，更需当伙伴。”无疑，如何准确看待和有效应对中美竞争，是未来中美关系发展必须面对的重大问题，两国需要放眼长远、相向而行，深入筹谋“竞争性共存”之道。

就在我国两会开幕之际，美国参议院军事委员会举行名为“全球威胁”的听证会，美国国家情报总监科茨、国防情报局局长阿什利等称，中国花费巨资加紧提升太空作战等能力，并在全球范围内利用经贸等手段构建自身地缘战略地位，对美国的影响力构成威胁。2017年12月，特朗普政府发布的首份《国家安全战略报告》将中国明确定义为“修正主义国家”和“对手”。2018年1月，美国国防部发布2014年以来首份《国防战略报告》，在涉及中国的表述基调方面与《国家安全战略报告》保持一致。美国国防部长马蒂斯在报告发布会上强调，中国和俄罗斯是“修正主义强权”，“寻求建立一个与它们专制模式相符合的世界”。这份报告的主要执笔人、负责战略和部队部署的助理国防部长帮办科尔比称：“这份战略报告代表着根本性转变，其重点将是优先准备打仗，尤其是为大国战争做准备。”

应当看到，特朗普政府高官的公共言论以及美国国家战略文件中涉华表态，基本反映了美国战略界在过去几年中逐步形成的新的“中国观”——中国成为美国“首要的、全面的、全球性的战略竞争者”。这一“中国观”的形成大致经历了三大时间节点。

第一个时间节点是2007—2008年，当时金融危机在欧美多国发生，西方国家经济困局加深，以新自由主义为基础的“华盛顿共识”受到质疑。美国战略界感到，随着中国经济发展保持稳中有进，中国国内开始出现一种有关“西方衰落、中国崛起”的“必胜主义”情绪，其“中国观”开始发生变化。

2010年，中国国内生产总值（GDP）超越日本成为世界第二大经济体，中国国际地位显著提升，加之中美双方围绕南海争端、“亚太再平衡”等问题的矛盾凸显，这构成美国战略界“中国观”演变的第二个重要节点。

第三个时间节点在2014—2015年间，正如美国知名中国问题专家何汉理所言，面对中共十八大以来中国发展走向和外交姿态的新变化，美国战略界围绕对华政策展开过去50多年来“最为激烈的辩论”。

不少美国战略界人士认为，过去几十年旨在通过“接触”中国促进其实现“市场化 + 民主化”的战略已经失败，认为加速崛起的中国将是美国面临的最大的长期性威胁，主张将美国对华政策从“接触”向“遏制”方向回调。甚至一向对华态度温和的前常务副国务卿斯坦伯格、约翰斯·霍普金斯大学教授兰普顿等人也认为美中关系到了重大“临界点”，存在进一步恶化甚至走向全面对抗的危险。

美深度调整内外政策

可以说，2017年1月特朗普政府上台以来，美国战略界对中国的负面认知似乎在进一步上升。“中国强硬论”“中国取代美国论”“中国另起炉灶论”“中国政治渗透论”等消极论调甚嚣尘上，要求对华采取强硬政策路线的声音日益增多。比如，特朗普中国政策顾问、国防部前官员白邦瑞宣称，中国长期对美国进行“战略欺诈”，中国的真实战略意图就是削弱美国的全球领导地位，并且把美国赶出亚洲，美国需要加大对中国的压制。

美国战略界“中国观”之所以出现上述消极变化，与美国自身战略取向的变化息息相关。具有“反建制派”色彩的特朗普政府明确将“美国优先”作为核心施政理念，声称自己“不代表世界，只代表美国”。“美国优先”理念实际上是过去数十年，尤其是金融危机以来美国国内经济、社会、族群矛盾持续积累的产物。过去一年多来，特朗普政府以“美国优先”为总纲，大幅调整美国内外政策，呈现“经济民族主义”“以实力保和平”等若干取向，战略态势上总体有所回缩，政策手段上以获取实利为导向，对国际发展、全球治理等方面的大国合作兴趣下降。从美国国内政治看，随着宣扬“白人至上主义”的“另类右翼”运动的兴起，美国国内的种族、阶层裂痕愈发难以弥合，特朗普为维护政治基本盘不惜激化国内矛盾，在内政方面摆出一副不妥协的好斗姿态。

在美国深度调整内外政策的同时，特朗普政府的“中国观”日趋消极，毫不讳言要加大应对与中国之间的“竞争”，尤其体现在中美经贸关系方面。特朗普政府的一系列涉华消极论调似乎已经表明，美国国内关于对华政策的大辩论基本结束，“中国是美国首要的、全面的、全球性的战略竞争者”或许正在成为美国政策界的一种新共识。

中美“竞争”的三大领域

美国战略界日益从“竞争”的视角看待和处理对华政策，这是不应否认的新现实，但对此也不必过于紧张。这一现实实际上反映了中美关系当前和未来一个时期在实力对比、政策姿态、战略空间、国际地位等方面出现的重大变化。2017年，中国国内生产总值（GDP）超过80万亿元人民币（约合12万亿美元），这大约相当于美国GDP（18.5万亿美元）的65%。根据经合组织（OECD）等国际组织的预测，中国将在本世纪中叶超越美国成为世界第一大经济体。未来十余年，考虑到中国在军事、外交、文化等领域不断强化自身能力，在两国总体经济规模差距缩小的背景下，美国战略界对两国“竞争”加剧的担忧或许会进一步增强。

要想有效应对“竞争”，首先要准确分析“竞争”。概而言之，中美关系中的“竞争”主要体现在以下几个方面：

第一，两国经贸关系从“压舱石”变为博弈焦点，美国希望以“对等”“公平贸易”等为由对华加大施压。“美国优先”及其所蕴含的“零和博弈”思维，是特朗普执政给中美关系带来的最深层挑战之一。特朗普的施政口号是“让美国再次伟大”，而在他看来，中国是让美国不再伟大的关键因素。根据美方统计，2016年美国对华贸易逆差约为3470亿美元，占美国贸易逆差总额的70%。特朗普及其支持者将中国描述为导致美国经济陷入困境的“罪魁”之一，指责中国依靠“不公平贸易”使美国成为输家。2017年以来，美国贸易代表莱特希泽等“强硬派”的政策影响力上升，他们不惜通过阻挠中美全面经济对话等方式加大对华施压，发起针对中国的数个“不公平贸易”调查，未来还会进一步限制中国企业在美国的投资。

第二，中美两国在亚太地区的关系趋于紧张，美国担心中国寻求“把美国赶出亚太”，通过推进“印度洋—太平洋”战略打造制衡中国的地缘架构。过去几年来，美国的“重返亚太”，适逢中国从“地区大国”向“全球大国”、从“陆权国家”向“陆海强国”跨越的过程之中，在亚太地区百年来首次出现中国和美国“短兵相接”的态势。未来一个时期，美国战略重心总体东移的态势难以改变，并将在“印太”这一战略框架下与日本、印度等共同构筑制衡中国的“联合阵线”，推动二战后形成的亚太“辐辏”同盟体系向“网络化安全体系”转换。2017年11月，特朗普政府明确提出“印太”战略，旨在以地缘战略和地缘经济相结合的方式，加大对中国的“塑造”，特别是针对“一带一路”倡议形成牵制。对此，地区国家不无忧虑，印度国家海洋基金会执行主任、“印太”问题研究专家库拉纳甚至认为，“印太”正成为引发新冷战的地缘政治概念。

第三，中美围绕国际机制、发展模式的博弈日益突出，美国担心“政治上的中国崛起”，新一轮“中国威胁论”在美国等西方国家出现，中美关系中的意识形态因素更为敏感。在不少美国战略界人士看来，中国正通过倡建金砖国家新开发银行、亚洲基础设施投资银行等新机制，在国际社会“另起炉灶”，构建以中国为中心的“平行秩序”，推动中国版本的“全球化”。

此外，意识形态因素对中美关系的影响趋于上升，近期不少美国专家炒作称，中国政府不仅对发展中国家输出“中国模式”，还通过加大支持国外智库、高校、媒体等，利用民主社会的“漏洞”，不断增强针对美国和其他西方国家的“锐实力”。与此同时，美国还推动澳大利亚、新西兰、德国等国强化对中国机构和人员的调查，西方国家联动炒热新一轮“中国威胁论”的态势值得高度重视。

积极引领中美关系走向

放眼世界，我们面对的是百年未有之大变局。显然，在国际秩序大变革的背景下，中美关系也在经历过去几十年来最为深刻的转型，需要更加深入研判所谓“竞争”问题，从“良性竞争、深度合作”的角度积极塑造中美关系的新态势。

一方面，应认识到，在国际关系尤其是大国关系中，竞争实际上是一种常态，但是，“竞争”与“对抗”存在根本区别，“对手”和“敌手”也有很大不同。另一方面，面对美国战略界在对华政策方面日益显著的焦虑感，以及特朗普政府对中国不断施加的“竞争”压力，中国需要凝神聚气、保持定力，注重把握避免冲突、发展合作的精神，进一步加大中国对中美关系的理念引领、战略引领。

具体而言，可以从以下几个方面着力。首先，要逐步适应中美经贸摩擦常态化的新阶段，结合我国改革发展的战略安排，解决好中美经贸关系发展“不平衡、不充分”的问题，不断扩大共同利益与合作空间，筑牢稳定中美关系的经济基础。

其次，要将拓展中国周边外交空间与打造新时代中美互动模式相结合，谨慎处理“第三方因素”对中美关系的影响，推动中美合作构建“亚太共同体”，培育两国共同的“朋友圈”。

再次，积极探索“一带一路”倡议框架下以企业为主体的中美协作，做大利益“蛋糕”，用好亚投行等机制，促进中美协同提供发展型公共产品、促进地区和平繁荣的新型伙伴关系。

第四，应就国际秩序的共同愿景等问题深化中美沟通，增进两国在全球治理层面的政策协调，围绕应对反恐、防扩散、太空和网络安全等共同挑战展开合作。

最后，要高度重视中美在政治制度、发展模式和价值观等领域的所谓“竞争”态势，引导美国战略界准确认识“中国道路”，避免双方陷入意识形态对抗，不断深化中美社会交往，厚植两国关系的民意基础。

（作者为中共中央对外联络部当代世界研究中心研究员）

从大辩论看美对华战略走向

◆ 袁　鹏

中美关系已经发生根本性转变。随着中国综合国力日益强大，中美难免形成战略竞争格局。由于美国当前的执政基调是“美国优先”，加之对中国和平发展政策的误读和误判，美国至今难以建立真正与时俱进的对华战略。面对美国对华战略的可能变化，中国的战略核心应该是预防、塑造和准备。

当前，一场冷战结束之后规模空前的对华战略大辩论、大反思、大调整正在美国上演。其参与者之众，政界、学界、商界、军界无不介入其中；议题之广，从经贸、安全到人文、科技几乎无所不包；程度之深，辩论直逼一个主题，那就是美国对华战略是不是需要来个根本性的大调整。

美视中国为主要挑战

跟以往不同的是，这次大辩论是朝野共舞、府会同台，政府亲自上阵

本文刊载于2018年3月15日《参考消息》。

引领、定调。白宫《国家安全战略报告》公然将中国定性为“修正主义大国”“战略竞争对手”，宣告既往对华战略彻底失败；五角大楼《国防战略报告》声称，美国安全的首要关切不再是恐怖主义，而是大国间的战略竞争，中俄首当其冲;《核态势评估》报告，则将中国同俄罗斯、朝鲜、伊朗并列，视为美国核安全的主要威胁。官方权威报告如此高密度、赤裸裸地将中国列为主要挑战甚至威胁，对塑造美国对华战略辩论的环境产生非常恶劣的影响。而美国商务部时隔20多年首次发起“自上而下”的对华“双反”调查，无疑是给本已十分严重的中美贸易摩擦煽风点火、火上浇油。

一方面，政府参与甚至引领这场大辩论，表明特朗普团队中对华不满的人物试图主导对华决策。另一方面，这场对华战略大辩论似乎不分左右一边倒地指责中国，呼吁重置对华政策的基调，这表明美国战略界对政府的对华基调并非完全被动接受，而是心照不宣并乐见其成。美国两党各派在国内政治议题上虽争议颇多，甚至泾渭分明，但在对华问题上则异口同声，出发点虽有不同，但指向却高度一致，这一点是同以往几次对华大辩论最大的不同。此外，以往的辩论基本是在“接触 + 遏制”“竞争 + 合作”的大框架内，辩论的焦点往往是对华接触多一点，还是遏制多一点，中美是竞争大于合作还是合作大于竞争，这次则似乎摆明要跳出这个30多年的对华战略大框架，另起炉灶，构建一套对华战略的新框架或新范式。

这场大辩论仍在进行中，但似乎几个初步的共识正在形成：其一，中国已经毫无疑问地超越俄罗斯，成为美国未来必须全力应对的主要战略竞争对手，而且这个对手已超越经贸领域和亚太区域，是全方位和全球性的；其二，美国既有对华战略虽难说完全失败，但可以说基本失效，亟须改弦更张进行调整重置；其三，未来五至十年是中美战略竞争的关键期，如不有效应对，中国将势不可挡，超越美国只是时间问题。

中美关系呈现四大变化

本轮美国对华战略大辩论之所以呈现出新特点，并得出以上初步结论，有结构性原因，也有政策性原因，同时跟特朗普执政风格不无关系。从结构性原因看，根本还是中美关系过去十年来的巨变，主要是力量之变、战略之变、基础之变、环境之变，四大变化同时来袭，令美国应接不暇，无所适从。

从力量对比看，两国从以往的“(一)超(多)强”关系变为“老大老二”关系，形成战略竞争格局也就在所难免，这是不以人的意志为转移的客观现实，也是难以回避的历史基本规律。“修昔底德陷阱”命题之热炒盖源于此。

从战略态势看，两国由以往的相对隔离、间接过招演变成现在的直接对立、正面博弈，其源头始于美国战略重心从欧洲、中东突然全面转向亚太，来到中国的家门口。而几乎同时，中国对外战略转向倡议“一带一路”，开始全方位“走出去”。由此，两国近百年来首次在亚太地区迎头相撞、短兵相接，双方既无历史经验可循，也无现成路径可走，只能艰难地摸索共处之道。在这一过程中，彼此往往从最坏处、对号入座式看对方的一举一动，自然加深了战略猜忌，加大了战略风险。

从战略基础来看，长期构成中美关系压舱石的经贸关系，现在反而成为最突出的问题，而类似冷战时期共同应对苏联、“9·11恐怖袭击事件”后联合反恐这样的安全基础目前也基本不存在。朝核危机本应成为凝聚两国战略合作的契机，但目前格局是合作和嫌隙并存，还难说是深度的战略性合作。特朗普执意退出巴黎气候变化协定，令支撑双边关系的气候变化合作也受到侵蚀。在这种情况下，两国关系出现颠簸摇晃也就不令人意外。

从战略环境看，中美关系对内受各利益群体的掣肘，对外受“第三方”因素的滋扰。双边关系的主轴或主航道往往由不得自己，所谓树欲静而风不止。

美对华认知狭隘片面

面对这些根本性变化，中美双方其实都不适应，关键在于如何与时俱进调适心态、调整思路加以因应。中方提出构建中美新型大国关系的倡议，正是基于此的一种主观努力。遗憾的是，美国不是去呼应其中的积极意义，而是刻意放大其“谋略”色彩，虚与委蛇，最终将其束之高阁。结果，在奥巴马执政时期，两国错失了构建合作共赢新框架的历史机遇。一心想着“美国优先”的特朗普政府，则干脆另起炉灶，走上封闭保守的旧路。在战术层面，紧盯经贸关系这一点而不计其余，不切实际地追求立竿见影的奇效，一旦未得逞便蛮横无理不择手段；在战略层面，则草率地自我否定、武断地自认吃亏，最终仓促地选择从“战略对手”的视角规划新的对华战略。

美国朝野此番对华辩论，几乎众口一词指责中国，另一重要诱因是对近年来中国对美认知，尤其是对十九大报告相关内容和思想的误读或“过分解读”。美国认为中国目前有意轻忽美国实力，巧妙松动美国秩序，并开始逆向影响美国思想文化教育领域，施行所谓“锐实力”，所以美国必须施以颜色、晓以利害，让中国知所进退。

对于十九大报告系统规划中华民族伟大复兴新战略，美国看到的是“吹响挑战美国世界领导地位的号角”；对于报告中指出中国要建设经济强国、军事强国、科技强国这样合乎逻辑的表达，美方的反应则确乎有些过头或神经过敏了。体现在当下美国对华战略大辩论中，则是情绪化、简单化的观点和结论大行其道，具有世界眼光和历史维度的新思想十分稀缺。

上述特点同特朗普的世界观、中国观及其团队构成也多有关联。作为崇尚实力、善于交易、不循常理的房地产商，特朗普身上兼具里根式强硬和尼克松式变通，他用“有原则的现实主义”自我定义似很贴切。其中国观多源于此前做生意的经历，以及一些对华极端派人士的思想灌输，因此带有片面性、随意性和狭隘性。政府内缺乏对中美关系有深刻理解的重要人物，加之频繁的人事变动，客观上给中下层官员尤其是少壮派官员提供了空间。《国家安全战略报告》那种直抒胸臆式、针对性极强的对华政策表达，显露出的正是这样一种情绪化色彩。

美对华战略“五位一体”

目前的情形是，美国在对华认知上形成了若干新共识，但下一步采取何种战略因应尚没有答案。国会近期频频举办各种主题的涉华听证会，旨在汇聚共识形成对策。遍览美国各大智库的报告和学者们的著述，似乎也没有谁提供了什么有效的药方。何以至此呢？

根本原因还在于，中国是美国历史上从未遇到过的全新的战略对手。这个对手类似苏联那样幅员辽阔，拥有相当的军事实力，但选择了一条有别于苏联的符合本国实际的社会主义发展道路：与经济全球化相融合而不是相脱离，与现有国际体系相磨合而不是相冲突，独立自主建设中国特色社会主义的和平发展道路。它拥有当年日本那样的经济金融规模，却更加独立自主，更有潜力，更具韧性和战略回旋空间。它拥有欧洲那样独特的文明体系和价值体系，却更具凝聚力和包容力，也就更有生命力。它还拥有像印度那样的巨大的人口规模，且在2020年将宣告全面脱贫，走上城市化、现代化和国际化之路。如果说美国历史上成功应对了几乎所有战略对手（或者说“老二”），因而积累了丰富的战略经验和战略手法，那么今天面对的中国，则是一个“三合一”或“四合一”式的全新复合型对手，任何单一的手段似乎都不足以应对。

何况在众多领域和众多议题上，这个对手还是美国必须依赖的合作伙伴，这个对手同美国在经济金融上已经深度相互依赖，这个对手始终坚持发展中美关系，倡导“太平洋足够大，容得下中美两国”。美国当政者今日所纠结的，恰恰在于对这样的中国不知如何是好。全面遏制恐损人也损己，全面接纳又放不下身段，放任自流则担忧生变、心有不甘。如此看来，未来美国对华战略恐怕还是绕不开竞合两面和软硬两手，任何简单化、单一化的战略最终恐怕都行不通。

毋庸置疑，“全面竞争”已成为美国对华战略的基本出发点，“对等互利”“基于规则”“结果导向”成为对华战略的总原则。在这一基本框架下，美国战略界人士在对华战略设计上主张“不回避竞争，不放弃合作，不惧怕对抗”。主要策略是塑造对美有利的“软制衡”环境和约束中国的各种规则，以及加大针对性强的军事准备、外交围堵和经济高压，大体是接触、遏制、规制、竞争、合作等五方面策略的有机结合。当前阶段其遏制、规制一面表现得更为突出，尤其在经贸领域更加咄咄逼人。但从长远看，美国对华战略无法跳出上述“五位一体”的总框架，只是依据不同事态、根据互动情况排列组合而已。这一框架较过去“接触加遏制”的两面性政策多几个维度，体现了新时期中美关系的特殊复杂性或多面性。

以当前朝核危机为例，特朗普突然宣布同意和金正恩见面，美朝直接互动终成现实，一些人因此忧心中国被边缘化了，甚至认为美朝之间即将达成针对中国的大交易，这种担心自在情理之中。但从另一方面看，实际上中国一直主张并推动美朝直接对话，并提出“双暂停”“双轨并进”等倡议，寻求半岛和平、稳定、无核，美朝如能通过对话和平解决朝核问题，中国当然乐见其成。而从特朗普总统同习近平主席通话到韩国特使郑义溶前来通报相关情况来看，美国仍视中国为朝核问题不可或缺的合作者。特殊的地缘环境、历史渊源和现实影响，使得任何想绕过中国解决朝核问题的努力都难以成功，美国战略界对此有深切认识。

面对美国对华战略的可能变化，中国的战略核心应该是预防、塑造、准备，即千方百计预防中美之间可能出现的问题、挑战、风险；利用我们已然具备的实力和影响力，去尽可能地塑造健康稳定的中美关系；同时准备一旦塑造不力，我们有足够的办法应对最坏的结局。

着眼未来，首先要夯实根基、做好自己，尤其是对美国施压最甚、风险最大的金融、保险、服务领域，做好家庭作业，迎接更深层次的开放。其次要坚定信心、保持耐心。从长远看，中美实力差距在缩小，实现“两个一百年”目标是一个长期过程，中美关系要服务于中华民族伟大复兴的总目标。再次要谦虚谨慎、稳扎稳打。我们比历史上任何时期都更接近中华民族的伟大复兴，但从另一个方面讲，越是在这样的时候，我们面临的挑战和风险越多，遇到的阻力和矛盾越大，行为处世就更要如履薄冰，保持谦虚谨慎的心态。其他如合纵连横、统一战线，利用矛盾、两面下注，利益交汇、危机管控，必要时敢于斗争并善于以斗争求和平，等等，都是在中美关系进入战略相持期必须坚持的政策和策略。

（作者为中国现代国际关系研究院院长）

第二章

跨越“金德尔伯格陷阱”

中国特色大国外交释放正能量

◆ 王　帆

全球治理尤其是经济全球化的推进面临领导力缺失的风险，西方学者提出疑问：世界会不会重蹈20世纪30年代的覆辙，陷入所谓的“金德尔伯格陷阱”，即维护世界体系稳定的领导国不愿为提供全球公共产品贡献力量。全球体系陷入衰退乃至爆发世界大战？面对国际社会的和平赤字、治理赤字和发展赤字顽疾，近年来中国不断强化针对人类社会发展的议题设置能力，提出国际热点的解决方案，致力于同国际社会一起提供全球公共产品，体现了一个发展中大国的责任和担当。中国特色大国外交呈现新的气象。

中共十九大之后，中国站在了前所未有的新起点上：前所未有地走近世界舞台中央，前所未有地接近实现中华民族伟大复兴的目标，前所未有地拥有实现这个目标的能力。中国进入了新时代，意味着中国从站起来、富起来到强起来的历史性飞跃。这个新时代不是碌碌无为的时期，而是奋发有为的时期，是攻坚期，也是转型期，是中国的发展向高水平高层次冲击的关键时期。

本文刊载于2018年3月16日《参考消息》。

新时代意味着，中国的改革开放将迈上新的征程，也意味着中国特色大国外交将呈现新的气象。

大国外交要更具主动性

站起来、富起来、强起来，意味着中国外交从追求独立性、自主性向着主动性方向转变。

中国特色大国外交经历了具有明显阶段性的转变。首先是摆脱依附性，其次是保持独立性，最后是具有主动性。改革开放之前，中国完成了真正独立的进程，捍卫了国家尊严和主权，部分地发挥了主动性的作用。改革开放之后，中国开始积极发挥主动性和创造性，未来还将在一些领域实现引领作用，并在更多领域发挥全球性影响。中国不仅成为具有地区影响力的大国，还能够对国际格局和国际秩序产生重要影响，实现中国之中国、亚洲之中国、世界之中国的转变。

一个大国一定是能够主动改变和提升自己实力的国家。对大国而言，必须牢牢将命运掌握在自己手中。在大国发展史中，没有人为你铺就坦途，让你顺顺当当地成长。大国的发展不可能依赖他国的施舍或毫无条件的帮助，只能依赖自身的努力。显然，一个大国的成长从来都不是轻而易举的，而是处处面临困境。尤其是一个大国从贫穷的国家发展为具有举足轻重影响的世界级国家，更需要百折不挠、不畏艰险、一往无前。

当然，主动性是强调自力更生，绝不是任意妄为。中国的大国外交与历史上其他大国的最大不同之处在于，我们强调独立性、主动性，但坚决反对以大欺小、恃强凌弱、自行其是、为所欲为。我们的自主性和独立性是相对于封闭性和盲从性而言，我们的主动性是相对于被动性而言。中国的大国外交坚决反对优越论和例外论，反对双重标准，反对霸权行径。

中国的发展要想实现由独立性、自主性阶段朝着引领性和全球性阶段的超越，必须发挥自身能动性，积极奋发有为。中国实现由自主性向主动性的转变是中国特色大国外交能否成功的关键，也是中国是否能够区别于历史上其他大国的关键。

大国外交要更具影响力

新时代意味着，中国由发展中弱国变成发展中强国的时期已经到来。最为重要的意义在于，中国要利用战略机遇期实现自身的更大发展，同时也要推动人类社会的整体发展。其中的外交含义在于，中国已经具有较大的国际影响力，中国将不仅对自身作出贡献，也将对人类发展作出更大贡献。中华人民共和国成立初期，毛泽东就曾指出，因为中国是一个具有960万平方公里土地和6亿人口的国家，中国应当对人类有较大的贡献。邓小平指出，中国再强大一些，世界和平更有保障一些。中国是和平的力量。在新的时期，中国是人类和平与世界经济的建设性力量，也是发展的力量。中国更强大一些，人类的公平公正、安全稳定、世界繁荣必将更有保障。

发挥影响力必须实现自身更大发展，提升自身能力。

发展是首要问题。这个发展不再是粗放式发展，而是以质量为先的发展。在新时期，我们不仅要继续维护好和平，更要努力完成更高阶段的发展目标。

要想作出更大贡献，提升国际影响力是新时代外交的重要任务。中国将不断强化针对人类社会发展的议题设置能力，提出国际热点的解决方案，让全球治理的中国智慧和中国方案不断丰富完善并更具针对性。

发挥影响力必须要直面国际社会的担心与质疑，直面影响国际关系的根本性问题。这意味着需要努力实现十九大报告提出的“两个构建”：构建新型国际关系、构建人类命运共同体。构建新型国际关系是一项艰巨的任务，构建人类命运共同体是一项伟大的工程，更是一项需要久久为功的历史使命。

当前国际社会面临的主要问题，从根本上说是国家发展的不平衡和资源分配的不均衡。国际地位的不合理布局、国际秩序的不公正是导致全球治理成效不断递减的根本原因。说到底，如何更加公正合理地解决自我与他者之间的关系，是人类社会面临的一个根本性问题。如果一个国家总是过分强调自身利益，以不适当的方式获取自身利益，甚至以牺牲他国利益来获取自身更大利益，这个国家与其他国家的关系很难融洽。

构建新型国际关系，就是要改变不合理不恰当的国家关系，改变部分国家富裕其他国家贫穷、部分国家安全其他国家不安全的局面，实现共同富裕，普遍发展，让国家间关系变得健康友好、互助共赢。

大国外交要更具开创性

中国的大国外交具有鲜明的开创性观念、路径和成效。中国的大国外交将在理念创新和方式创新上进行前所未有的探索。

中国的发展依赖创新驱动，勇于探索，引领时代发展前沿领域，具有极强的生命力。“一带一路”、人类命运共同体、二十国集团多边创新平台、金砖国家合作机制都是创新的体现。

未来中国特色大国外交除了具有和平性、合作性之外，还要具有先进性。先进性的关键在于是否引领时代潮流和顺应时代潮流，是否处于国际前沿领域。而是否具有引领性的关键在于方案是否切实可行，观念是否能够有效指导实践，是否能够赢得人心和国际社会的理解、支持、响应。“一带一路”倡导互联互通。这个“联”不仅是联结国内与国外，也是帮助沿线国家之间的联合协作，强调以联塑势，塑造发展联合之势。联结两条线，带动一大片。既讲联与通，又讲共与享，从而实现共商、共建、共享、共赢。这就与历史上一些国家的阻遏与分割形成了根本区别。

中国特色外交理论和中国的外交实践，也在努力探索破解权力政治、安全困境和大国关系陷阱的新方式、新路径。在观念上，我们反对权力政治的利己性，倡导互利共赢。在制度创新层面，我们强调人类命运共同体，试图超越国家利益至上、局部利益至上、集团利益至上、区域利益至上等传统政治观。传统的权力政治观把国家利益和他国利益、人类利益割裂开来，导致有些国家越强，其他国家越弱；有些国家越发展，其他国家越落后；有些国家越安全，其他国家越不安全。只有打造国家利益和人类利益的一致性和共同性才能破解这些问题。这就是人类命运共同体的核心要义。未来的全球化既不是美国化，也不是中国化，而是更有利于全人类的全球化。

在新型大国道路的探索过程中，中国没有现成的经验可以借鉴，必须探索新路。过去几百年来，英国靠势力范围、殖民地成就大国，美国靠联盟体系成为霸主。苏联的发展模式陷入失败。中国只能走自己的道路。应该说，从20世纪50年代起，中国就已经开始自我道路的探索；1978年中国更是在经济改革方面迈出崭新的步伐。这是科学社会主义实践中从未有过的新的征途。改革开放为中国人民交出了一份满意的答案。中国还将在未来积极参与全球治理，也希望为世界人民交出一份满意的答案。所有这一切只能通过寻求创新变革之路来实现。

而这一切都是具有开创性的前所未有的尝试，是历史上任何一个大国都未曾经历的新路。我们将坚定不移地沿着这条新路走下去。人类的发展是一个相互学习、群策群力的过程。我们绝不强制他国照搬中国模式，也愿意无保留地分享中国的改革经验。当然在未来，中国仍然需要探讨和借鉴他国的成功实践。

大国外交要更具责任感

自2008年金融危机以来，由于西方传统发达国家普遍陷入经济困境，多边贸易体制发展面临瓶颈，区域贸易安排困难丛生，导致规则碎片化，传统的八国集团富人俱乐部已经难以应对全球性的经济困境。全球治理的重要机制越来越依赖二十国集团。随着国际社会的转型，全球化出现困境，一些国家出现了经济增长乏力、合作动力不足的双重困境，民粹主义、保护主义抬头，经济全球化遭遇逆势回流。世界经济低迷不振，欧盟等区域合作出现变数，“黑天鹅”和“灰犀牛”现象频发，给世界带来了很大的不确定性和不稳定性，引起国际社会普遍担忧。西方根植于大国优先、权力优势、恃强凌弱的“丛林法则”而衍生的殖民主义、帝国主义、势力范围、集团政治的做法，越来越暴露出其不公正性、不合理性和不合法性。这些做法是贫富分化、国际社会发展不均衡的根本原因，也是最终导致西方传统国家集体陷入困境的深层原因。

针对国际社会的和平赤字、治理赤字、发展赤字的顽疾，针对世界经济低迷不振、复苏艰难，针对国际局势动荡不安、纷争不断，中国发出了引领全球化方向的时代强音。习近平主席提出了推动世界经济增长和全球化再平衡的中国方案，呼吁联手打造创新驱动的增长模式、开放共赢的合作模式、公正合理的治理模式、平衡普惠的发展模式。

近些年来，在瑞士达沃斯论坛上，在亚太经合组织利马会议上，习近平主席直面“逆全球化”、保护主义、区域合作碎片化等重大问题，用“平等、开放、合作、共享”八个字，为完善世界经济治理指明方向，提出经济全球化进程向更加包容普惠的方向发展的时代强音。通过二十国集团杭州峰会，中国开出一剂标本兼治、综合施策的药方，推动世界经济走上强劲、可持续、平衡、包容增长之路。

中国倡导的全球治理方案力图打破阻碍国际社会发展的不利因素，以不同的思路和东方智慧试图开辟一条解决国际问题的新道路。“一带一路”倡议就是这一探索的体现，在“一带一路”框架下深化互利共赢格局，为全球经济治理提供新思路新方案。

通过“一带一路”推进经济全球化和全球治理，积极参与一系列多边合作，中国将努力倡导公平正义的发展理念和国际秩序观，推动国际秩序健康公正的发展，促进国与国之间、地区与地区之间的互利共赢，推动一大批发展中国家实现公平均衡发展，实现联合自强。中国将致力于维护国际安全，在国际热点问题、反核扩散、气候变化、反恐、国际流行疾病防治、减贫脱贫等国际领域勇于承担责任，共同提供公共产品，促进人类社会的均衡发展、普遍受益。

总之，作为一个发展中大国，中国将努力承担全球治理的责任，推动全球化的公平健康发展，努力构建新型国际关系，发挥好大国协调的作用，促进国际秩序的合理有效运行，发挥中国的独特的建设性作用。中国将努力推动发展中国家共同致富、共同繁荣，联合所有爱好和平的国家和民族共同推动人类命运共同体的实现。诚然，中国既要承担责任，发挥好一个大国的作用，不断释放正能量，同时也要避免落入责任陷阱，落入力有不逮的困境。

（作者为外交学院副院长、教授）

中国倡导公共产品供给新模式

◆ 张茉楠

全球公共产品一直是美国单一霸权供给的模式，但随着其综合国力的下降以及大国力量格局对比的变化，美国经济不堪重负并开始逃避承担国际责任和义务，这导致全球体系陷入动荡与衰退，并面临陷入"金德尔伯格陷阱"的风险。"霸权稳定"并非维护全球良序的根本，中国提出的以"一带一路"倡议为重点的全球公共产品供给新模式，是跨越这一陷阱的有效路径。为实现这一构想，需要大国间建立公共产品供给机制上的协调与互信，凝聚全球共识，共同应对挑战。

在人类面临大变革大调整的时期，面对"世界向何处去"的时代之问，如何摆脱"霸权困境"导致的"金德尔伯格陷阱"？是否存在跨越这一陷阱，探索全球利益共享的新路径？也许"中国智慧""中国方案"已经指明了未来方向。

本文刊载于2018年3月19日《参考消息》。

“霸权稳定供给”已不稳定

近年来，美国综合国力相对下降、全球公共物品消费数量不断增加，使得美国已无意或无力向世界进行足够的单向支付，更不愿在多边协议框架中让利。特朗普政府退出《跨太平洋伙伴关系协定》（TPP）、重新修订《北美自由贸易协定》（NAFTA）、主动挑起贸易战、减少国际责任分担等一系列举动明显带有强烈的本土主义、保护主义、孤立主义，以及“去全球化”的色彩，这是对二战后该国所拥护的全球化主义的重大背离。因此，各国普遍对“全球领导力真空期”加剧世界秩序动荡表示不安与担忧。

哈佛大学著名国际关系学者约瑟夫·奈2017年在一篇题为《金德尔伯格陷阱：特朗普的中国挑战？》的文章中表示，特朗普政府制定对华政策应同时避免“修昔底德陷阱”和“金德尔伯格陷阱”。一方面，既要防范一个现有大国（如美国）过于恐惧一个正在崛起的大国（如中国）所可能爆发的灾难性战争；另一方面，中国通过示弱而非示强，可能会成为破坏性的免费受益者，从而将世界体系推入“金德尔伯格陷阱”之中。

哈佛大学经济史学家金德尔伯格认为，国际经济体系的稳定运转需要某个国家来承担“公共成本”。这一观点后来被国际关系学者罗伯特·吉尔平发展成“霸权稳定论”。这一理论认为，只有在霸权国存在的特殊条件下，才能形成国家之间的合作。国际霸权体系与国际秩序稳定之间存在因果关系，一个强大并且具有霸权实力的行为体有利于国际体系的稳定和公益的实现。而那些在政治、经济、军事和科技等各方面占据绝对优势的霸权国家，可以通过为国际社会提供稳定的国际金融体制、开放的贸易体制、可靠的安全体制和有效的国际援助体系等全球公共产品，来获得其他国家对由霸权国所建立的国际秩序的认同，从而实现体系内的稳定和繁荣。然而，20世纪30年代美国取代英国成为世界大国后，却未能接替英国扮演为全球提供公共产品的角色，最终导致全球体系陷入衰退，政治动荡，乃至引发第二次世界大战。

长期以来，全球公共产品供给方式呈现三种态势：第一种是霸权稳定供给；第二种是全球主义的集体供给；第三种是地区主义的合作供给。二战后全球公共产品供给一直是霸权稳定供给，美国是全球公共产品的唯一供给者，并通过经济霸权、政治霸权、军事霸权、文化霸权四大支柱实现全球资源配置和控制权。然而，随着其综合国力经过长期冷战消耗出现下降，以及近年来全球力量格局和利益格局对比的变化导致矛盾愈加突出，这一模式的不稳定性也日益凸显。

高昂成本令美陷入“霸权困境”

历史一再证明，单一霸权国家主导全球公共产品供给的模式，不仅未能有效维护世界经济及各国经济的稳定，反而可能导致全球化利益与风险分配不均。保罗·肯尼迪曾在《大国的兴衰》一书中写道，霸权之所以衰落，究其原因是过度扩张，导致内部资源供应链太长无法持续供给。由于全球公共产品供给边际成本递增而边际收益递减的规律，霸主国国力衰退不可避免。二战之后，美国为全球公共产品特别是安全产品支付了高昂成本。数据显示，2016财年美国国防军费预算总额超过7700亿美元，不仅继续高居全球首位，而且超过了世界多个主要大国国防预算的总和。长期为其盟友提供高昂的安全防卫开支，使美国不堪重负，2017年美国联邦债务总额已经高达20.6万亿美元，债务—国内生产总值（GDP）比率为1.04 ∶ 1。高昂的全球公共产品成本导致美国陷入“霸权困境”。

在这种困境下，霸权国可以选择两条行动路线来恢复体系平衡：一条路径是寻求资源的增加，用更多的资源保持霸权地位，继续承担霸权义务；另一条路径是减少现在所承担的国际义务和责任，特朗普政府选择了第二条路径。

当然，美国从来没有放弃领导世界的意愿，但为全球提供公共产品、承担国际责任的意愿却在下降。特朗普当选总统后进一步加剧了这种趋势，充分表露出美国不愿意再分担国际公共产品成本的倾向，因此“金德尔伯格陷阱”比“修昔底德陷阱”更加尖锐地凸显出来。在经贸领域，美国全面转向“本国优先”，力图在最大化本国收益的同时，减少承担全球责任，表现出更加激进的孤立主义、保护主义。具体表现为：

其一，经历了由克林顿、小布什政府时期的“自由贸易”，以及奥巴马政府时期的“公平贸易”，特朗普政府转向更加主动、单方面发动贸易争端和贸易制裁，甚至以发动贸易战来威胁对手，迫使对手进行双边谈判，进而通过讨价还价以获取所谓“对等贸易（利益）”和“互惠贸易（利益）”。

其二，将经济安全与国家安全对等，在国家战略层面提升对外经贸关系政策的优先次序。2018年3月，特朗普宣布对钢铁和铝分别征收25%和10%的高额关税。事实上，特朗普至今已对进口钢铁和铝产品采取了上百起“双反”措施。对国内产品的过度保护，对“国家安全”的滥用早已超越一般经济和贸易利益的范畴。

其三，全面弱化多边贸易体制框架。美国贸易代表办公室公布的《2017年总统贸易政策议程》报告，明确表示美国不再以世界贸易组织（WTO）的规则为核心，而是以“美国优先”为政策起点，将贸易政策应捍卫国家主权列为政府四个优先事项之首，强调依照国内贸易法为实施基准，严格执行美国贸易法。

当前，特朗普政府打开了全球贸易战的“潘多拉盒子”，无视基于规则的多边贸易体系，推进重商主义的贸易政策，其他国家倘若效仿，将会侵蚀以WTO为核心的全球经济的根基，二战后建立的全球贸易体系即将面临最危险的时刻。

中国新理念不认同“国强必霸论”

如何摆脱“霸权困境”导致的“金德尔伯格陷阱”？如何避免重蹈覆辙？是否存在跨越这一陷阱的第三条路径？新自由制度主义的主要奠基人罗伯特·基欧汉在他的著作《霸权之后：世界政治经济的合作与纷争》中，通过强有力的论据证明了即使没有霸权国的存在，各国之间的合作仍然能够持续进行甚至增强。

历史经验表明，“霸权稳定”并不是维护全球良序的根本，而超越发展阶段和综合国力的全球公共产品供给也会导致战略透支风险，“承担与自身能力适应的责任”是长期性坚持的基本方向。中国不认同“国强必霸论”，更无意寻求霸主地位及其蕴含的全球公共品供给者的主导地位。作为全球最大的发展中国家，中国向世界提出了构建人类命运共同体的全球治理新理念，包括“一带一路”等具体设想，这是中国就促进全球发展与稳定提出的最具启发性的国际倡议之一，也是破解“金德尔伯格陷阱”的最佳实践。

在过去的30多年里，中国从全球化的受益者成长为倡导者和维护者，中国主张推动全球化朝着更加开放、包容、普惠、平衡、共赢的方向发展。作为世界上最大的发展中国家和全球第二大经济体，中国一直在为维护世界和平与促进共同发展不遗余力地贡献自己的智慧和力量，积极提供与自身实力相匹配的国际公共产品。近年来，随着综合国力的大幅提升，中国对现存国际秩序更加开放包容，为中国参与全球公共产品供给，应对全球、区域和国内挑战奠定了坚实基础，也实现了从资金供给到制度设计再到理念创新的角色转变。

中国积极推进包括构建开放型经济体制，以及推动“一带一路”、亚太自贸区等在内的开放型世界的建设进程。在2016年二十国集团领导人杭州峰会上，习近平主席从加强宏观经济政策协调、创新发展方式、完善全球经济治理、推动贸易和投资自由化便利化、促进包容性发展等多个维度，提出建设创新型、开放型、联动型、包容型世界经济等新政策主张，不仅体现了“中国智慧”，更体现了中国的责任担当。

中国倡导人类命运共同体理念，以相互依赖、利益交融、休戚与共为依据，以和平发展与合作共赢为支柱，以“对话而不对抗，结伴而不结盟”的思维超越旧的国际政治经济关系，创造性地提出了一系列新的战略思想。人类命运共同体这一新的全球价值观包含相互依存的国际权力观、共同利益观、可持续发展观和全球治理观。不同于西方崇尚二元对立、非黑即白的观念，东方文明、中华文明强调学习互鉴、和谐共生，通过包容变通实现求同存异，通过协商合作化解冲突对立。“达则兼济天下”是构建人类命运共同体的理念根源。中国坚决反对冷战思维和零和博弈，坚持对话协商，在谋求本国发展中促进各国共同发展，做到权责共担，建立更加平等均衡的新型全球发展伙伴关系，为建设一个持久和平的世界而持续努力。

构建多层次稳定供给新机制

积极探索全球公共产品供给的新共识。根本而言，作为成熟和负责任的大国，贡献思想和方案是更为高级的公共产品。当前，多边、区域和全球各个层面的国际协定与规则需要完善与重构。跨越“金德尔伯格陷阱”需要凝聚全球共识，许多新的全球性挑战不能仅靠一个国家应对，而是亟待国际社会共同努力。要积极构建新型国际关系，大国之间应妥善处理好战略互动以及公共产品供给机制上的协调与互信，全面加强全球治理中的大国合作，特别是中美之间的合作。通过“改制”与“建制”双管齐下来谋求全球治理体系变革，才是构建更具包容性的全球稳定框架的根本之道。

优先供给经济、贸易和气候变化等全球公共产品。中国从自身能力和大国责任出发，可以从经贸领域的公共产品或准公共产品入手，以周边为优先，向国际社会提供富有中国特色、有竞争力的全球经济公共产品。进一步强化承担减排、减贫、国际对外援助、可持续发展等方面的公共产品供给。应积极培育除政府之外的市场、非政府供给主体，逐步从“低领域”到“高领域”形成多层次稳定机制，并逐步扩展到地区环境和全球公共安全等领域的全球公共产品供给。

以“一带一路”为重点构建全球公共产品供给新模式。“一带一路”不是中国专属，也不是对现有全球治理体系的颠覆，而是新平台和重要补充。“一带一路”以责任共同体、利益共同体、命运共同体为基石，以共商、共建、共享为行动原则，推动建立国家间、区域间、跨区域间的新型全球治理框架。“共商、共建、共享”植根于三大发展理念：一是以参与国诉求为出发点，充分尊重各国发展需要、参与意愿及国情差异；二是以市场机制为立足点，政府部门与企业部门合力构建和维护规则透明、良性竞争、政策稳定的营商环境；三是以互惠共赢为基本点，通过提供区域乃至全球公共产品，建立共同决策机制，互相扩大、开放国内市场。作为新型全球化的动力和载体，“一带一路”将有利于构建可以在全球范围内推广复制的公共产品供给制度。

（作者为中国国际经济交流中心战略部研究员）

中国担当大国责任不宜超越实力

——专访清华大学国际关系研究院院长阎学通

◆ 本报记者　邓　媛

阎学通认为，与冷战时期美苏两国为争夺全球领导权所展开的竞争不同，如今中美两国都在尽量避免承担过多的国际责任。由于中美两国都不愿承担全球领导权，20世纪美苏之间爆发的那种涉及各个领域的全面冷战就不太可能发生。果真如此的话，那么所谓“金德尔伯格陷阱”会否成真？当下的中美关系到底有怎样的特点？崛起中的中国如何平衡责任、担当和自身能力？

2018年2月，清华大学国际关系研究院院长阎学通在美国《世界邮报》网站和《华盛顿邮报》刊发的文章中写道，与冷战时期美苏两国为争夺全球领导权所展开的竞争不同，如今中美两国都在尽量避免承担过多的国际责任。由于中美两国都不愿承担全球领导权，20世纪美苏之间爆发的那种涉及各个领域的全面冷战就不太可能发生。

如果照此看法，另一些问题也接踵而至：所谓“金德尔伯格陷阱”（维护世界体系稳定的领导国不愿为提供全球公共产品贡献力量，全球体系陷

本文刊载于2018年3月20日《参考消息》。

入衰退乃至爆发世界大战）会否成真？当下的中美关系到底有怎样的特点？崛起中的中国如何平衡责任、担当和自身能力？带着这些问题，《参考消息》记者专访了阎学通院长。

中美“和平竞争”可避免冷战

《参考消息》：您曾说“即便特朗普想对中国发动一场冷战，他也已经失去了这样做的能力”，所以，您对中国发展所面临的外部环境，整体上是比较乐观的吗？

阎学通：我认为冷战发生的可能性小，并不意味着我对中国面临的国际形势乐观。比较苏联在冷战时期的崛起速度和中国在冷战后的崛起速度，我们可以发现，苏联当时的崛起速度比中国快，也就是说冷战并不必然不利于中国崛起，没有冷战也不必然有利于中国崛起。这取决于我们如何利用环境。

目前的两极化趋势对于中国崛起是有利的，但这仅指国际格局变化趋势对中国有利。若单看中美关系，难说向有利于中国崛起方向变化。美国近来出台的《国家安全战略报告》和《国防战略报告》都将中国定为竞争对手，特朗普还签署了“台湾旅行法”，变相恢复了“美台”官方关系。美欧矛盾和欧盟内部矛盾的上升对中国崛起有利，但美欧对中国政治影响力上升的反感和警惕也在上升，这恐怕也不是有利因素。简言之，我认为大国实力对比变化对中国有利，但中美关系和国际舆论对中国则向不利的方向发展。

《参考消息》：面对中国的崛起，美国还是在拼命维护自己的势力。比如美、日、印、澳想以基建合作应对中国的“一带一路”倡议，您在2月底也曾对此发微博提问，这与美苏军事竞争的战略影响有何不同？那么您的答案是什么？

阎学通：美、日、印、澳的基建合作目前的意图是与中国的“一带一路”争夺国际经济合作的市场，这是经济领域之争，还上升不到战略竞争的层面。这种经济竞争与美苏当年的战略竞争，对国际政治的影响有两个重要的区别。

一是美苏两极化使中小国家在两极之间进行全面选边，而中美两极化使中小国家作问题性选边。冷战时期，与美苏结盟的国家采取了政治、军事、经济与盟主全面合作的战略，而如今中小国家则根据自己在具体问题上的利益决定与中国还是美国合作。典型代表是一些东南亚国家采取的经济靠中国，安全靠美国战略。澳大利亚也是这种战略。参加中国—中东欧国家合作（“16+1合作”）的东欧国家似乎有采取经济靠中国、安全靠北约的政策可能性。我以为，随着两极化的不断发展，中小国家将会普遍采取问题性选边的战略。

二是中美战略竞争引发代理人战争的危险小于美苏战略竞争。冷战时美苏以意识形态为核心的战略竞争以代理人战争为主要手段。现在中美战略竞争倾向采取经济手段，特别是经济制裁手段而非代理人战争手段。

此外，美、日、印、澳强调基建合作而非军事合作，表明这些国家已经意识到在全球化条件下想成功遏制中国是不可能的。遏制需要将对象国隔离于外部世界，而中国多领域参与全球化，与这些国家在经济和社会方面有着广泛联系，将中国隔离于外部世界是做不到的，因此遏制战略也无从谈起。

《参考消息》：您提到中国目前应采取的战略是与美国展开和平竞争。那么“和平竞争”与美苏当年的“和平竞赛”有怎样的区别？

阎学通：国际媒体将我说成是“鹰派”，其实我不过是建议中美之间进行“和平竞争”。赫鲁晓夫在20世纪50年代提出了“和平竞赛”的对美外交原则，但是苏联没能得到美国的积极响应，于是苏联自己也没执行。“和平竞争”与“和平竞赛”是有区别的。我虽预测中国在2023年成为超级大国，但我认为目前中国还没有与美国竞赛的实力，因此我提出“和平竞争”。竞争战略可以扩大我国的利益，但不必然是我们获得的利益大于美国，更不保证我们必然赢美国必然输。

如果中国采取与美国“和平竞争”的战略，中美关系将呈现三个突出特点：一是双方没有直接战争和代理人战争的危险，双方可放心进行竞争；二是战略竞争的焦点集中于世俗的客观物质利益而非主观的意识形态；三是中美战略竞争给中小国家带来发展机遇，它们可利用中美竞争发展自己。两极格局比一极格局为中小国家提供更多战略机遇，这是规律。

《参考消息》：我们最近观察到美国提高关税引发了连锁反应，比如加拿大指责中国廉价的钢材大量涌入全球市场；泰国也在考虑上调关税。您如何看待这种“跟风”现象？

阎学通：为什么大国要有战略诚信？大国有战略诚信、讲信誉，是要在国际社会培养一个讲信誉的国际环境。因为大国往往是海外投资最多、海外项目最多、在海外基地最多、在国际项目中利益最大的国家。如果大国缺乏信誉，带来的是全世界的效仿，即都不讲信誉，都不履约。现在大国不讲信誉，大国开始违约，典型的例子是以高关税为代表的贸易保护主义政策。我认为特朗普政府目前在决策上出现的问题，会导致国际秩序向相互不信任的方向发展。

现在对中国来讲，我们如果没有能力塑造一个讲诚信、讲战略信誉的国际社会，那我们自己就必须考虑怎么应对一个国际战略信誉日益下降的国际秩序。

侧重为周边提供公共产品

《参考消息》：您最近在采访中说，中美两国都不想成为世界的领导者。因为两国都担心，如果背负沉重的责任，将对本国的经济发展造成影响。那么您怎么看“金德尔伯格陷阱”？

阎学通：“金德尔伯格陷阱”和“修昔底德陷阱”犯有同样的学术错误，即将“不存在”说成是“陷阱”。陷阱是指人有目的地修建并伪装起来的坑。国际体系缺少领导者和发生战争这两种现象，无论如何都不属于有人故意用伪装起来的方法引诱发生的事务。因此，这两个概念的第一错误是煞有介事的无中生有。第二是没有明确的定义。例如，“金德尔伯格陷阱”究竟是指没有国际领导而发生的大国间的战争，还是大国与中小国家间的战争，抑或是中小国家间的战争，还是非战争的中小国家军事冲突。由于没有定义，无法知道当中美都提供不了世界领导时，发生什么算落入了陷阱。

国际局势在两极格局下稳定还是在一极格局下稳定，这主要取决于领导国的性质。道义现实主义理论认为，国际安全是否得到较好维护，主要取决于大国的类型及其战略偏好。从目前看，中美两国政府的战略偏好都比这两国政府在冷战时期的要温和，战争偏好相对较弱。因此在两国政府不变更的条件下，除中东地区之外，国际安全形势基本可以保持当前的态势。

《参考消息》：那么您认为，中国应当如何提供全球公共产品？中国在责任、担当和自身能力方面如何平衡？

阎学通：中国应明确定位为世界第二大国。从综合国力角度讲，中国与美国还有很大差距；从军事实力角度讲，差距则更大。我认为：十年之内中国难以具备超越美国的综合国力。这个实力地位决定中国应侧重为周边国家特别是东亚地区提供公共产品，而不是全球性的公共产品。如果美国目前的实力提供不了全球性的公共产品，我们更不具备这种能力。

中国提供国际公共产品时需要保持实力与责任相一致的原则，即我们承担与第二大国实力一致的国际责任，超过这个责任则可能引来冒进的反弹。例如，绝大多数“一带一路”项目是采取以我国贷款为主要投资的方法进行。我国贷款为这些项目所在国提供了公共产品，但如果这些国家今后长期无力偿还贷款，这些贷款就不是公共产品，而成了我们的包袱。为了防止发生冒进，对于“一带一路”的项目需做好事先的可行性研究，对于项目的回报需要做实地考察。每个国家的政治和经济情况都有特殊性，项目回报的评估超越了经济学家和政治研究人员的知识范围，得靠企业家们来做。

将周边作为外交重中之重

《参考消息》：很多西方国家在谈及中国提供的公共产品时，还是戴着有色眼镜，认为是“中国渗透”。您对此怎么看？中国应该怎么做？

阎学通：应将禁止对外推行发展模式、政治制度和意识形态作为重要的战略原则。对外推行发展模式、政治制度和意识形态是霸权主义的政策。冷战时美苏两国都是这样，冷战后美国加大推行其价值观的政策力度。现代霸权主义与帝国主义的共性之一，就是对外推行本国的发展模式、价值观和政治制度。

自20世纪80年代起，我国政府就明确向国际社会承诺不追求霸权。要实践这一承诺就不能对外推行我国的发展模式和政治制度。以前我国社会发展较为落后，实力不强，因此没有向外推行发展模式和政治制度的条件。如今，我国发展取得了较大成果，综合国力已经世界第二，如何约束自己不对外推行发展模式和政治制度就成了一个重大问题，因为这关系到防止我国变成帝国主义或霸权主义的大问题。

每个人都认为自己的认识是正确的，与自己不同的认识是错误的，而且有改变别人思想认识的强烈动机。意识形态之争和教派之争导致战争的事例也数不胜数。道义现实主义理论倡导国际领导国不对外推行自己的发展模式、政治制度和意识形态，而是容忍各国政治制度和意识形态的多样性，因为这有利于避免军事冲突和维护国际秩序。这也是为什么我认为中国需要坚持“来而不拒，不往教之”的中华文化传统，即中国模式是否被其他国家学习，这是别国的事，我们不必上心。好酒不怕巷子深，只要我们比别人发展得更成功，自然会有国家愿意模仿中国模式。

《参考消息》：通过您上述讲到的这些方式，中国可以突破“崛起困境”吗？

阎学通：“崛起困境”是清华的孙学峰教授提出来的。他所说的“崛起困境”是指崛起国与霸权国的实力差距越小，面临的外部压力越大。我国在2008年成功举办奥运会使全世界承认中国是一个崛起大国，从那时起我国外部国际压力不断增大，证明“崛起困境”的理论是符合客观实际的。

“崛起困境”作为一种规律性现象是不可避免的，但克服不断增长的压力实现崛起是可能的。我以为应对目前国际压力上升趋势的策略应将周边作为外交重中之重。我国综合国力已是世界第二，但与美国的实力差距还比较大。从地域角度讲，这意味我国现有实力塑造周边环境成功的可能性大于塑造全球环境。如果我们将我国的外交资源集中于塑造周边国际环境，这可减缓我国周边的直接国际压力。从实力构成要素讲，我国经济实力，特别是贸易实力，是全球性的，但军事实力和政治实力还是地区性的，因此经济和贸易上应积极介入全球性事务，而在军事和政治上则不宜介入周边地区之外的事务。从价值观角度讲，由于内政和外交已经合为一体，因此，在国内和国际上提倡的行为原则应一致。如果能做到这些，对于突破“崛起困境”会有较大帮助。

第三章

构建人类命运共同体

世界需要东西方之间的平衡

◆ 拉法兰

欧亚大陆可能会成为明天世界的重心，中欧之间的对话至关重要；建设“一带一路”并非易事，但通过寻求共识、合作与平衡，寻找双赢的项目，亚洲和欧洲均能从中获益；当今世界需要东西方之间的平衡，以及中国、亚洲和欧洲之间的平衡。

失衡导致全球危机频发

2019年初的世界局势和法国局势都颇为令人担忧。如今，我们正面临一场非常严峻的全球危机，还有一位难以揣测的美国总统。从全球范围看，由于地区失衡导致的紧张局势频发；从欧美关系看，跨大西洋关系被美国总统显著削弱，美国多次对欧洲表现得并不友好；在欧洲内部，英国脱欧进程令人担忧，法国“黄背心”运动持续发酵。

法国有游行示威的传统，但“黄背心”代表一种新的运动形式——星期六革命。星期五人们可以上街漫步，可以去登埃菲尔铁塔，星期天可以

本文刊载于2019年3月20日《参考消息》。

去拉斐特画廊，但星期六人们需要待在家中或酒店，因为街上有游行示威。

当今世界有诸多问题需要解决，而公众舆论变得越来越苛刻。一方面，民众希望分享属于自己的那份财富，但全球贫富分化正在加剧。另一方面，民众希望更好地保护地球，改善环境，但世界各国仍难以就环境问题协调行动。面对公众舆论中的一些合理要求，例如气候问题，各国必须加强国际合作。面对这些挑战，尤其是财富分配和环境保护方面的问题，欧亚可以通过加强对话的方式发挥更大作用。

合作尊重是世界关键词

当今世界需要平衡，失衡非常危险。法中两国应当致力于寻求东西方之间以及中国、亚洲与欧洲之间的平衡。欧亚大陆可能会成为明天世界的重心，中欧之间的对话至关重要。显然，欧洲和亚洲都致力于成为具有全球影响力的世界一极。我认为，未来世界的战略轴心包括法国、德国、俄罗斯和中国（G4）。G4对于世界稳定非常重要。法国需要同俄罗斯、中国进行对话，当然还要代表“法德轴心”与欧洲伙伴展开对话。

中国和亚洲是新世纪的合作伙伴。这一伙伴关系只有建立在合作和相互尊重的基础上，才能带来丰硕成果。我认为，合作和尊重是当今世界的关键词。合作胜过对抗。法国前总统雅克·希拉克之所以能与中国如此亲近，那是因为他尊重中国，这是外交的关键所在。

此外，当今各国民众尤其是大国民众，需要具有远见，着眼未来，否则就会制造紧张局势，甚至会产生激烈冲突。法国不赞成贸易战，法国不赞成战争。寻求合作胜过紧张对峙。在当今世界，保持对外开放至关重要。建造道路和桥梁胜过竖起高墙、自我封闭。这正体现了“一带一路”倡议的伟大之处。在我看来，“一带一路”是创新、公平、和平的倡议。这个伟大的倡议受到历史的启发，又充满新意，它汇聚并发展了合作理念，对当今世界尤其重要。

然而，建设“一带一路”并非易事，因为参与各方都有各自不同的利益诉求、规划措施和组织架构。但是，各方应致力于寻求共识与合作，实现亚欧双赢。2019年4月第二届“一带一路”国际合作高峰论坛在北京举办，众多国家元首和政府高级官员相聚北京，共商共建美好未来，这有助于促进亚欧平衡。

合作将成为第二届“一带一路”国际合作高峰论坛的重要议题之一。我个人希望在论坛期间，法中能够在海事、铁路、工业、物流以及文化和服务等领域达成合作项目。此外，法中两国还应进一步秉持共创、共建、共商的理念，联合开发第三方市场，比如双方联合开发的英国欣克利角核电站。只有通过寻求共识、合作与平衡，寻找双赢的项目，亚洲和欧洲才能均从中获益。

中国可成为世界稳定器

全球形势表明，大陆国家正在发挥重要作用。中国如此，美国如此，南非、巴西、印度等其他金砖国家也如此。我们有大陆经济、研发实力和教育实力，以及大陆强国的生活方式。因此，法国和德国是欧洲的发动机。其他国家也有自己的位置，但法国和德国作为大陆国家在欧洲所具有的体量使之具备未来重要的战略要素。

所以我认为，像马克龙总统一样，拥有放眼欧洲的雄心非常重要。要实现这一雄心壮志，必须将新举措在“法德轴心”间试行，再扩展到其他伙伴国家。很明显，“法德轴心”和欧元区是可以建立强大欧洲的两个立足点。拥有雄心勃勃的欧洲愿景非常重要。英国脱欧自然有其坏的一面，我们不愿看到英国离开欧盟。但是，英国脱欧使欧洲大陆更加团结，从这点来看，欧洲大陆反而得到加强。基于此，我们可以更有信心地说，欧洲会团结解决面临的困难。不要忘记，欧洲是一个伟大的政治载体，在过往的危机中始终显示出自己的实力。

在亚洲，中国可以成为世界局势的稳定器。中国是一个强大而爱好和平的国家。长期以来，世界被美国这一超级强国所统治。未来，世界的和平不会再以一个国家凌驾于其他大国为基础，而将是世界大国之间达成新平衡的结果。法国和中国一样希望世界是多极化的，各国在相互尊重和共同合作的基础上和谐共处。欧亚大陆的崛起能够成为未来世界的重心所在。这也是“一带一路”倡议的主旨方向。从这个角度出发，我认为，中国和欧洲之间的关系是特别重要和具有战略意义的。

（作者为法国前总理。本文由本报驻巴黎记者徐永春、应强采访整理）

中国提升塑造国际格局能力

◆ 叶自成

中华民族的伟大历史激励中国人民奋发有为。中国复兴之路漫长且艰难，首先要稳定国内，发展国内，繁荣国内，并且处理好国际事务。政治上以百姓之心为心，经济上缩小贫富差距，文化上返本开新，在国际上提高中国塑造国际秩序和国际格局的能力，克服周边外交和中美关系带来的挑战，推动构建互利共赢的人类命运共同体，在世界上再现政治清明、经济繁荣、文明发达、军事强大的伟大中国。

构建命运共同体有两大关键

实现中华民族的伟大复兴，是中华民族近代以来最伟大的梦想。

什么是伟大？一个国家、一个民族、一种文明之所以“伟大”，至少要包括五个要素：政治宏大、经济发达、军队强大、文化博大和影响广大。这五个“大”合起来才算得上伟大。

本文刊载于2018年3月21日《参考消息》。

什么是复兴？“复”什么样的“兴”？中华民族的伟大复兴，当然是“复”中华民族历史上的伟大之处，有此“复”，才有此“兴”。

回望中华民族伟大历史

就“伟大”的某一个方面来说，中华文化之博大要数春秋战国时期，那一时期思想文化百家争鸣、百花齐放，齐国稷下学宫是当时世界上最早的大学，倡导学术自由，自由游学讲学；这一时期涌现了一大批伟大的思想家、哲学家、文学家和教育家，有老子、孔子、孙子、商子、庄子、孟子、荀子、韩非子……如群星璀璨闪耀夜空；产生了一大批伟大的经典，有《春秋》《诗经》《老子》《论语》《孟子》《庄子》……如明灯闪烁永照千秋。华夏文化在当时是最先进的文化，影响深远且长久。

军队强大当数秦国，秦军不仅战斗力特强，善战、敢战、胜战，而且在军事装备、战略战术、军事制度、军事人才等方面都达到了很高的水平。秦军不仅完胜中原六国，而且将当时的强敌匈奴驱赶到长城之外，可谓当时最强大的军队。

经济发达当数宋朝，宋朝在火药、指南针、印刷术等一大批先进科技的推动下，经济发展迅速，是当时世界上唯一和最早从小农经济进入商品经济的经济发达国家。有专家估计，宋朝的国内生产总值（GDP）占世界总量的50%以上，宋朝有1亿人口，是当时世界上人口最多的国家。东京（今开封）有100多万人，是当时的特大城市，人口超过10万的城市还有几十个。而当时的巴黎、伦敦、威尼斯不过有数万人口。

从综合角度称得上“伟大”的，大体上有春秋前期的齐国、汉朝前中期的中国、唐朝前中期的中国，而尤以唐为最——唐朝前中期的“贞观之治”和“开元盛世”是中国历史上一个政治相对清明、经济繁荣、军事强大、文化先进，并且国际影响力很大的时期。

唐朝完善科举制，知人善用，虚怀纳谏，任用魏徵、房玄龄、杜如晦、长孙无忌等德才兼备的官吏，完善三省六部制度，许多政治制度、政治措施都非常先进。唐朝经济繁荣，社会安定，大诗人杜甫曾极誉，“忆昔开元全盛日，小邑犹藏万家室。稻米流脂粟米白，公私仓廪俱丰实”，虽有夸张，但也从侧面反映了唐朝的经济繁荣。唐军队强大，任用李靖等著名将帅，能征善战，多次击退突厥、吐蕃等外族对中原的进攻和侵犯；但唐朝军队的作战又很有节制，能战善战但不好战。军队的强大保持了唐前中期百年的和平格局。

唐朝文化博大，整个民族的精神文明水平也位于顶峰；从帝王到平民，从权贵到歌伎甚至乞丐都能作诗，《全唐诗》收录了2200多人的近5万首诗。唐朝还达到了中国历史上对外开放的高峰。唐与世界各国广泛交往，来自国外的侨民在唐朝时多达数万人。唐朝有泱泱大国之风，对外国侨民既不歧视也不逢迎，具有不卑不亢的大国气度和王者风范。唐朝可谓当时世界上强而不霸的头号大国。

正是这些中华民族历史中的“伟大”，值得当今中国人为之努力，为之奋斗。

稳扎稳打推进民族复兴

中国的复兴要走的路还很漫长，任务还很艰巨。如何进一步推进中华民族复兴的伟大事业？第一是稳定国内，第二是发展国内，第三是繁荣国内，第四是处理好国际事务。

第一，政治上以百姓之心为心，促进党民共治。政治是实现伟大复兴的核心动力。中国领导人强调“以百姓之心为心”，并以此为核心提出一系列治国理政的政策方针。未来的30年，应当落实和完善“以百姓之心为心”的政治制度，走出一条以百姓之心为心的党民共治的新道路，把党的领导与社会创新、民众自治结合起来。公权力落实应当做、必须做、能够做、能做好的事，不应该做、不必要做、做不好的事，就放手让社会和民众去做。现在的中国应当多一些依法治国，多一些唯才是用，多一些官员廉洁，要让公平的阳光照亮社会的每个角落，让自由的空气渗进每个人的肺腑，让仁爱的雨露滋润每个人的心房。这样的国家将是一个伟大的国家，会产生强大的吸引力。

第二，经济上做大蛋糕，分好蛋糕。中国经济发展与经济财富分配要平衡，做蛋糕和分蛋糕要协调。在做蛋糕方面，当前中国的经济当然需要进一步发展，提高国际竞争力，这就要求国家和大企业在新材料、新能源、新模式方面集中力量抓关键、找突破，同时激发民间就业、模式创新、产品创新的积极性。在分蛋糕时，要实行老子倡导的“损补抑举”措施，对少数人掌握太多财富而另一部分人极度贫困的现象进行调节。2016年中国500个最富的人的财富达到近8万亿人民币，接近1.3亿人口的国内生产总值。仅有强力扶贫政策，不足以抑制财富两极分化的现象。而未来科技创新的大趋势，一定会大大加剧贫富两极分化的现象。贫富差距不是问题，但贫富悬殊过大是引发政治动乱的隐性炸弹。未来30年，应把避免财富日益集中于小部分人群作为重要任务。一个经济健康发展且全民富裕的国家才是伟大的经济体，比经济繁荣但贫富两极分化的国家更能产生国际影响力。

第三，文化上返本开新，以中学为主体。文化自信是建设文化强国的基础。当前中国的文化建设要防止两个极端，一个是晚清以来的文化自卑、文化虚无的极端，对西方文化盲目崇拜，对本土文化全盘否定；另一个是改革开放取得巨大成就以来产生的文化自负和文化中心主义，对西方文化一概贬斥。因此，中国必须激活文化基因，创新文化的自主发展。没有高度的文化自信，没有文化的繁荣兴盛，就没有中华民族伟大复兴。而文化自信的标志，是恢复中华民族在文化思想上的主体性、创新性和自主性。

文化建设的两大任务，一是综合历史上的道、儒、法三家融其精华为一体；二是综合本土文化、外来文化、现时的社会主义文化精华融为一体，创造成一种新兴的文化。要突破中体西用或西体中用两个极端，只要符合中国国情和世界发展的潮流，中学西学都可以是体，也可以是用，但既然中学是基础、命脉、基因，所以应当是中学为主体、西学为辅体。在不同领域可有不同表现，比如在科学体制上，西学是体，中学是用；在医学健康上，西学中学可以并举为体；而在国家统一还是地方民族自决、是实质民主还是选票民主、是党的领导还是多党竞争等问题上，应当是中学为主体，西学为用。中学为主体，就是恢复中华民族的主体性，当然这个中学必须返本开新，进行创造性继承、创新性发展，道、儒、法精华多合一。恢复历史上中华文化曾经有过的主体性、开放性、包容性和创新性，中华民族的文化就能重新成为一种伟大的文化，在国际上产生更大的影响力。

第四，在国际影响方面，提高中国塑造国际秩序和国际格局的能力。中国提出了人类命运共同体、“一带一路”倡议等新概念，通过创办亚洲基础设施投资银行，设立丝路基金，举办“一带一路”国际合作高峰论坛，促进全球治理体系变革。中国的国际影响力、感召力、塑造力进一步提高，但在国际影响力方面存在两大问题：一是中国周边形势空前复杂，周边国家得益于中国经济发展，但在政治外交上提防中国的现象普遍存在。中国在东海、南海问题上与日、菲、越等国分歧较大，美、澳、日、印试图在东亚建立海洋国家联盟有遏制中国之嫌。二是中国与美国的关系有停滞甚至倒退趋势，美国总统特朗普在国情咨文中明确指责中国挑战美国利益、经济和价值观。

推动互利共赢的人类命运共同体的建立和发展，这是中国复兴期间的对外大战略。对中国来说，人类命运共同体的推进有两个关键。

第一，优先处理好中美命运共同体的建设。中美两国的关系，不仅是崛起国家与守成大国的关系，同时也是人类命运共同体的重要组成部分，两国面临的许多共同问题也是人类命运共同体面对的问题，它们在中美两国关系中有所体现并成为两国合作的基点，这也是人类命运共同体建设的突破口。反过来，如果中美两国针锋相对，人类命运共同体也就多半成了空话。同时，中美两国的合作是人类命运共同体向前发展的重要推力，人类命运共同体的建设需要中美两个大国的共同努力与协调推进。

处理中美关系，以前美国是主动方，现在中国应当作为主动方，而不要跟随美国起舞。特朗普政府将中国确立为美国的主要竞争对手，这是错误决策。但美国短视，中国不能跟着短视；美国犯错误，中国不能跟着犯错误；美国拖着中国要往“修昔底德陷阱”里跳，中国不能跟着跳。中国要避免中美战略对决的灾难性后果，就要在做好多个预案的基础上，想办法绕过这个坑，采取迂回的柔性策略，消解、缓和“西部牛仔”的冲动。如果中国也与美国对抗，就是在主动应验所谓的“修昔底德陷阱”。但如果中国采取以柔克刚、刚柔并济、不卑不亢、灵活应对的策略，就有可能避免悲剧发生。

当前的中国还处于复兴过程中挑战很多的阶段，既不可能重唱韬光养晦的老调，更要少唱华而不实的高调，少唱很快超越美国、美国即将衰落等高调，多谈谈中国问题、中国局限。当年的大唐没有去争主导地位和国际影响力，更没有到国际上宣传自己的优越性，但当时的天下社会都承认唐朝的影响力。因为唐朝的综合实力在那里放着，别人想争也争不去。

第二，人类命运共同体要从中国与周边国家共同体开始。周边区域是中国最有可能推动人类命运共同体建设的区域，对中国也是最关键、最重要的区域。中国长期把周边作为外交重点，中国在历史上长期占据大国地位，也是以中国对周边国家影响力为支撑。现在中国的大周边区域，是世界上最有活力的区域，也是矛盾重重、情况最复杂的区域，但也是最有条件建立共同体的区域。

中国周边区域有历史共同体的基础，共同遭受西方列强和日本的侵略和压迫；有共同抵御应对印度洋海啸、亚洲和国际金融危机的经历；面临相同的经济发展区域环境，具备中国—东盟战略的长期合作基础，基础设施的互联互通最有条件也最便捷。如果周边共同体都不能顺利推动，人类命运共同体就更难讨论。

因此，稳定周边，发展周边，繁荣周边，可以为中国的伟大复兴提供坚实基础。周边经营好了，周边事务摆平了，中国的国际影响力就基本形成了。

中国经过40年的快速发展，取得了巨大成就；但中国所处的环境，比任何时候都更复杂，挑战都更大。因此，中国必须增强战略定力，不为各种忽悠所干扰，不为“头号大国”的虚名所诱惑，继续砥砺前行，建设一个政治清明、经济繁荣、文明发达、军事强大的中国，真正实现中华民族的伟大复兴，那时，世界上将再现一个伟大中国。

（作者为北京大学国际关系学院中国战略研究中心主任）

中国理念引领世界迈入新时代

◆ 刘建飞

从文明发展史来看，先进的理念与思想一直是引领人类战胜挑战、实现发展进步的推动力。近年来的事实证明，西方的自由民主主义已无法应对当前世界面对的种种难题，人类前进的道路充满不确定性。为明确人类发展进步方向，中国提出构建人类命运共同体的概念，既符合时代潮流又切合当今世界现实，符合世界各国人民的切身利益，有望带领世界发展迈入一个新时代。

中共十九大宣布中国特色社会主义进入新时代，并规划了中国从现在到本世纪中叶的发展蓝图，同时还表达了中国要不断为全人类作出更大贡献，愿同世界各国一道推动构建人类命运共同体的真诚愿望。这是中国日益走近世界舞台中央所展现出的大国胸怀和责任担当，中国所提出的新理念也为人类发展进步指明了新的方向。

本文刊载于2018年3月22日《参考消息》。

先进理念引领人类进步

纵观几千年文明发展史，追求美好生活一直是人类社会发展进步的动力，人类也确实创造了光辉灿烂的文明，人类社会一直在不断发展进步。尤其是进入近现代以来，人类社会进步呈加速之势。马克思、恩格斯曾这样评价工业革命后人类在发展生产力上的进步，“资产阶级在不到一百年的阶级统治中所创造的生产力，比过去一切世代创造的生产力总和还要多，还要大。”然而，资产阶级开启的人类发展进步的进程却是高度畸形的，充满着冲突与战争、剥削与压迫、侵略与掠夺。尤其是20世纪中叶以前，从一定程度上说，人类发展进步的历史也是一部血泪史，是被压迫阶级、被压迫民族、弱小国家的血泪史。在资本主义国家内部，占人口少数的资本家充分享受着发展进步的成果，而广大工人阶级及其他被压迫阶级却处于水深火热之中。从全球范围来看，殖民主义造成广大殖民地半殖民地人民的沉重苦难，亚非拉地区的许多古老文明遭受摧残甚至毁灭，特别是列强之间为了争夺殖民地和势力范围，冲突不断、战争频仍，以自由贸易为基础的所谓“英国治下的和平”不仅未能阻止一次次战争，甚至还发生了两次世界大战。

伴随着生产力的进步，武器装备的技术水平越来越高，战争的规模也越来越大，照此趋势发展下去，人类社会以及人类创造的文明终将毁于这种人类相互杀戮的战争。人类社会向何处去？如果按照社会达尔文主义和现实主义强权政治的思维走下去，人类用自己创造的文明成果来毁灭自己的悲剧难以避免。针对这种悲剧前景，一些有识之士提出了试图引领人类社会发展进步的理念，比如康德的“永久和平”、威尔逊的理想主义。尤其是马克思主义提倡建立“自由人联合体”的美好理想，在国内消灭剥削，实现人与人的平等；在国际，消除民族压迫，实现民族平等，人类形成“真正的共同体”，各群体彼此和平相处、互不为敌。这些先进的理念对规范国家行为、抑制战争、缔造和平、引领人类社会健康地发展进步，起到了积极的作用。

人类文明史表明，人类发展进步需要先进理念和思想的引领。从长远而论，思想的力量远胜于物质的力量。正是有了先进理念的引领，才会凝聚人类正义力量为维护和平、促进公平而不懈地奋斗；也正是在先进理念的引领下，人类才超越了一般的动物，没有在基于丛林法则的恶性竞争中毁灭。

世界命运面临严峻挑战

20世纪是人类遭受最严重劫难的世纪，也是人类发展进步取得巨大成就的世纪。第二次世界大战后，人类历史取得了两个重大进步：一是建立了以联合国为主要载体的国际秩序，大国之间的战争受到约束，世界维持总体和平；二是绝大多数殖民地半殖民地国家实现了民族独立，肆虐了几百年的殖民主义历史宣告终结。在这两大进步的基础上，和平与发展成为时代主题，人类发展进步的速度更快了，质量更高了，血与火的色彩变淡了。

然而，人类社会仍然面临诸多问题和挑战，人类的前途命运依然堪忧：

在政治上，为争夺领土、资源，一些国家时常发生冲突乃至局部战争；强权政治与霸权主义仍然大行其道；大国战略竞争依然令人担忧，会发生新的冷战乃至大规模热战。在传统现实主义思维指导下，西方大国对新兴大国一直抱有战略猜疑，并试图通过大幅度增强军备来维护自己的霸权地位。

在安全上，除了国家间对抗引发的传统安全问题外，非传统安全问题越来越突出。恐怖主义已经成为全人类的公害；大规模杀伤性武器扩散的势头难以遏制，核恐怖主义的梦魇一直挥之不去；网络袭击频繁发生，成为干扰一些国家经济社会发展和人民日常生活的毒瘤；大规模传染病花样翻新，成为生命的一大杀手；气候变化以及与之相关的自然灾害日趋严重，每年都造成生命与财产的巨大损失……

在发展上，南北发展不平衡问题尚未得到有效解决，广大发展中国家在摆脱殖民统治实现政治独立后，普遍面临严峻的发展问题，如何实现经济独立仍是许多国家未完成的答卷。发达国家本来应帮助、支持发展中国家发展，但是某些西方大国却态度消极，试图长期保持其在世界经济体系中的优势地位。更为严重的是，金融危机后“逆全球化”思潮兴起，西方大国普遍出现保护主义倾向，开始质疑甚至阻挠本来由其倡导并推动的自由贸易和经济全球化进程。世界经济发展前景不容乐观。

在文化上，一些国家和民族仍然秉持狭隘的文化观，将自己的文化视为优于其他，并且试图强行向世界推而广之，这就难免导致文化的冲突。

在生态上，传统的经济增长方式导致对资源的掠夺式开发和对生态环境的破坏，地球作为人类到目前为止唯一的家园有可能最终不再适宜人类居住。

西方式民主并非万能药

面对这些挑战，西方大国曾经开出过药方，这就是自由民主主义。二战结束后，西方试图构建一个由它主导的、建立在自由民主主义意识形态基础之上的世界，或者说是由“英国治下的和平”接棒为“美国治下的和平”。为此，西方对苏联为首的社会主义阵营发动了持续数十年的冷战，遏制所谓“共产主义的扩张”。可以说，西方取得了胜利，东欧剧变、苏联解体就是这场冷战的结局。不仅原来的东欧社会主义国家和苏联各加盟共和国都改旗易帜，纷纷采用西方的政治经济制度，一大批发展中国家也都自觉或不自觉地“西化”。于是，西方欢呼自由民主主义胜利，甚至有人提出“历史的终结”，即意识形态斗争的历史终结了，自由民主主义一统天下的时代到来了。面对人类发展进步的诸多难题和挑战，西方的战略思想家们给出的方案是推进西方模式的民主，推广西方的所谓“普世价值”。其逻辑就是，只要政治上实行了西方模式的民主制度，经济上按照新自由主义的路子走，一切问题都会迎刃而解。

然而，现实是严酷的。世界存在的和平赤字、发展赤字、治理赤字并没有在“美国治下的和平”中消除，特别是2008年发生在美国的金融危机使得新自由主义发展模式普遍受到质疑；更值得关注的是，许多“西化”了的发展中国家表现出水土不服，经济发展迟缓、政治社会不稳。再加上近些年来一些西方大国出现的政治乱象，更使人们质疑：自由民主主义的药方是否还有效？是否真的能够充当引领人类发展进步的先进理念？更为令人担忧的是，有些西方大国的政府面对“世界之乱”，却试图“退群”自保，推卸大国责任，甚至又祭起传统现实主义的大旗，要通过大幅度增强军备乃至核力量来保证自己的安全，并且以对抗思维处理对外事务，将一些新兴大国视为“修正主义”敌手。这势必导致世界更乱。

关心人类发展进步和前途命运的人们有理由发问：“世界怎么了？”“人类向何处去？”“我们该怎么办？”虽然和平与发展是时代主题，是全人类的共同愿望，但是和平与发展的任务至今远未完成，人类前进的道路仍然充满不确定性。

中国药方应对“世界之乱”

中华民族是人类大家庭的重要成员，也是非常优秀的一员，拥有悠久的历史和灿烂的文明，但是近代以来却饱受血与火的磨难。中国人民自强不息，奋起抗争，经过长期奋斗，终于在中国共产党的领导下走上了实现中华民族伟大复兴的康庄大道。中华民族自古就有天下情怀，讲求“天下一家”，主张协和万邦、天下大同，憧憬“天下为公”的美好世界。中国共产党人更是拥有浓烈的世界情怀，要为人类作出较大的贡献。从人类发展进步的大视野来看，当代中国对人类的最大贡献莫过于走出了一条独特的、超越西方模式的发展道路，拓展了发展中国家走向现代化的途径。

随着中国进入中国特色社会主义新时代并日益走近世界舞台中央，特别是面对当前的“世界之乱”，国际社会特别是广大发展中国家期待中国发挥更大的作用，而中国也有意愿为人类作出更大贡献。这种贡献和使命，首先体现在提出能够引领世界的先进理念上。

面对“世界之乱”，首先要明确人类发展进步的方向，回答“人类向何处去？”中国给出的答案就是构建人类命运共同体。自从习近平主席于2013年首次提出构建人类命运共同体的倡议后，这种理念已经得到越来越多人的支持和赞同，联合国已经多次将该理念写进相关决议，这一倡议正在从理念转化为行动。

人类命运共同体是既符合时代潮流又切合当今世界现实，能够被世界多数国家和人民接受的理念。当今世界仍然以主权国家为基本行为体，不同国家存在民族、种族、文化、语言、宗教、社会制度等方面的差异，国家间存在利益矛盾。但与此同时，伴随着全球化，世界各国的相互联系更加紧密了，共同利益更多了，相互依赖度更高了，人类的整体性开始凸显。尤其是具有毁灭地球和整个人类之威力的核武器的出现，使得人类面临的共同挑战与威胁凸显，人类的共同命运开始显现。人类实际上已经形成你中有我、我中有你的命运共同体。从这个意义上说，人类命运共同体已经是“实然”的事物。不过，“世界之乱”又表明，现存的这个“实然”的命运共同体又是非常脆弱的，面临着被各种威胁、挑战摧毁的危险。所以，这个共同体的成员，即每个民族、每个国家，应当“努力把我们生于斯、长于斯的这个星球建成一个和睦的大家庭，把世界各国人民对美好生活的向往变成现实”。从这个意义上说，未来“和睦大家庭”式的人类命运共同体又是“应然”的，是人类社会的努力方向。

构建人类命运共同体，要求各国在政治上构建相互尊重、公平正义、合作共赢的新型国际关系，坚决摒弃冷战思维和强权政治，走对话而不对抗、结伴而不结盟的国与国交往的新路；安全上营造各国共享安全的新局面，坚持以对话解决争端、以协商化解分歧，统筹应对传统和非传统安全威胁；经济上开创共同发展的新前景，同舟共济，促进贸易和投资自由化便利化，推动经济全球化朝着更加开放、包容、普惠、平衡、共赢的方向发展；文化上形成不同文明包容互鉴的新气象，尊重世界文明多样性，以文明交流超越文明隔阂、文明互鉴超越文明冲突、文明共存超越文明优越；生态上倡导绿色低碳循环可持续发展的新理念，坚持环境友好，合作应对气候变化，保护好人类赖以生存的地球家园。

构建人类命运共同体的这些要求，符合世界各国人民的切身利益，实际上也同绝大多数国家的发展方向相一致。如果世界各国能够携手努力构建人类命运共同体，人类发展进步将迎来一个新时代。如此，中国的新时代与世界的新时代将交相辉映，“中国梦”与“世界梦”将携手前行。

（作者为中共中央党校国际战略研究院院长、教授）

新型战略空间须共有共建共治

◆ 丰松江

新型战略空间对人类未来生存与发展不可或缺。大国间对于新型战略空间的竞争和博弈日益加剧，但作为一荣俱荣、一损俱损的“地球村”，不能“各扫门前雪”，国际社会应积极以人类命运共同体理念，引领新型战略空间的良性竞争与和平合作，有效解决新型战略空间面临的矛盾和问题。新时代的中国将同世界各国携手合作，全力推进人类命运共同体的建设，实现人类在新型战略空间的共有、共建和共治。

深海、极地、外空、网络以及临近空间，是人类社会发展进程中不断拓展的新型战略空间。为抢占战略竞争新制高点，主要国家在竞相进军新型战略空间的过程中竞争多于合作，造成新型战略空间安全风险凸显。中国作为崛起中的大国，始终坚持和平发展道路。2017年1月18日在联合国日内瓦总部高级别会议上，习近平主席特别指出，要秉持和平、主权、普惠、共治原则，把深海、极地、外空、互联网等领域打造成各方合作的新疆域，而不是相互博弈的竞技场。构建人类命运共同体的理念，为推动世

本文刊载于2018年3月23日《参考消息》。

界各国在新型战略空间良性竞争与和平合作送来了缕缕春风。

新型战略空间属于全人类。伴随科技的进步及空间概念的延伸，深海、极地、外空、网络以及临近空间等，也逐渐被纳入“全球公域”的研究范畴。所谓“全球公域”，即属于人类生存和发展的共有资产，是不为任何一个国家所支配而所有国家的安全与繁荣所依赖的领域或区域。属于全人类的深海、极地、外空、网络以及临近空间，是为全人类发展谋福祉的新型战略空间。

新型战略空间对人类未来生存与发展不可或缺。随着传统陆地以及公海、公空资源的日趋短缺，新型战略空间将成为人类经济社会发展的新“引擎”，攸关人类生存与发展的共同命运。水深1000米以下的深海，面积约占地球表面积的49%，既蕴藏着丰富的矿产资源、生物资源和能源，又影响全球气候、环境和生物多样性。北极在战略、经济、科研、环保、航道、资源等方面的价值不断提升。外空蕴藏着轨道、微重力、高真空、高洁净、太阳能等丰富资源。网络空间正全面改变人们的生产生活方式，深刻影响人类社会历史发展进程。临近空间作为打破传统“天—空—地表”自然空间控制链条的“中上层”，在“高超声速通道、持久飞行空间、空天结合节点”等方面战略资源十分丰富。

新型战略空间将对世界和平与发展产生重大影响。随着现代军事战略从传统的陆、海、空三维扩展到陆、海、空、天、临以及网电“六位一体”的整体战略，新型战略空间对国家安全和制胜未来战争愈发重要，已成为兵家必争之地，将严重影响世界的和平与发展。海湾战争、科索沃战争、阿富汗战争、伊拉克战争、利比亚战争都在告诉世人外空的巨大军事效用。网络空间、北极地区、深海的海底战场、空天之间的临近空间战场，在现代及未来战争中具有极其特殊的战略地位和极其重要的军事价值，将使未来信息化智能化战争真正实现上至外空、下至海底、纵横交织的全空域、全地域、全要素作战。

大国之间竞争博弈加剧

深海空间争夺激烈。沿海国家不断外扩大陆架界限，蚕食深海区域。“深蓝圈地”运动兴起，资源抢占升温，优质矿区所剩无几。美国、俄罗斯、日本、英国等国高度重视深海在未来战争中的作用，印度、澳大利亚、韩国、越南等亚太国家和地区加紧提升深海作战能力。深海探测、勘探、开发等技术创新和装备研制成为大国投巨资争占的制高点，深海成为军事前沿战场。随着《联合国海洋法公约》以及相关协定、规章的出台，公海和国际海底从完全自由向有限约束和全面法制化演变，深海规则博弈加剧。

北极角逐跌宕起伏。北极曾是美苏两个超级大国重要的冷战阵地。冷战结束后，美俄军事关系性质与重要程度均发生重大变化，北极的战略地位一度下降。近年来，伴随全球变暖和北极海冰加剧融化，北极地区不断引起周边大国的高度关注。与南极的开发利用活动已经得到相关法律条约具体规范的情况不同，国际社会尚未对北极的范围和北极地区边界划定等问题达成广泛共识，围绕北极资源的大国冲突频出。2007年俄罗斯在北极海底插旗后，北极国家对能源、航道等涉及国家主权和主权权利的领域极为敏感。目前，美国、俄罗斯、加拿大、挪威、丹麦、英国、芬兰和瑞典等10余个国家，正在通过设立军事立足之地、构建军事竞争力量、出台国家层面的战略等，扩大和提升对北极地区的影响力，企图独占地区资源。

外空激烈碰撞不断。外空是国际战略竞争制高点。世界主要国家围绕进出、利用和控制外空，纷纷制定外空战略，发展外空军事力量。从1959年10月13日美国首次成功进行反卫星试验，到冷战结束后2008年2月20日美国“标准”-3导弹击毁一颗失去控制的间谍卫星至今，外空军事竞争就一直持续不断。目前，主要国家正在加快研发新型强激光、高功率微波、粒子束等定向能反卫星武器和可快速发射与拦截的动能反卫星武器，外空军事化形势日趋严峻。特朗普政府《国家安全战略报告》将“自由进出外空”和“在外空中自由行动”视为核心利益，全面谋求外空能力、技术、联盟、规则优势。日本、印度等大力发展外空支援作战能力和反卫星武器系统。

网络空间暗流涌动。网络空间国际战略竞争日趋激烈。不少国家相继出台网络空间安全战略，积极发展网络空间军事力量。美国1998年率先成立网络战部队，并将威慑理念引入网络空间以谋求网络战略的绝对优势。目前，世界上已有40余个国家组建了网络战部队。2003年美军对伊拉克实施的网络攻击、2010年震惊全球的伊朗“震网”病毒事件、2013年“棱镜门”事件、2015年乌克兰遭受针对民用设施的网络战等均表明，网络攻防技术日新月异，网络对抗实践迅速发展，手段多样，行动隐匿，防不胜防。世界范围内侵害个人隐私、侵犯知识产权、网络犯罪等时有发生，网络监听、网络攻击、网络恐怖主义活动等成为全球公害。

临近空间博弈凸显。临近空间作为连接“陆、海、空、天、网”的中间层或过渡区，近年来受到主要国家高度重视，逐渐成为国际竞争的新制高点。临近空间技术尤其是高超声速技术竞争白热化，美国已将高超声速作为其军事技术发展的第一重点。反临近空间技术成为大国竞争的新焦点，美国导弹防御局正制定专门应对高超声速导弹威胁的军事计划。2017年9月27日兰德公司的《高超声速导弹防扩散》报告表明，美国已开始将争夺规则制定主导权作为其参与临近空间竞争的一项重要任务。

新空间不能“各扫门前雪”

人类同属于一个“地球村”。马克思把社会看作是一个有机体。整个世界是你中有我、我中有你的利益共同体，是一荣俱荣、一损俱损的命运共同体。面对“地球村”的各种问题与挑战，不能“各扫门前雪”，必须“共建百花园”。

新型战略空间是“地球村”的新载体。新型战略空间作为人类社会生存和发展的新载体，在成为主要国家利益拓展重要指向的同时，也为国际竞争与合作提供了新空间。当前，主要国家围绕新型战略空间拓展、资源获取、技术研发、话语权和军事优势争夺的国际博弈愈演愈烈。超越时空、跨越国家民族解决新型战略空间问题，实现人类在新型战略空间共有、共建和共治，将是引领人类可持续发展、开创人类社会新未来的唯一选择。

外空已不分你我。外空是全人类的共同财产，人类对外空的探索和利用涉及全人类的利益。自人类第一颗卫星发射60余年来，越来越多的国家、国家集团或私人实体参与到外空活动中。太空轨道开始“拥挤”，太空碎片越来越多，太空环境亟须治理。面对外空的军备竞赛尤其是外空网络安全问题，需要国际社会共同来应对。同时，国际社会的通力合作，将促进外空开发效益最大化，从而造福全人类。

网络空间具有开放性、共享性、高效性、灵活性，同时具有简单性、低廉性、脆弱性等特征。网络安全问题的综合性、联动性、多边性日益凸显，需要变革全球网络治理体系，共同维护网络空间的和平安全。2015年12月，习近平主席在第二届世界互联网大会上阐释了“共同构建网络空间命运共同体”的中国互联网观。他提出，网络安全是全球性挑战，没有哪个国家能够置身事外、独善其身，维护网络安全是国际社会的共同责任。

深海、极地、临近空间更不分你我。北极不仅是北极国家的北极，更是世界的北极。已超出北极国家间问题和区域问题范畴的北极问题，涉及北极域外国家的利益和国际社会的整体利益，具有全球意义和国际影响。应对北极问题，需要各利益攸关方的参与和贡献。同样，深海和临近空间，已成为与陆地、海洋、天空、太空同等重要的人类活动新领域，需要国际社会在环境认知、科技发展、规则制定、全球治理等方面形成互利共赢的发展格局。

促进良性竞争与和平合作

新型战略空间是人类赖以生存的共同新家园。国际社会应积极以人类命运共同体理念，引领新型战略空间的良性竞争与和平合作，有效解决新型战略空间面临的矛盾和问题。

新理念——推动人类命运共同体理念在新家园落地生根。人类命运共同体理念，并不否认当今世界在新型战略空间存在的各种矛盾，而是强调即便存在着如此众多的矛盾，也不可回避人类在新型战略空间存在着共同利益。尽管新型战略空间国际竞争中孕育着广阔的合作空间，但霸权主义、零和博弈思维仍存，预判不准、冒进跨越问题突出，国际法律规则研究滞后，一定程度上不排除爆发新型战略空间军备竞赛，甚至局部冲突的风险。面对新型战略空间存在的种种问题，人类命运共同体理念的提出恰逢其时。

新样板——人类命运共同体理念的最佳实践区。新型战略空间承载着人类生存和未来发展所需的资源和空间，集中体现了人类的共同利益和共同关注。尽管新型战略空间的安全、稳定与发展事关世界各国利益，但主要国家在拓展新型战略空间利益时不可避免地会存在竞争，面临“丛林法则”的风险。历史上，传统自然空间的拓展充满了血雨腥风。而今只有顺应世界格局深刻演变和人类社会发展进步大势，坚持构建人类命运共同体理念，以全球视野和天下情怀，有所为有所不为，良性竞争与和平合作相结合，才能促进并实现世界各国在新型战略竞争领域合作共赢，造福全人类。

新模式——新型战略空间命运与共。一花独放不是春，百花齐放春满园。新型战略空间的开发和利用，是人类共同的使命。目前人类对新型战略空间的认知，还远远不能满足人类生存和发展的需求，对新型战略空间的治理存在明显的制度理念分歧和利益诉求差异。国际社会需要不断强化对新型战略空间在科学探索、有效利用、国际秩序和规则建设等方面的合作，最终实现新型战略空间的资源共享、责任共担和合作共治，打造命运与共的新家园。

新贡献——中国将为建设共同的新家园出力。构建人类命运共同体理念，是超越“零和博弈”的中国国际秩序观，体现了中华文明中“天人合一”“和谐共生”的理念，是对《联合国宪章》宗旨的继承和弘扬，具有时代的先进性。2017年2月，“构建人类命运共同体”理念被写入联合国决议。2018年3月14日，第十三届全国人民代表大会第一次会议高票表决通过的《中华人民共和国宪法修正案》序言部分，增加了“坚持和平发展道路”“坚持互利共赢开放战略”和“推动构建人类命运共同体”三方面内容，体现了中国致力于走出一条与传统大国不同的发展道路的坚定决心、同世界各国共同发展繁荣的真诚愿望、为世界和平与发展作出更大贡献的崇高目标。新时代的中国将同世界各国携手合作，全力建设共同的新家园。

（作者为航天工程大学宇航科学与技术系副教授）

中国“双构建”应对世界格局变化

◆ 金灿荣 孙西辉

未来十年大国关系将异常复杂，纵横捭阖的程度将不断加深。随着中美力量趋同，美国日益把中国视为其霸权挑战者，两国关系将更难处理。过去30年全球化发展一直在加速，但未来十年全球化将会放缓，全球治理赤字将增加。十九大以后，中国参与国际事务会更加坚定，目标更加明确。我们的目标就是“双构建”，推动构建新型国际关系，推动构建人类命运共同体。

党的十九大报告指出：当前，国内外形势正在发生深刻复杂变化，我国发展仍处于重要战略机遇期，前景十分光明，挑战也十分严峻。深入认识当前世界形势的发展演变特点，辨识机遇与挑战，将有助于准确把握我国所处的历史新方位，从而抓稳抓好我国发展的战略机遇期。本文将探讨未来十年世界政治的十大发展趋势，解读中国应对未来世界格局变化的对策。

本文刊载于2018年3月26日《参考消息》。

世界政治十大发展趋势

一、大国关系更加严峻

大国关系在国际关系中最为重要，未来十年的大国关系将更加复杂。本文中的大国（含国家集团）指中国、美国、俄罗斯、欧盟、日本、印度。未来这六个大国的行为方式主要体现为三个方面：一是搞好内部事务；二是尽量搞好与其他大国的关系；三是推进本国的国际议程。

在国际关系领域，未来的大国关系将异常复杂，纵横捭阖的程度不断加深。就中国而言，未来的中俄关系和中欧关系大致是稳定的，比较难处理的是中美、中日、中印三对双边关系。在中美关系方面，随着中美实力日益趋近，美国将会越来越紧张，对我们的反应也会越来越不那么从容。美国这个国家政治发生变化，现在进入了“更年期”。随着中美力量趋同，美国日益把中国视为其霸权挑战者，两国关系将更难处理。

在中日关系方面，日本或许是世界上最不愿接受中国崛起的国家，因为它有别国没有的两种对华心理。一是愚蠢的种族主义，二是深刻的犯罪感。随着中国对日本的全面超越，日本强烈的犯罪感使其不愿接受这一现实。在中印关系方面，印度自诩为南亚霸主，不愿意接受中国影响力在印度洋和南亚增强的事实。中印存在边界争端，印度相对于中国的总体实力劣势和前沿部署优势，使其对华心态十分矛盾。此外，中印在客观上都处于崛起的过程中，具有战略竞争的态势。因此，中印关系今后也将比较复杂。

二、世界走向“两超多强”

未来的世界格局，不会一直保持目前“一超多强”的状态，也不会成为我们期待的“多极世界”，更不会变成美国希望的“单极世界”，而是一种“两超多强”的局面。

这种判断的依据在于以下三点：首先，是美国“一超”地位难以撼动。

冷战结束后，美国成为唯一的超级大国，综合国力遥遥领先，军费开支和经济总量均为其后十余个国家相应数额之和，至今没有一个国家的实力可以与之抗衡。欧盟作为一个国家集团，经济总量与美国不相上下，但军事力量和行动能力大打折扣，无法成为独立的“一极”。

其次，是中国向超级大国进发。经过40年的改革开放，中国长期保持经济快速发展的状态，国家综合实力大大增强，经济总量超过美国的60%。综合考虑经济总量和经济增速，中国是唯一与美国缩小差距的国家，同时中美两国与其他国家的差距也在不断加大，这意味着中国将成为另一个超级大国。

再次，是一些大国（含国家集团）能保持强国的地位。对于俄罗斯、欧盟、日本和印度而言，尽管它们无法在经济实力或综合国力上缩小与中美的差距，但仍能保持相对于其他国家的优势地位，主要原因在于它们拥有各自明显的优势或特长。例如，俄罗斯的军事力量尤其是核武库是很多国家无法企及的，欧盟和日本在经济和科技领域具有明显优势，印度具有保持较快经济增速潜力。

三、中等强国表现突出

未来十年，我们需要更重视某些中等强国的作用，如越南、印度尼西亚、伊朗和土耳其等。

越南拥有将近1亿人口，这使它具有工业化的人口条件。越南实行了土地改革，这是国家现代化很重要的一个环节。土改之后财富分配会比较平均，这样就具备了工业化的基本条件。

印度尼西亚处于亚太地区或印太地区的核心位置，这里是美国全球战略的重心。随着中国和印度的崛起，作为两国近邻的印度尼西亚无疑会从中印的竞争与合作中受益。

伊朗是一个拥有悠久文明的国家，文化底蕴深厚，人口规模和国土面积较大。伊朗是伊斯兰世界中少有的工业国家，目前的总体发展态势不错。伊朗将作为一股独立的中东力量继续发挥作用。

土耳其地处欧亚连接处，既是北约成员，又属于伊斯兰世界，在中东地区具有独特作用。土耳其总统埃尔多安很有抱负，一心推行新奥斯曼主义，将给中东带来很多变数。

四、区域分化更加严重

从国际关系的角度讲，未来十年世界各地的形势发展更加分化。北美和澳大利亚会非常稳定。欧洲和东亚的内部矛盾都很多，但是由于它们的管理能力比较强，也能够保持稳定。中东会比过去更乱，因为什叶派和逊尼派的矛盾更尖锐，另一个变数是库尔德人，土耳其和伊朗会更活跃。非洲的情况可能会有所好转，但非洲国家还不具备经济上自我发展、安全上自我控制的能力，需要国际社会的帮助。哈萨克斯坦等中亚国家存在权力交接问题。拉美的政局始终不稳定，但它们的外溢效应不是很大。南亚未来的情况在很大程度上取决于印度，而印度最大的问题在于现代政治结构与前现代社会结构之间的矛盾。印度需要进行社会改造和土地改革，但这是很难完成的任务。

五、全球治理赤字扩大

未来十年，世界经济的动力依然不足，新兴国家和发达国家之间会出现自由贸易和公平贸易的博弈。例如，中印等新兴国家高举自由贸易大旗，要求开放市场，发达国家却开始举起公平贸易的旗子，强调同等开放。新兴国家和发达国家，一个强调自由贸易，一个强调公平贸易，表面上是规则之争，实际上是利益之争。

过去30年全球化发展一直在加速，但未来十年全球化将会放缓，还会出现全球治理赤字。一方面，全球化遇到的一些老问题还会存在，如贫富分化、资源不足、恐怖主义等；另一方面，网络问题、气候变化等新问题日益突出。美国和欧洲原本是全球治理的主要提供者，现在全球治理的需求上升了，它们的供给能力却下降了，就出现了全球治理赤字，未来这个问题将会更严重。

六、科技与产业提升加速

在科技与产业方面，中国科研投入每年的增长率约为15%，但美国基本上是停滞的，特朗普还要削减。总体上，世界各国的科研投入在增加，今后的新科技成果仍会增加，新业态将不断出现。第四次工业革命仍处于酝酿中，我们能够想到的主要领域包括新材料、生命科学、人工智能、量子和新能源五个方向。应该说，美国在这五大领域都是做得最好的，属于第一梯队。中国已经进入第二梯队，与欧洲和日本处于同一个层次，甚至比它们还要强一点。印度和俄罗斯属于第三梯队，基本特点是重在参与。其他国家属于第四梯队。未来十年，中国很可能在第二梯队把欧洲和日本甩在后面，于是形成中美在未来科技和产业中双强竞争的态势。

七、竞争领域不断增加

随着人类开发领域的不断增加，各国竞争的领域也会不断增加。未来将出现许多新的国际竞争领域，如网络、极地、太空、深海。也就是说，除了传统意义上的陆海空之外，各国将在这四个方向展开新的博弈。

八、政治稳定更加困难

未来十年，各国维持稳定的成本会变高。现在西方的一个突出问题是主流分化、民粹和精英分化，特朗普现象和英国脱欧体现了西方社会中民粹与精英的矛盾。在2016年美国总统大选中，代表右翼的特朗普和代表左翼的桑德斯同样引人关注，左右两派泾渭分明。从英国、美国和欧洲的选举中可以看出：民粹与精英、左与右、实业与虚拟经济的三大矛盾十分突出。

非西方基本上是发展中国家，很多国家处于城市化进程中，而城市化本身可能带来政治上的冲突。中产阶级扩大、教育普及等都是现代化必须解决的问题，但是它都有政治上的压力。另外，还有网络的影响，网络会带来两个世界，一个现实世界，一个虚拟世界。虚拟世界中有很极端的东西，迷恋虚拟世界的人容易变得极端。

九、文明冲突交织进行

所谓文明冲突，可以称为诸神的战争。它是以利益为基础的，但是又超越利益。如果我们处于同一种文明，我们的矛盾主要是现实利益矛盾。如果是不同的神，那除了现实利益冲突还有神的冲突了。如果只是利益冲突，大家还可以算计、调配，好解决。要是引入诸神战争，这就很麻烦。

未来十年，世界政治将在内部文明冲突与外部文明冲突中交织进行。内部文明冲突主要集中在欧洲，因为欧洲集聚的难民越来越多，这会引发欧洲主流社会的反弹。美国也会有内部文明冲突，但基本是可控的。外部文明冲突主要体现在两个地方：一是西方世界与伊斯兰世界之间，二是印度与伊斯兰世界之间。

十、非传统安全问题复杂

非传统安全问题涉及许多领域，但未来十年将会更加严峻，如移民、难民问题、恐怖主义、气候变化等。除此之外，还有不少非传统安全问题，它们的发展趋势不尽相同。在社会思潮方面，极端化的趋势较为明显。在粮食安全方面，这一问题会得到缓解。以人类现在的粮食种植技术和现有的耕地，地球上可以养活150亿人。世界人口目前估计大约为76亿，按理说不应该存在饿肚子的问题，但现实中有8.6亿人吃不饱饭，主要在非洲和拉美，这是全球治理失败的案例。

中国近年来开始主动参与全球治理，中国是行政能力超强的国家，解决问题的能力也更强一些。随着中国参与全球治理的程度提高，粮食安全问题将得到缓解。在资源开发与利用方面，目前难有定论，我们只能说有两个趋势同时并存。一方面，中国工业化、印度工业化和部分非洲国家工业化会带来资源需求的增加，或将导致资源紧张；另一方面，技术进步特别是中国的技术进步，也可能使资源问题得到缓解。这两股力量在竞争，我们期待可再生能源的增速超过资源需求的增速。

中国外交理念不断创新

面对世界政局的上述发展趋势，十八大之后，中国外交指导思想开始从韬光养晦向奋发有为转变，外交风格变得更加积极进取，开始更多地就国际事务主动提出倡议，中国的外交理念也在不断创新，并丰富细化，更加放眼全球。

过去五年间，中国提出的外交理念可以分为两个层次。一个是面向全球、面向未来的，主要包括四个概念：构建人类命运共同体、构建新型国际关系、开放型世界经济、新型全球伙伴网络。第二个层次针对具体问题，比如针对中美关系，提出新型大国关系；针对周边国家对中国发展的诸多猜忌，提出“亲诚惠容”理念；针对亚非拉发展中国家，提出正确的义利观，授人以鱼不如授人以渔，走出一条跟西方不一样的援助之路；针对亚洲的复杂安全形势，提出亚洲新安全观，即共同安全、综合安全、合作安全及可持续安全。其他还有新海洋观、总体安全观等很多具体的理念。

十九大以后，中国参与国际事务会更加坚定，目标更加明确。我们的目标就是“双构建”，推动构建新型国际关系，推动构建人类命运共同体。未来中国会以更高的姿态参与全球治理，但在推进我们的议程时会更稳一点。可以说，前一阶段是大开大合，比如成立亚洲基础设施投资银行、提出“一带一路”倡议，把主张提出来，所以声势比较大。现在更重要的是把已经提出的倡议、理念逐步落实。

（作者金灿荣为中国人民大学国际关系学院副院长、教授，孙西辉为中国社会科学院亚太与全球战略研究院助理研究员）

中华民族复兴并非西方式“崛起”

◆ 彭光谦

自从本世纪初有人用所谓“崛起”一词界定中国的高速发展与进步的现象以来，“崛起”似乎已经成为中国某些知识分子、舆论界乃至个别官方人士的习惯用语。这一概念不但未能深刻反映中华民族在当代伟大复兴的政治内涵、文化特色、历史底蕴和时代价值，而且有意无意掉进了西方特地为中国设置的政治陷阱。

中华复兴来之不易

在古巴比伦、古埃及、古印度和古中华文明这四大古文明中，中华文明是世界上唯一历经五千年风雨而从未中断的优秀文明，其他三大古文明先后湮灭于历史的长河之中。中华民族百折不挠，砥砺前行，显示了巨大的生命力、向心力和凝聚力。1840年以前，中华文明在大部分时间里走在世界前列。在1840年至1949年的100多年里，中国连遭列强入侵，中华文明一度面临兴灭继绝的严重考验，但中华民族在中国共产党的领导下，浴

本文刊载于2018年3月27日《参考消息》。

血抗战、救亡图存，终于实现了民族的完全独立与新生。

中华民族的伟大复兴不是从天上掉下来的，不是从地下冒出来的，不是上帝的恩赐，也不是在一个早晨突然出现的。从远处讲，是中华民族积聚了五千年的巨大能量，如今像火山喷发一样势不可当；从近处讲，中华民族复兴伟业的迫近，是1949年后中华民族屹立于世界东方近70年，在新的时代的召唤下，自强不息，以超人的毅力，用自己的聪明才智与滴滴汗水奋发图强创造的；是通过与世界各民族的平等交往，甚至忍受"8亿件衬衫换一架飞机"的苛刻条件而积累的，并非像新老殖民主义者那样是通过血与火的原始积累和高额垄断利润赤裸裸地劫掠来的。

美国衰落咎由自取

有人总喜欢把中国与当今世界唯一超级大国美国相比较，把美国说成是守成大国，而把中国说成是后来的挑战者。他们蓄意裁剪历史，编造所谓"修昔底德陷阱"的伪命题，别有用心地制造所谓中国觊觎美国现有大国地位的谎言，为封锁、遏制、围堵中国，维护其垄断资本主义利益寻找借口。然而，昔日盎格鲁—撒克逊人从欧洲跑到新大陆，在美洲建立殖民地，从1776年英属殖民地发表《独立宣言》脱离英国独立并建立美利坚合众国，到今天满打满算不过240多年。而炎黄子孙在自己的土地上生生不息，创造无与伦比的中华文明，已有五千年的悠久历史。中国有广袤的国土、丰富的资源，中国完全可以靠自己的辛勤劳动养活自己，发展自己，建设自己的美好家园。中国用得着跨洋过海觊觎太平洋对岸的那把椅子吗？中国既没有这个动力，也没这个兴趣。

今天美国霸权的败落呈不可遏止之势，并不是中华民族的伟大复兴带来的，不是中国的发展砸了美国的饭碗。其根本原因在于美国连年无休止地对外征战，打家劫舍，透支了美国的战略资源，激化了美国内外矛盾；是美国腐朽的、寄生性的生产方式与生活方式本身导致美国的必然衰落。

正如英国著名历史学家汤因比所说，帝国的衰落来自对外的过度扩张和社会内部扭曲的扩大。美国的衰落是自杀，而非他杀；是内因，而不是外因。有人故意将美国霸权的衰落迁怒于中华民族的快速发展，显然是找错了方向。

复兴势能锐不可当

国家的年轻与否，并不完全以自然年龄计。有的虽然阅世不长，但却老态龙钟，代表着过去。有的久经风霜，但青春焕发，代表着未来。1949年至2049的100年，是中华民族实现伟大复兴，中华文明再创辉煌的100年。在本世纪中叶建成富强民主文明和谐美丽的社会主义现代化强国，是全体炎黄子孙的共同奋斗目标和历史夙愿。中华民族的伟大复兴正进入最后一千米的关键期、攻顶期和决胜期。中华民族在本世纪的伟大复兴，是战后世界秩序的第三次重构，是世界历史上最为深刻的一次战略力量转换，是中国与世界相互关系的一次重大调整，中国将谱写世界历史上辉煌壮丽的新篇章。

五彩缤纷的世界里有各种各样的梦想，有霸权永续梦，有重温军国梦，有不甘寂寞梦。我们无意用中华民族复兴梦取代其他的梦想。但与其他梦想不同的是，中华民族复兴梦是人类共同发展梦、和谐共存梦，中华复兴梦与世界梦有着高度的一致性。我们深知，中华民族的伟大复兴面临前所未有的历史性机遇，但同时也面临着前所未有的战略性挑战。“我国正处在由大向强发展的关键阶段，前景十分光明，挑战也十分严峻，中华民族伟大复兴绝不是轻轻松松、敲锣打鼓就能实现的。”但我们有百倍的信心把梦想变为现实。中华民族伟大复兴的势能如“转圆石于千仞之山”，已锐不可当。让我们举起双手迎接它的到来。

（作者为中国政策科学研究会安全政策专业委员会常务副会长、华语智库理事长、少将）

中国应对“新威胁论”须有战略耐力

◆ 王　文

产生后续行动的新一轮“中国威胁论”正在提醒中国人，要高度重视国家崛起的外部反应，也要认识到一国民族复兴的艰难与复杂程度。中国不妨一方面继续保持战略自信，持续对内推进全面深化改革，对外推进“一带一路”倡议、构建“人类命运共同体”的伟大设想；另一方面也要学会用更长远的眼光、更有恒心的战略耐力，与国际社会尤其是西方世界的“不友华势力”斗智斗勇。

近年来，新一轮“中国威胁论”甚嚣尘上，成为误导国际社会对华认识、煽动中外关系紧张的主要消极变量。相比20世纪90年代初以来数轮“中国威胁论”，这一轮“中国威胁论”逻辑更严密、用意更深远、行动感更强，能否成功化解直接关系到中国可持续崛起的进程，也将影响到中华民族伟大复兴的最终实现。

本文刊载于2018年3月28日《参考消息》。

西方感受到中国实力

从1993年美国《外交》双月刊第一次提“中国崛起”开始，关于“中国威胁”的国际言论就不绝于耳。然而，此前的形形色色“中国威胁论”或仅是学术假想，或仅是在部分外国利益集团中传播，或是背后隐藏着不可告人的企图。随着事态变化，那些论调渐渐烟消云散，显得不值一驳。

比如，20世纪末，构陷“中国人将吃光全球粮食、耗尽全球能源”的理论假设，被中国现代化的发展现实所化解；本世纪初，渲染中国商品泛滥将冲击全球市场的新闻报道，在物美价廉的“中国制造”实际上普遍惠及各国民众生活的事实面前变得失真；几年前，“中国将南海变成火药桶”的传言，在中国对南海诸国的外交诚意下化为乌有。除此之外，中国不遵守知识产权规则、中国环境污染等诸多国际舆论中伤，都在中国快速发展与自我纠错面前“败下阵来”。换句话说，过去的“中国威胁论”几乎都是“假设的”“伪造的”“矫情的”或“带有不可告人的秘密”。

相比之下，这一轮的“中国威胁论”显得真实很多，是发达国家相当大部分人真切地开始恐惧中国了。这是我们必须要正视的国际事实。

第一，西方真正感受到中国经济实力将不可阻挡地超越发达国家。2008年中国成功抵御全球金融危机的严重冲击；2013年提出“一带一路”倡议后，中国在欧亚非三大洲许多发展中国家（如斯里兰卡、埃塞俄比亚、尼日利亚等）承包了大量基建工程；2014年世界银行、国际货币基金组织等主流国际组织以购买力平价计算，认定中国经济总量超过美国。更重要的是，中国抓住数字革命的技术浪潮，在大数据、云计算、人工智能等方面呈现出对西方的全面“弯道超车”之势。诸多事实使多数西方精英意识到，“500年来从未有过之大变局”正在发生，即世界上第一次出现一个非西方大国的经济实力对西方的全面碾压，改写了1500年大航海时代以来西方持续领导世界的历史轨迹。

第二，西方真正感受到中国外交对世界各国尤其是发展中国家具有强大号召力。过去，虽然发展中国家也曾在20世纪中叶运作过“不结盟运动”“万隆亚非会议”等，但西方长期垄断着全球进程，只有西方才有实力召集全球各国政要聚首，设置并推进国际社会的各项发展议程。然而，2016年主办二十国集团（G20）峰会，提出明显比此前西方主导的全球治理议程更普世、更受欢迎的“中国方案”，如全球基础设施建设、G20对接联合国《2030年可持续发展议程》，等等；2017年中国主办“一带一路”国际合作高峰论坛、全球政党对话，每次都有超过120个国家的政要或高层代表参加，“中国方案”广受好评。此外，“一带一路”“人类命运共同体”等多次被写入联合国各大官方文本，中国在和平合作、互利共赢、平等尊重、互联互通、节能减排、开放包容、消除贫困、反恐维和等方面的各类政策主张与国际呼吁，常常受到全球社会的普遍欢迎与支持。此时，西方意识到，“西方登高一呼、天下云集响应”的时代已一去不复返了。

第三，西方真正感受到中国政治模式对后进国家、转型国家、欠发达国家产生吸引力。20世纪90年代初，西方多数精英骄傲地以为“历史已终结”，以经济私有化、政治选举化、治理市场化的“华盛顿共识”打败苏联共产主义模式，将成为未来历史演化的唯一国家发展模式。但在过去的20多年，中国坚持走自己的道路，以发展优先、基建先行为主要动力的经济模式，以选贤任能、有为政府为主要特点的政治模式，以人民优先、民生改善为主要成就的社会模式，对发展中国家更具有可借鉴性，越来越多的发展中国家开始着手“学习中国”。更重要的是，美欧国家在国内政治内耗上出现“制度性的衰败”，枪支泛滥、种族矛盾、阶层固化等社会矛盾出现“体制性的痼疾”，延续数百年的“西方优越论”走下神坛。中国道路为世界提供了思想公共产品，成为全球各国发展的另一种选项。在应对气候变化、捍卫自由贸易、基础设施建设等多个领域，中国都大有被国际社会拥戴为“全球领袖”之势，支持率远大于西方。西方惊呼“中国赢了”“西方已输”。历史并没有终结，真正的世界历史可能才刚刚开始。

欧美有意联合抗华

欧美国家智库、媒体、政客近年来几乎空前一致地对“中国威胁”发出集体性的呐喊，代表着西方社会对“中国浪潮”的文化自觉与条件反射，更暴露了西方对中国经济发展、外交感召、制度魅力等呈现“超越”苗头，感到无比恐慌后的反扑企图。

这些“中国威胁论”多数体现在对中国引领全球治理与国力崛起的不满与抹黑。比如，美国智库炮制“锐实力”概念，意在假想包括孔子学院的中国文化入侵以及所谓“不可告人的中国政治阴谋”；欧洲媒体攻击中国与中东欧国家的“16+1”机制，虚构中国意在分裂欧洲的阴谋，等等。这些声音目的是在提醒西方社会放弃对中国“民主化”的意识形态幻想，高度警惕中国发展造成的“恶性”冲击。

还有不少“中国威胁论”则集中挑拨中国与发展中国家的关系。比如，2017年底开始流行的“债权帝国主义”，意在建构中国投资对发展中国家的伤害，勾勒中国通过债务强迫当地国出让主权的负面形象；时任美国国务卿蒂勒森更是在2018年初出访拉美、非洲的最后在任阶段，不断攻击中国推行新殖民主义，强行传播共产主义模式；不少欧美议员则诬称“一带一路”另造中国版势力范围，意在破坏国际自由秩序，等等。这些声音企图重塑西方的权威，破坏与拆散中国不断扩大的国际朋友圈。

更有一些“中国威胁论”企图将中国定位为西方的“假想敌”。比如，美国舆论不停地控诉中国窃取西方高科技知识产权；英国媒体则通过春秋笔法，描述西方正在“神助攻”帮助中国崛起，意在激励西方重新联合；特朗普政府更是不惜与中国大打贸易战，又为传统盟友提供加税豁免，大造“联欧抗华”贸易战的对峙架势。这些手段都是刻画中国非法地占了西方便宜，窃取了西方利益，意在促成并打造西方的再团结。

事实上，西方的再团结并非不可能。2017年底，美国开始推行“印太战略”，提出新版基建与投资方案，试图制衡“一带一路”；德国外长加布里尔在2018年2月慕尼黑安全会议上直接批评“一带一路”，强烈呼吁欧洲要有内部凝聚力；2018年3月，日本主导与其他10国签署被称为“新版TPP”的《全面进步跨太平洋伙伴关系协定》，企图制衡中国自贸区战略。种种迹象已表明，“中国威胁论”不再像过去仅是“论述”层面，而正在向“实践”转化。“中国威胁论”引起了一些西方国家的集体行动，正在实实在在地威胁着中国发展。

民族复兴绝非坦途

产生后续行动的新一轮“中国威胁论”正在提醒中国人，要高度重视国家崛起的外部反应，也要认识到一国民族复兴的艰难与复杂程度。

回想美国百年崛起之路，充满着荆棘与坎坷，包括南北内战、社会动荡、种族冲突、鼠疫灾荒、洪灾飓风、外部战争、核武讹诈、恐怖袭击、体系设计、美元危机、金融风暴等，最终才“奇迹般”地造就了20世纪领导世界的美国霸权。中国不走美式霸权之路，但中国的民族复兴需要从美式崛起“百年磨难”中汲取历史经验。

历史上一度兴起的西班牙、英国、法国、德国、苏联等陷入衰退，甚至国家解体的失败历史教训，同样也值得中国汲取。20多年前，美国哥伦比亚大学教授杰克·斯奈德在专著《帝国的迷思：国内政治与对外扩张》中，详细阐释了苏联、日本、德国等在兴衰中，国内舆论怂恿、国外战略透支的历史规律。他虽没有论述中国，但中国须以史为鉴。

10年前，斯奈德教授访华与笔者交流时表示，过往大国往往误以为，使用政治或军事手段进行对外扩张，越扩张会越强大、越安全。其实，一旦扩张过快，就会引起外界阻碍，导致成本超过了所能得到的收益，最终会导致崛起失败。“对新兴国家来说，聪明的战略是采用适度的扩张政策。”

斯奈德说，“中国政策是先发展经济而不是扩张领土，实现政治目标的手段也比较温和。保持长期温和的方式，让外部世界慢慢消化，才能保证中国的持续发展。”如是提醒，对当下中国是相当有价值的。

以“善治”应对舆论战

在笔者看来，在新时代中国不妨采取“新韬光养晦”策略，一方面继续保持战略自信，持续对内推进全面深化改革，对外推进“一带一路”倡议、构建“人类命运共同体”的伟大设想；另一方面也要学会用更长远的眼光、更有恒心的战略耐力，与国际社会尤其是西方世界的“不友华势力”斗智斗勇。

如果一些西方势力以“拳击”的方式对华进行贸易战、金融战、货币战甚至军事讹诈等，中国切不可心急。以当前的中国实力，与西方硬对抗，西方社会占不到大便宜，但中国多半也会“杀敌一千自损八百”。但中国若运用古人智慧，以“太极”方式化整为零，让对方的拳击打空、打散，更无法通过“敌人化”中国而整合西方力量。这才是上上策。

在当前极其残酷与复杂的国际环境下，中国须有更深的现代智慧与博弈格局，既要与西方现存力量强化合作，在中国投资走向广大发展中国家时引入欧美国家的第三方参与，继续让它们成为中国崛起的利益攸关方；也要与相关西方力量进行有效竞争，站在人类与全球利益的高度，创造新的国际标准与新型国际制度，实事求是，持之以恒，改革并优化目前以西方利益为中心的国际运行体系。

“新韬光养晦”决不等于不作为，而是要“巧作为”“深作为”“实作为”“长作为”，是要进行更精细化的对外作为。中国要深化落实过去5年来对国际社会的各项承诺，优化存量、扩大增量，通过企业合作、对外投资、贸易往来等方式做大中国发展的“崛起红利”，塑造中国作为新型大国的崛起口碑，防止国内某些领域出现“改革空转”“政策打滑”等迹象蔓延至国外。

目前来看，虽然西方整体实力在下降，但西方领导世界的国际格局并未发生本质变化。中国务必要戒骄戒躁，尽可能地团结全球精英，形成有利于中华民族伟大复兴的知识共同体、舆论共同体。我们还须认识到，在没有硝烟的国际舆论战中，搞好国内建设，持续国家“善治”，才能真正令外界心悦诚服，才是化解“中国威胁论”的最终办法。

（作者为中国人民大学重阳金融研究院执行院长）